MÖBEL STILKUNDE

EIN BILDLEXIKON

ANTONY WHITE · BRUCE ROBERTSON

ÜBERSETZUNG UND
BEARBEITUNG DES TEXTES:
HENRIETTE GRAF

ORBIS VERLAG

The Diagram Group

Redakteur	Randal Gray
Redaktionsassistent	James Dallas
Gestaltung	Darren Bennett
Zeichner	Peter Crossman, Brian Hewson, Lee Lawrence, Paul McCauley, Philip Patenall, Micky Pledge, Tim Scrivens

Die englische Originalausgabe erschien im Jahr 1990 im Verlag Studio Vista, einem Imprint des Verlages Cassell, London, unter dem Titel »Furniture & Furnishings. A Visual Guide«.

Redaktion: Dieter Struss, München
Satz: Filmsatz Schröter GmbH, München
Printed in Hungary

ISBN 3-572-00578-7

Inhalt

BILDTAFELN

TEIL 1: MÖBEL

TEIL 2: KONSTRUKTIONEN UND TEILE

TEIL 3: DEKORATIONEN

Einführung

Dieses Werk ist für den interessierten Liebhaber und Sammler gedacht. Es soll ihm ermöglichen, Möbel zu erkennen und stilistisch einzuordnen, Fachbegriffe, Holzarten, Epochenbezeichnungen und Namen der Hersteller nachzuschlagen und Konstruktionen zu verstehen.

Zu diesem Zweck ist das Werk in drei Teile gegliedert. Im ersten, dem Bildteil werden die Möbel (1.), die Konstruktionselemente und Einzelteile (2.) und die ornamentalen Motive (3.) in vereinfachenden Zeichnungen abgebildet. Im zweiten, lexikalischen Teil werden die wichtigsten Fachbegriffe erklärt und die berühmtesten Hersteller vorgestellt. Auf die dazugehörigen Abbildungen wird jeweils verwiesen. Der dritte Teil bringt in Form von Zeittafeln eine graphische Übersicht über die Epochen. Insgesamt enthält das Werk etwa 1400 Namen und Begriffe.

Eine besondere Schwierigkeit für den deutschen Übersetzer und Bearbeiter dieses ursprünglich in England erschienenen Werkes bestand darin, daß es im Bereich der Möbel und Antiquitäten keine allgemein verbindliche Fachterminologie gibt. Manches bleibt eine Frage der Interpretation. Während des Historismus im 19. Jahrhundert z. B., als man sich an traditionellen Formen und Stilen orientierte, erhielten Möbel Namen, die nur auf Stücke aus dieser Zeit zutreffen. Ein Luther-Sessel (1.13) ist keienswegs ein Sessel, der aus der Luther-Zeit, also aus der Renaissance, stammt, sondern ein Stuhl im Stil der Luther-Zeit, also ein Neurenaissance-Möbel, das im 19. Jahrhundert entstanden ist. Vorher hieß er Scherenstuhl, heute könnte er Neurenaissance-Stuhl heißen.

Der überwiegende Teil der deutschen Fachliteratur über Möbel und Raumausstattungen besteht aus Übersetzungen aus dem Englischen. Die Zeichnungen im ersten Teil dieses Werkes zeigen daher viele Möbel, die für den angloamerikanischen Raum typisch sind. Zusätzlich haben die Autoren Prototypen ausgewählt, die für die europäische Entwicklung der Möbelstile von Bedeutung sind. Viele unserer Begriffe sind aus dem Englischen oder Französischen übernommen, wo die Beschäftigung mit Möbeln eine viel stärkere Tradition hat als in Deutschland. Französische Möbel und Bronzen aus der Zeit Louis' XIV., XV. und XVI. waren für die Wirtschaft Frankreichs unentbehrliche Exportartikel und wurden daher unter ästhetischen wie technischen Gesichtspunkten hoch bewertet. Ähnliches gilt für Großbritannien, dessen Möglichkeiten durch seine Kolonien vergrößert wurden. In Deutschland jedoch waren Möbel oder Raumausstattungen nur insoweit ein Wirtschaftsfaktor, als Regenten ihre Länder durch Importe von Luxusgütern an den Rand des Ruins trieben.

War die Bearbeitung der deutschen Ausgabe in Teil 1 an das englische Original gebunden, so wurde der lexikalische zweite Teil soweit wie möglich für das deutsche Publikum ergänzt, insbesondere wurden die Namen deutscher Kunstschreiner aufgenommen und viele Fachbegriffe erweitert.

Hinweise

Ein Schrägstrich (.../...) zwischen zwei Begriffen bedeutet, daß beide Begriffe in etwa gleichwertig sind.

In Klammern (...) sind knappe Erläuterungen gesetzt. Nähere Erläuterungen findet der Benutzer, insbesondere zu fremdsprachigen Begriffen wie z. B. Glastonbury, Misericordie oder Recamière, im lexikalischen Teil.

In Anführungszeichen (»...«) sind wörtliche Übersetzungen fremdsprachiger Begriffe gesetzt, die oft anschaulicher sind als die eher beschreibenden deutschen Begriffe.

Der Maßstab der Zeichnungen ist nicht einheitlich!

1.01

MÖBEL
BETTEN 1

1 Alkoven
2 Lit à la Duchesse (»Bett der Herzogin«), Ruhebett
3 Korbwiege
4 Kastenbett
5 Messingbett
6 Kastenklappbett
7 Pfostenbett
8 Feldbett
9 Chaiselongue (»langer Stuhl«)
10 Wiege

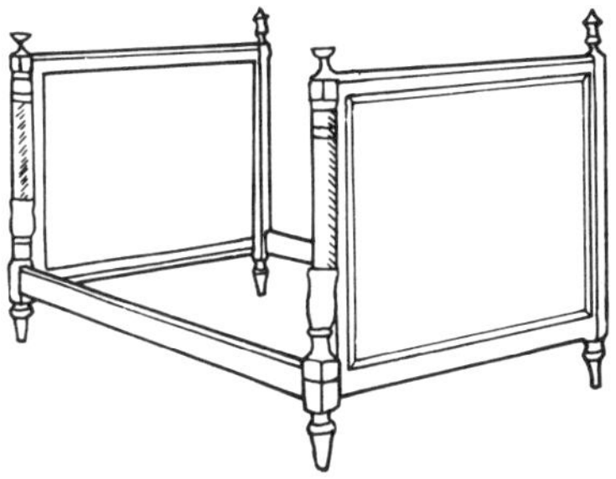
1

2

3

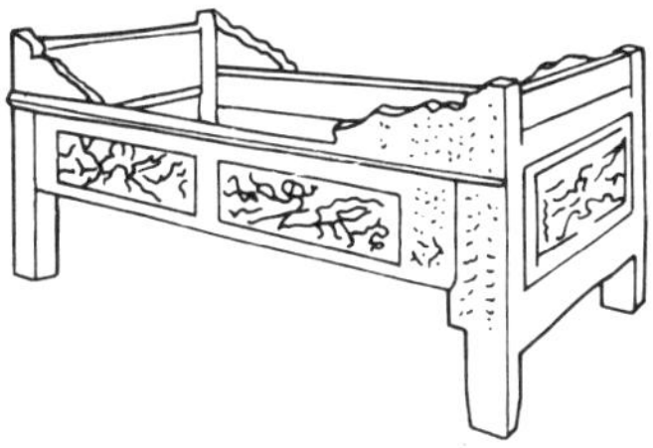
4

5

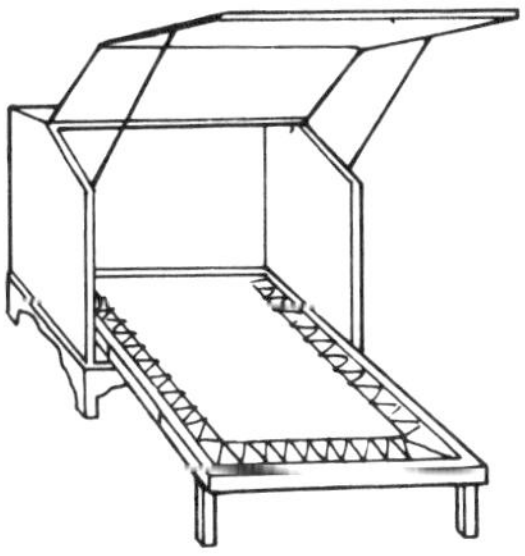
6

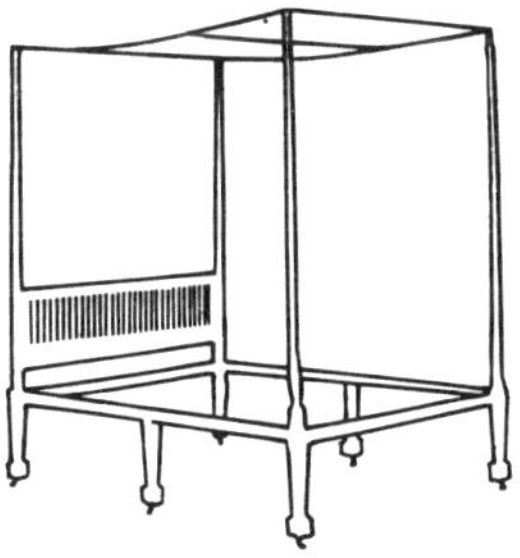
7

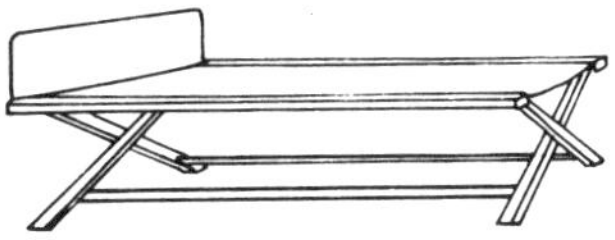
8

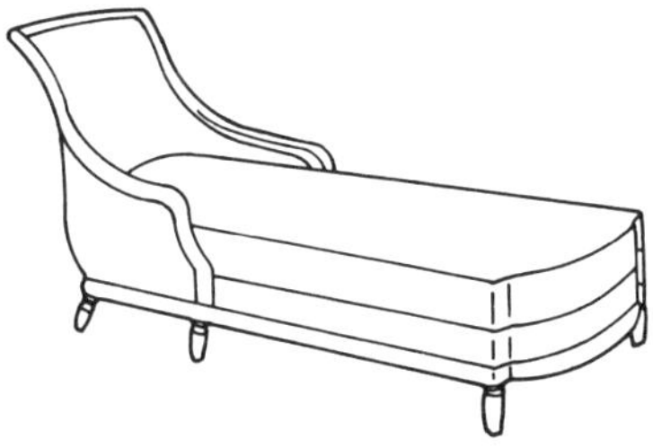
9

10

1.02

MÖBEL

BETTEN 2

1 Couch
2 Stollenbett
3 Wiege mit Himmel
4 Kinderbett
5 Schrankbett
6 Tagesliege
7 Diwan
8 Himmelbett
9 Klappliege
10 Himmelbett mit Holzdecke

1

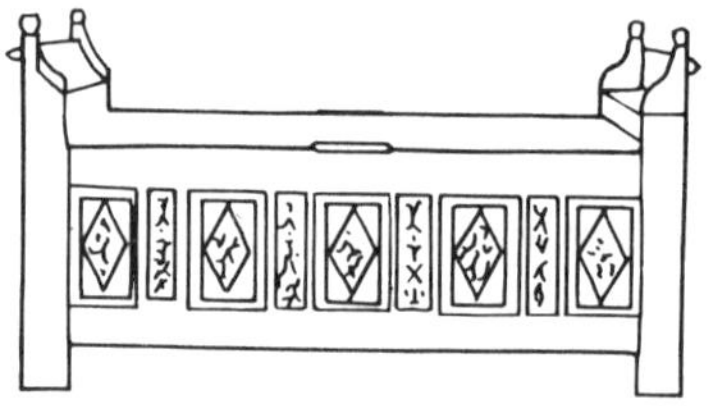

2

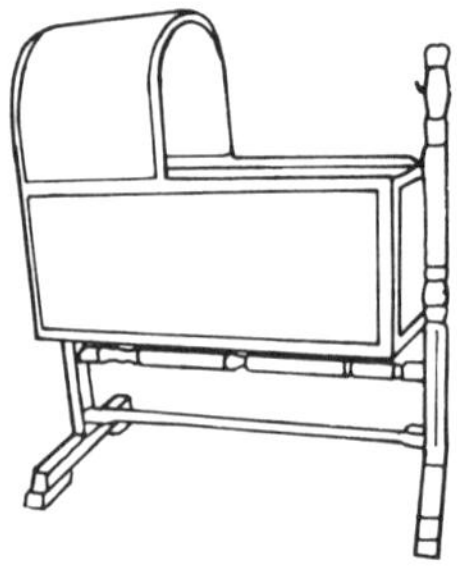

3

4

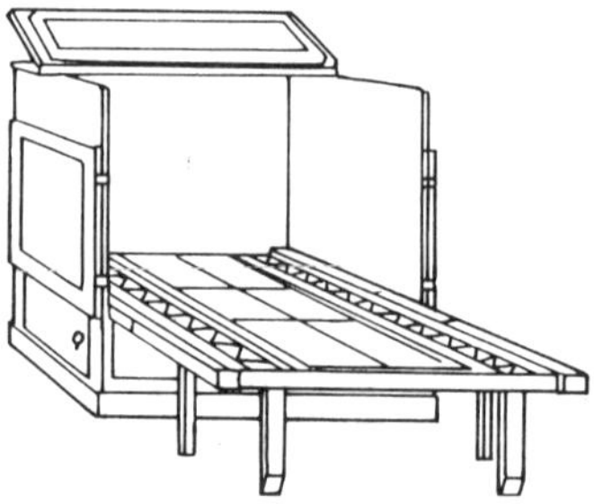

5

6

7

8

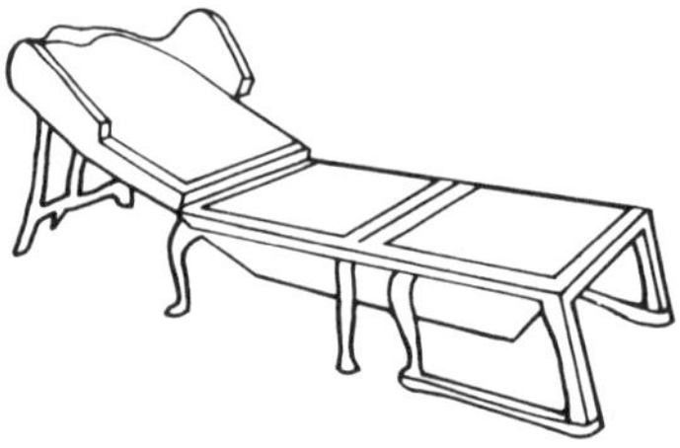

9

10

1.03

BETTEN 3

1 Baldachinbett
2 Wandbett mit Volant
3 Kline, griechisch-antik
4 Lit à colonnes (Säulenbett)
5 Lit à la Polonaise (»Bett nach polnischer Mode«)
6 Lit de repos (»Ruhebett«)
7 Lit en bateau (»Bett in Bootsform«), Empire-Stil
8 Bett/Low past bed (mit niedrigen Pfosten)
9 Méridienne (»Mittagsruhe«)
10 Flachbett

1

2

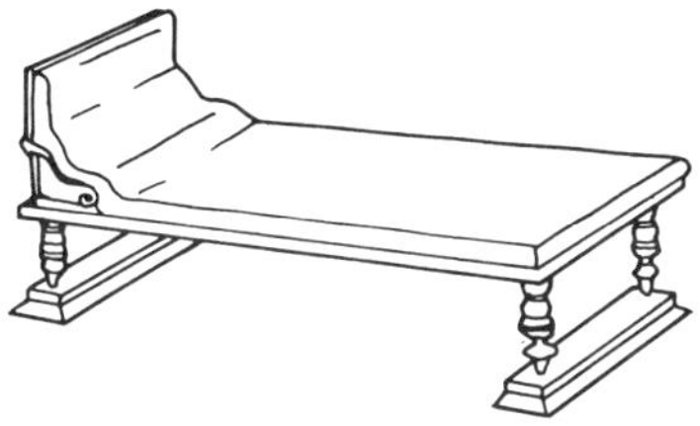

3

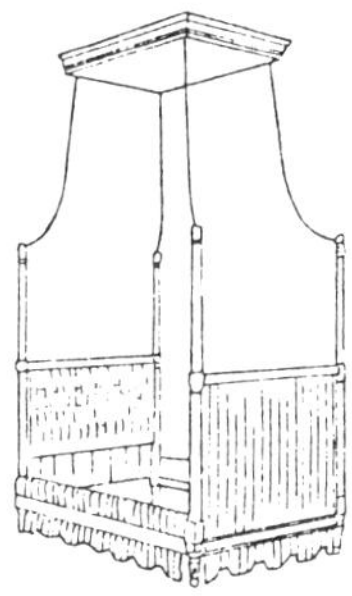

4

5

6

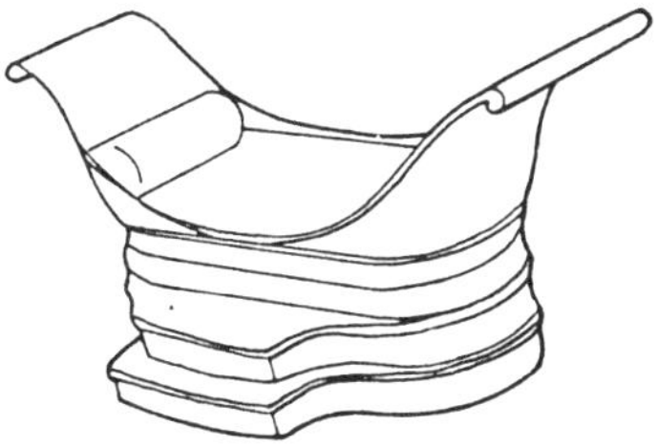

7

8

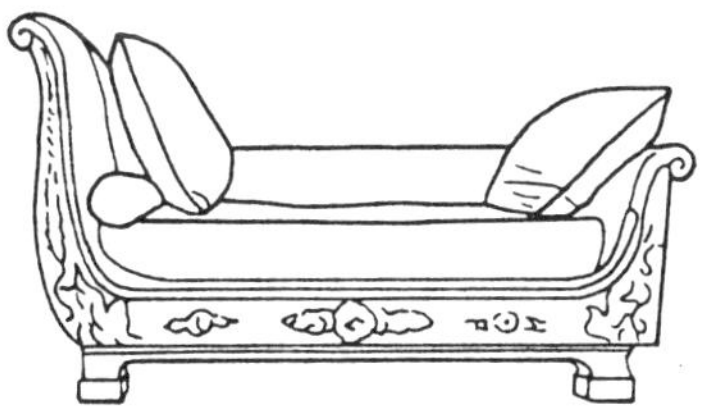

9

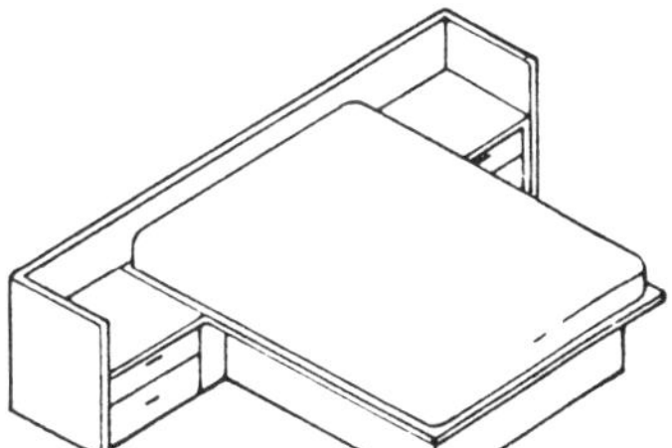

10

1.04

BETTEN 4

1 Biedermeierbett
2 Sofabett mit Baldachin
3 Prunkbett
4 Bett mit erhöhtem Kopfteil, Renaissance-Stil
5 Himmelbett mit Torbogen
6 Prunkbett, Zeltbett
7 Pfostenbett mit Baldachin, rustikal
8 Rollbett
9 Pfostenbett, italienischer Stil
10 Wasserbett

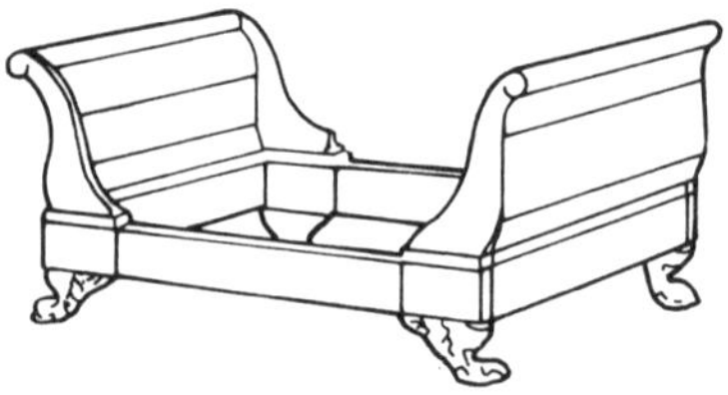

1

2

3

4

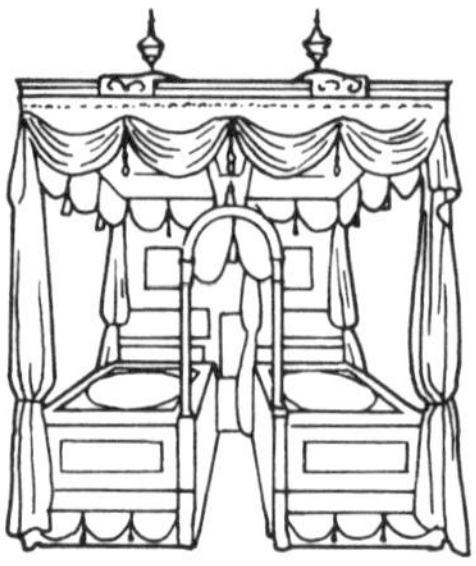

5

6

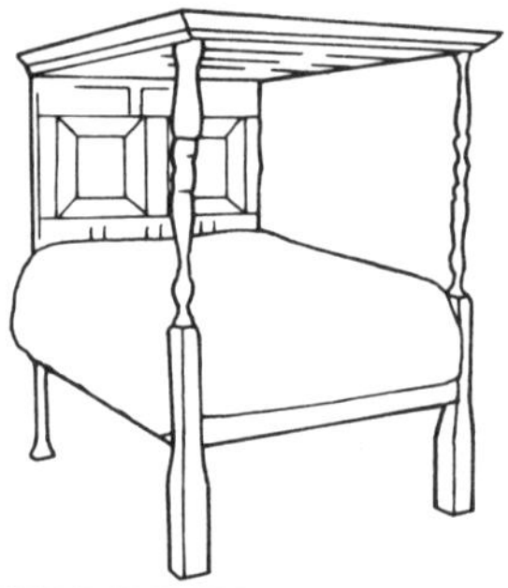

7

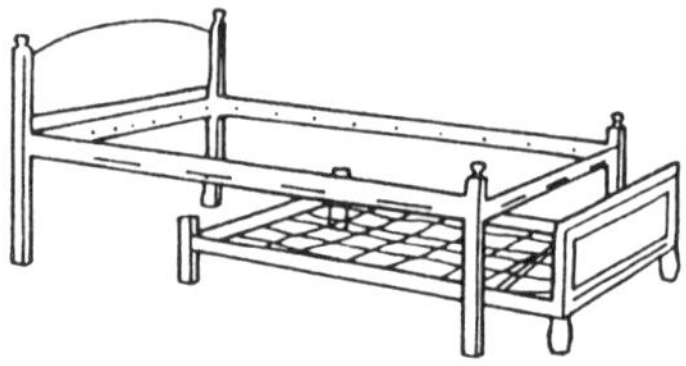

8

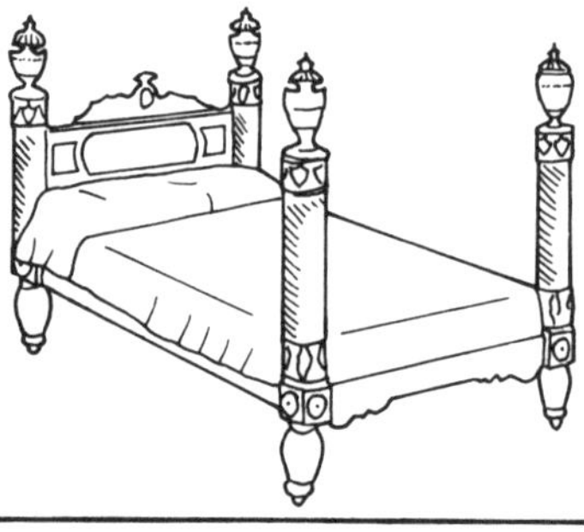

9

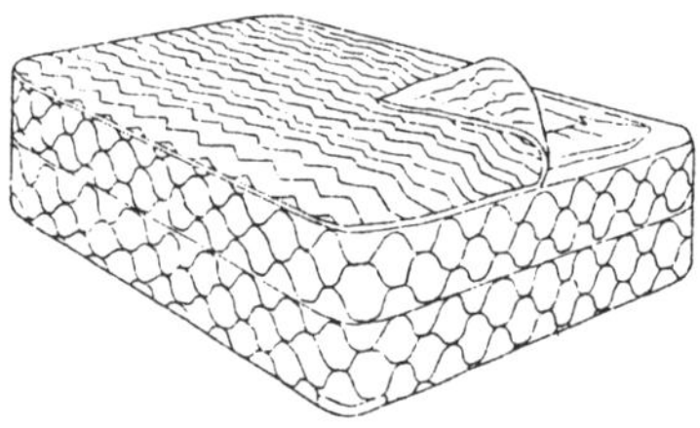

10

1.05

MÖBEL

STÜHLE UND SESSEL 1

1 Anthemion-Lehne
2 Armlehnsessel
3 Dreibeiniger Sessel (Backstool)
4 Polsterstuhl (Balloonback)
5 Stablehnsessel
6 Hocker gebogen
7 Korbsessel
8 Sitzbank, gotisch
9 Bugholzstuhl »Thonet Nr. 14«
10 Bergère (»Schäferin«), Lesesessel
11 Schaukelstuhl
12 Kastenstuhl, gotisch
13 Tischhocker
14 Brewster
15 Sessel, byzantinischer Stil

1

2

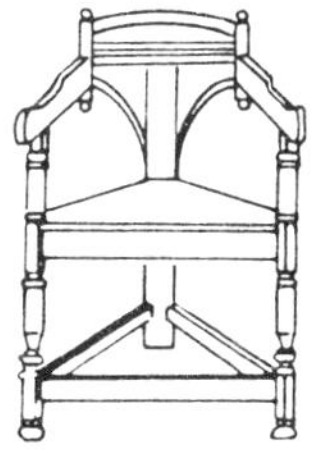

3

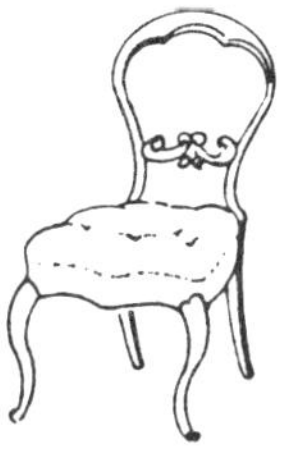

4

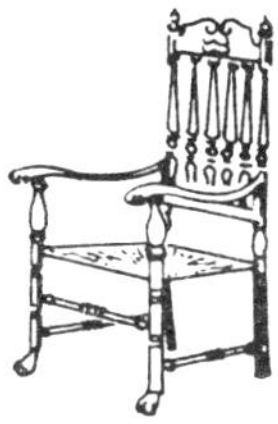

5

6

7

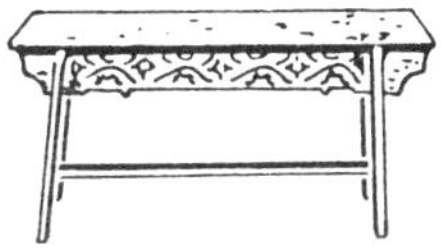

8

9

10

11

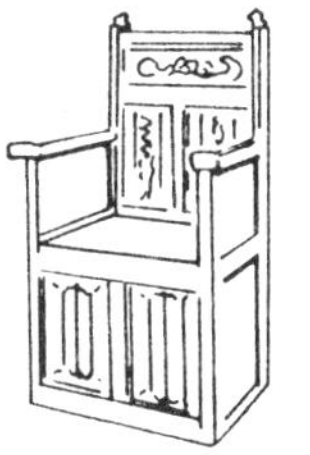

12

13

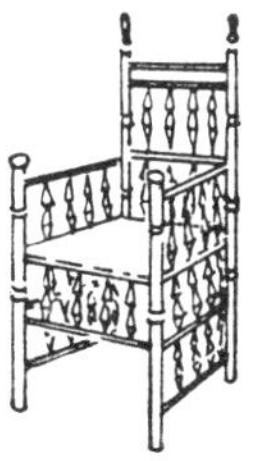

14

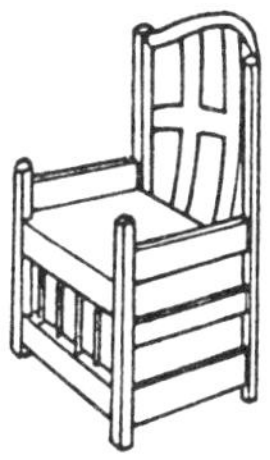

15

MÖBEL

STÜHLE UND SESSEL 2

1 Stuhl mit Cabriole legs, englisch
2 Freischwinger
3 Caquetoire (»Schwätzerin«)
4 Carver-Sessel
5 Tischsessel
6 Chaise à la Capucine (»Sessel der Kapuzinerin«)
7 Chaise à la Officier (»Beamtensessel«)
8 Chaise Courante (leichter, tragbarer Sessel)
9 Chaise Meublante (schwerer Stuhl)
10 Nachtstuhl
11 Chamber Horse (»Zimmerpferd« für Reitübungen)
12 Lehnsessel, Restaurationszeit
13 Chiavari, spanischer Renaissance-Stil
14 Chauffeuse (tragbarer Stuhl, leicht vor den Kamin zu stellen)

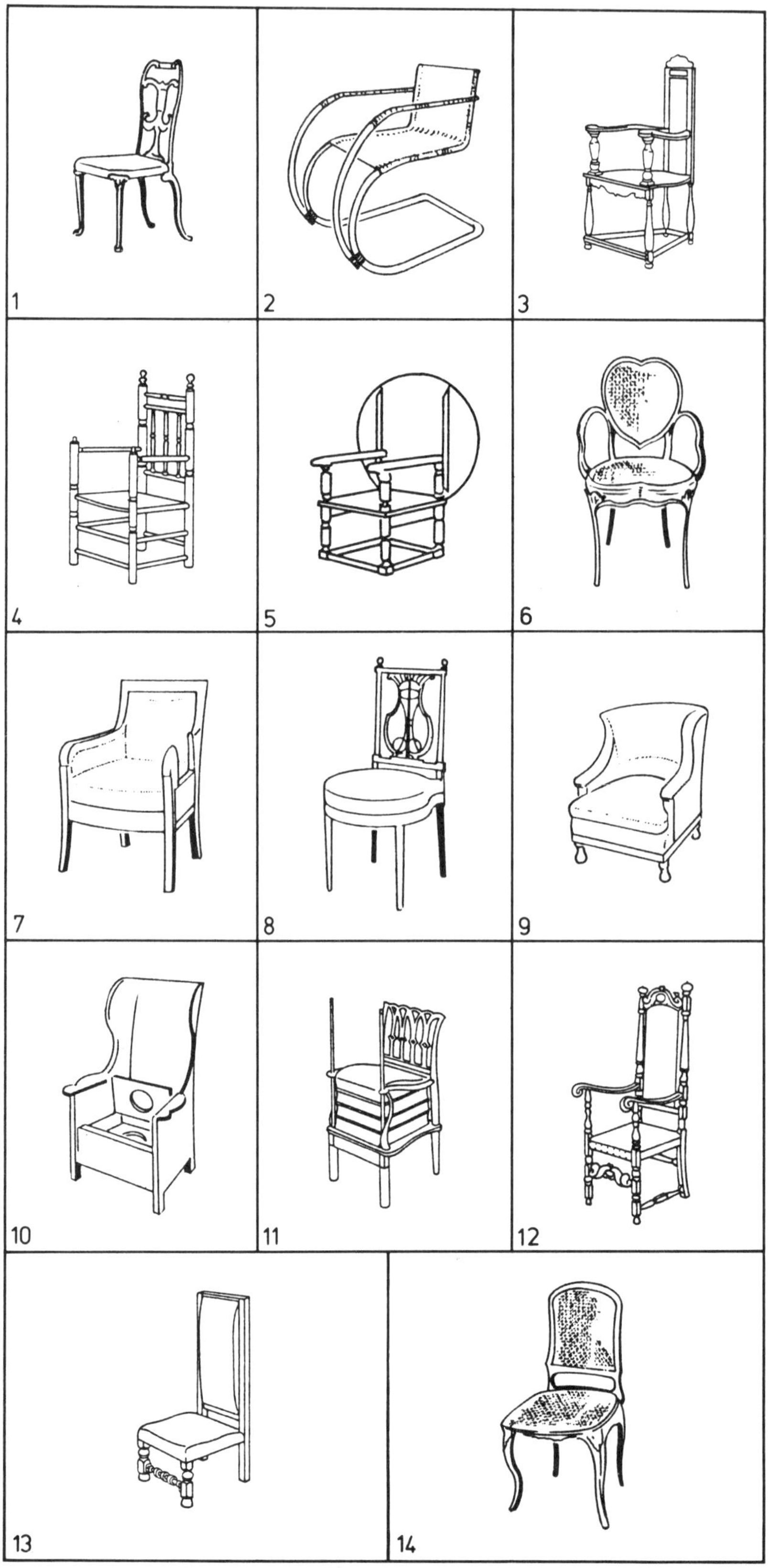

1.07

STÜHLE UND SESSEL 3

1 Frisiersessel, Coiffeuse
2 Companion (Sofa für Gesellschaften)
3 Ohrensessel
4 Polstersessel/Comfortable
5 Ecksessel
6 Crapaud, 19. Jahrhundert (niedriger Polstersessel)
7 Restaurationsstuhl
8 Curulus, römisch
9 Bronzethron König Dagoberts, merowingisch
10 Liegestuhl
11 Eckstuhl
12 Eßzimmerstuhl
13 Diphros, griechisch-antiker Hocker
14 Diphros Okladios, griechisch-antiker Falthocker
15 Regiestuhl

1.08

MÖBEL
STÜHLE UND SESSEL 4

1 Armlehnsessel, Directoire-Stil
2 Wohnzimmersessel, Regency
3 Windsor-Stuhl/Drunkard's (»Trinkersessel«)
4 Charles-Eames-Stuhl
5 Ohrensessel
6 Escabelle, spanische Renaissance
7 Hocker
8 Faltstuhl
9 Farthingale, Tudor-Stil
10 Fauteuil
11 Fauteuil à la Reine
12 Schreibtischsessel/Fauteuil de cabinet
13 Stuhl mit vasenförmiger Lehne
14 Fußschemel
15 Glastonbury

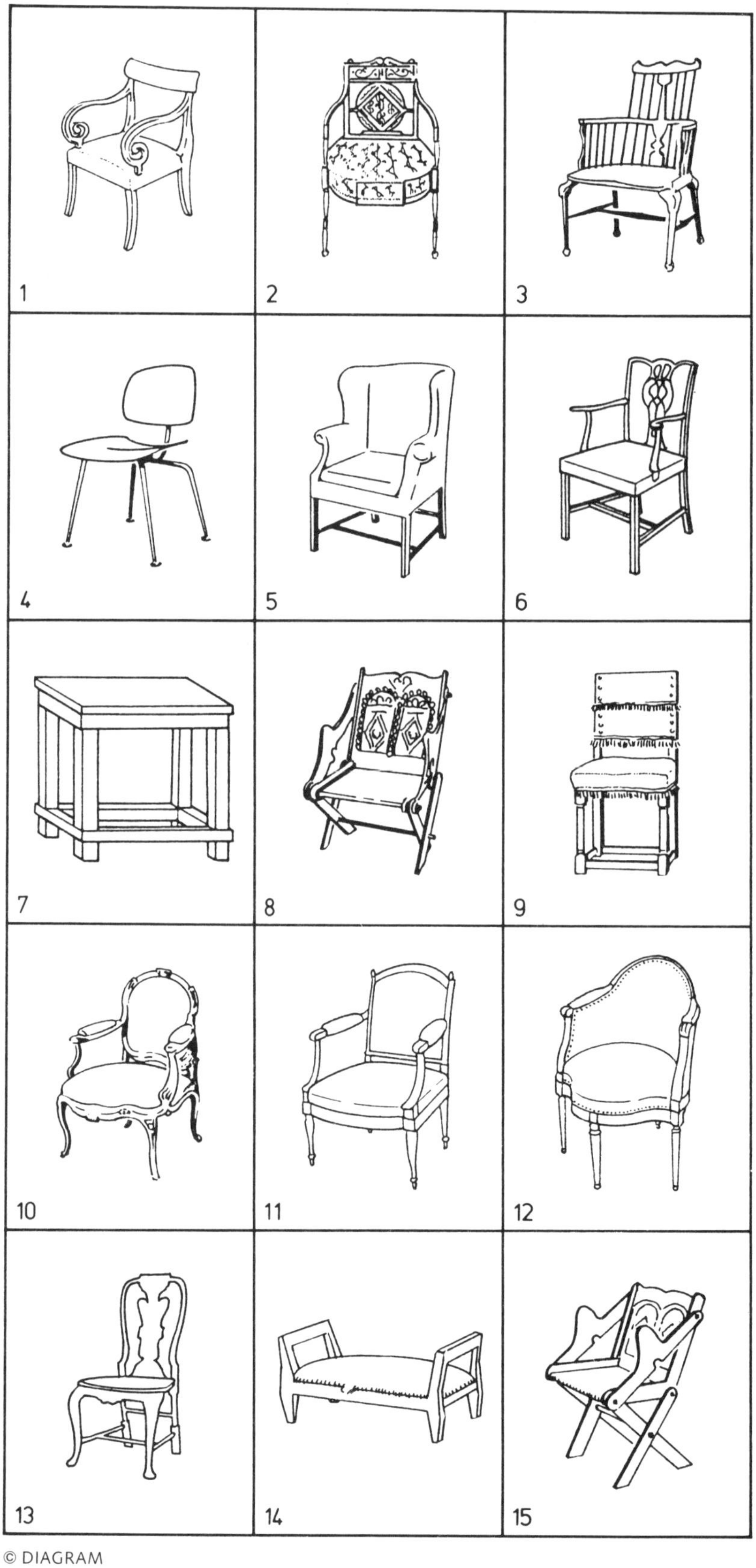

1.09

MÖBEL

STÜHLE UND SESSEL 5

1 Bergère (»Schäferin«), Lesesessel mit vergrößerter Sitzfläche
2 Stuhl, neogotisch
3 Höhenverstellbarer Hocker
4 Regency-Stuhl
5 Dreibeiniger Sessel
6 Sessel, etruskischer Geschmack
7 Hoher Kinderstuhl
8 Geweihsessel
9 Hocker, sanduhrförmig
10 Hunzinger-Sessel
11 Krankensessel
12 Kastenhocker
13 Klismos
14 Sprossenlehnstuhl
15 Lesesessel

1

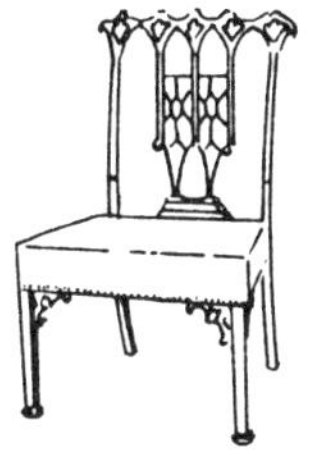
2

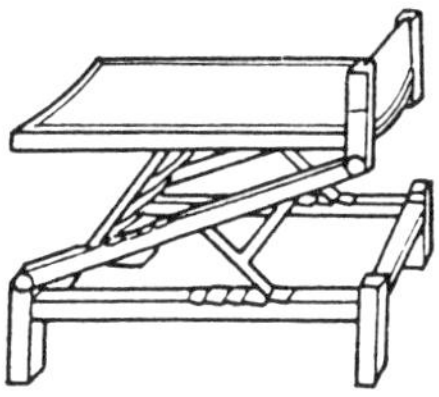
3

4

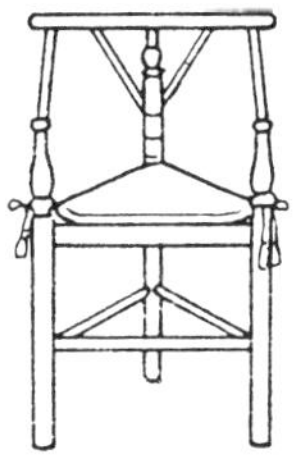
5

6

7

8

9

10

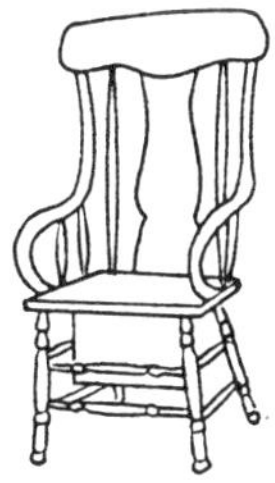
11

12

13

14

15

1.10

MÖBEL

STÜHLE UND SESSEL 6

1 Lolling back (»Rekelsessel«)
2 Lyraförmiger Lehnsessel
3 Marquise/Causeuse
4 Martha-Washington-Sessel
5 Miserikordie (»Barmherzigkeit«)
6 Mission-Sessel
7 Morris-Sessel
8 Kinderstuhl
9 Ovaler Lehnsessel
10 Louis-XVI.-Stuhl
11 Schalensessel
12 Kirchenbank
13 Klavierstuhl
14 Hocker, viktorianisch
15 Schaukelstuhl (Platform)

1.11

MÖBEL
STÜHLE UND SESSEL 7

1 Fournier-Hocker
2 Polstersessel (Porter's Chair)
3 Prie-Dieu (Betstuhl)
4 Lesestuhl
5 Drehsessel
6 Lehnsessel mit Girlanden
7 Schaukelstuhl
8 Burgomaster (drehbarer Sessel)
9 Quäker-Stuhl
10 Rustic-Sessel
11 Geschweifter Lehnstuhl mit Säbelbeinen
12 Sänfte
13 Sella Curulis
14 Sgabello
15 Shaker-Stuhl

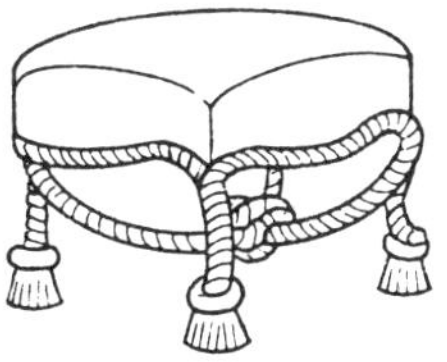
1

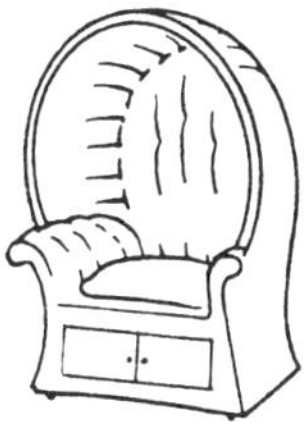
2

3

4

5

6

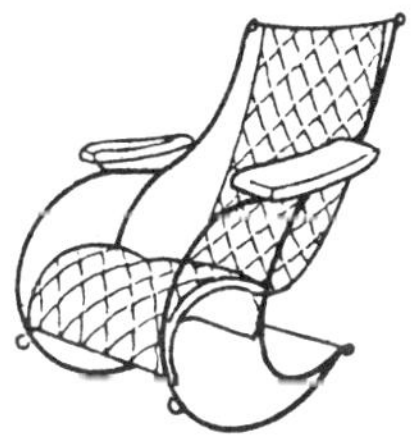
7

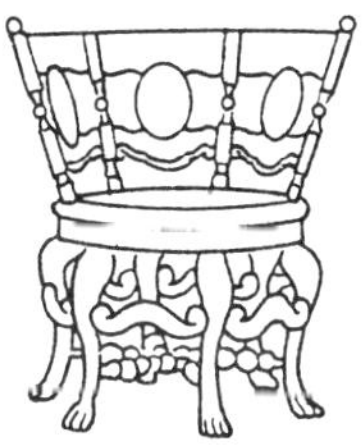
8

9

10

11

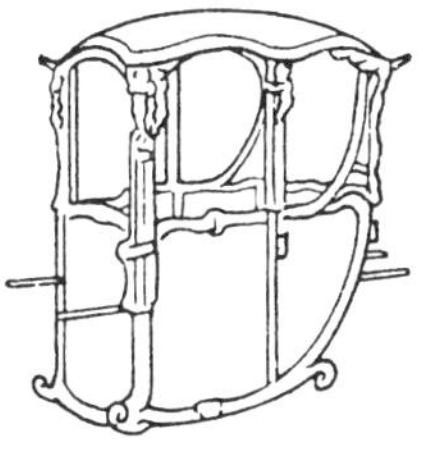
12

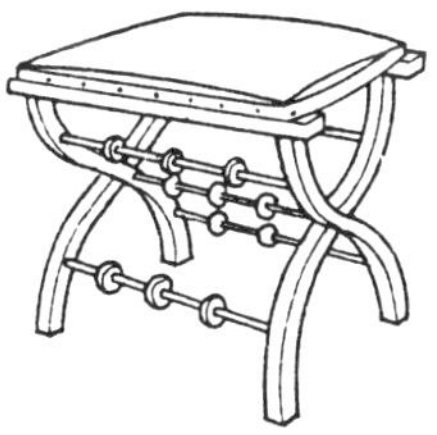
13

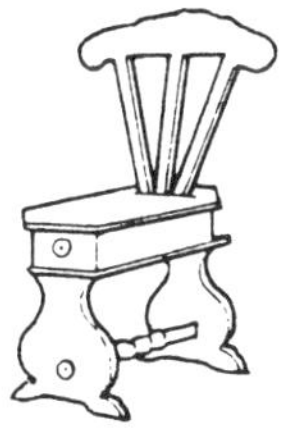
14

15

1.12

MÖBEL

STÜHLE UND SESSEL 8

1 Rasiersessel
2 Stuhl mit garbenförmiger Lehne
3 Hepplewhite-Stuhl
4 Belter-Stuhl
5 Sillón de fraileros (»Mönchssessel«)
6 Wangensitzbank
7 Schlafsessel
8 Rollsessel
9 Sessel mit Spindellehne
10 Sessel mit löffelförmiger Lehne, Queen-Anne-Stil
11 Sessel mit rechteckiger Lehne
12 Liegestuhl/Deckchair/ Steamer
13 Treppenleiter
14 Schemel, Melkschemel
15 Strohsessel, bienenkorbförmig

MÖBEL

STÜHLE UND SESSEL 9

1 Tabouret, Fußbank, Schemel, Hocker
2 Stuhl mit quastenförmiger Lehne
3 Thron mit Kastensitz
4 Saarinen-Stuhl »Tulip«
5 Dreibeiniger gedrechselter Sessel
6 Bugholzstuhl »Wien«
7 Voyeuse (»Reisender«), Konversationsstuhl
8 Kabinettsessel (Wainscot)
9 Rollstuhl
10 Korbessel
11 Ohrensessel/Grandfather
12 Schreibstuhl
13 Scherenstuhl, dt. Luther-Stuhl, it. Dante- oder Savonarola-Stuhl, span. Sillón de cadera (»Hüftsessel«)
14 Holzstuhl, Yorkshire-Stil
15 Sansibar

1

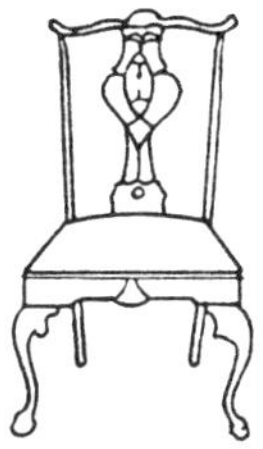
2

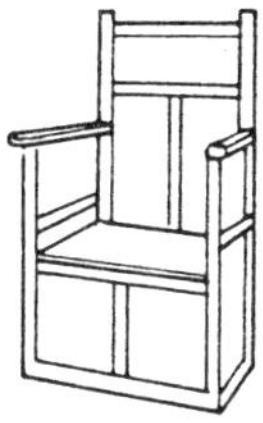
3

4

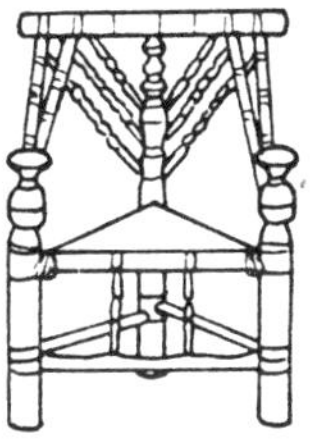
5

6

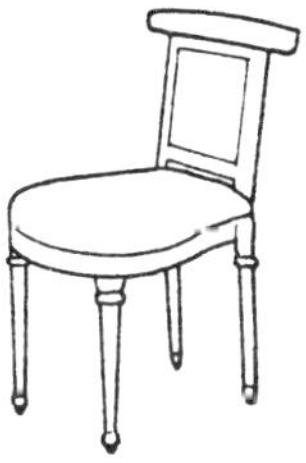
7

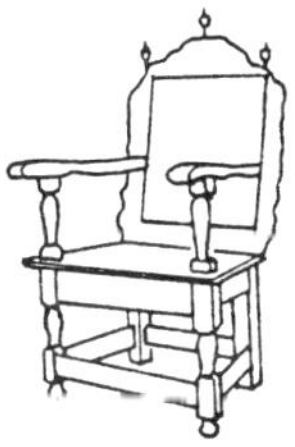
8

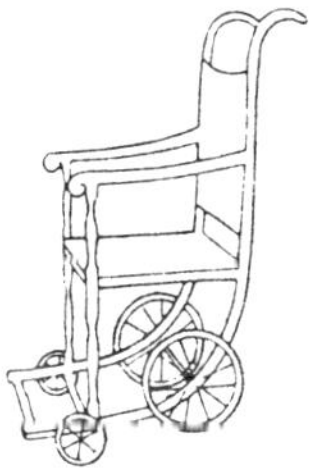
9

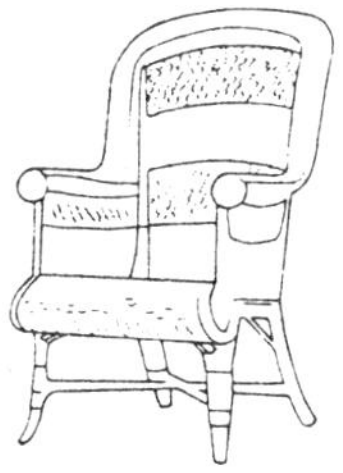
10

11

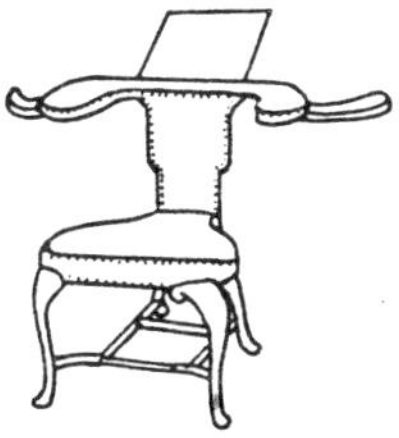
12

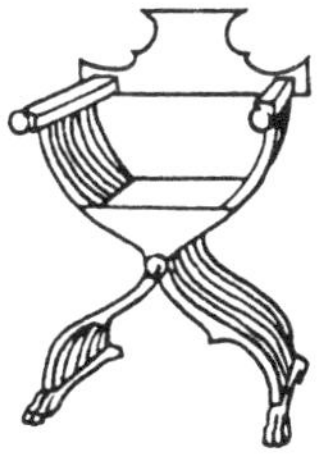
13

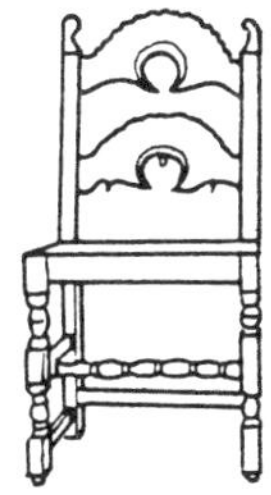
14

15

1.14

MÖBEL

WINDSOR-STÜHLE 1

1 Arrow back, USA
2 Balloon back
3 Bergère back
4 Bow back (bogenförmige Lehne)
5 Buckle back
6 Captain's back
7 Comb back
8 Continous arm
9 Fan back
10 Firehouse, 19. Jh.
11 Gothic scroll back, 19. Jh.
12 Gothic für Strawberry Hill, neugotisch, 18. Jh.
13 Interlaced bow, 19. Jh.
14 Lath and baluster, 19. Jh.
15 Lath back, Wycombe-Stil

1.15

WINDSOR-STÜHLE 2

1 Mendlesham
2 Nelson/Trafalgar
3 Sack back (Bow back)
4 Scroll back/Stay back (mit geschwungener Lehne)
5 Shawl back
6 Smoker's bow
7 Spindle back, Wycombe-Stil
8 Swiss
9 Tablet back
10 Three back, USA
11 Wheel back
12 Writing arm

1

2

3

4

5

6

7

8

9

10

11

12

1.16

MÖBEL

KOMMODEN UND TRUHEN 1

1 Eisentruhe
2 Bachelor's (»Junggesellen«-)Kommode
3 Bibeltruhe
4 Schubladentruhe
5 Brett-Truhe
6 Gebrauchte Kommode (Bombé)
7 Kasten
8 Hochzeitstruhe
9 Cassone, Sarkophagtypus, italienisch (Hochzeitstruhe)
10 Cassone, italienisch (Hochzeitstruhe)
11 Flaschenbehälter
12 Kommode
13 Aufsatzkommode
14 Aufsatzschreibkommode, englisch
15 Chiffonière (»Lumpensammler«)/Semainier (7-Schubladenkommode)
16 Truhe
17 Regence-Kommode
18 Wäschekommode

1.17

MÖBEL
KOMMODEN UND TRUHEN 2

1 Cressent-Kommode
2 Tischkommode
3 Tombeau-Kommode
4 Connecticut
5 Demilune-Kommode (»Halbmond«)
6 Aufsatzpult
7 Hochzeitstruhe, Renaissance, britisch
8 Waschkommode
9 Guilford-Kommode
10 Hadley-Kommode
11 Faltwerkschrank
12 Lowboy
13 Kassettierte Truhe
14 Nonsuch-Truhe, Tudor
15 Überseekoffer
16 Tallboy, Highboy, USA
17 Teekiste
18 Kofferkiste

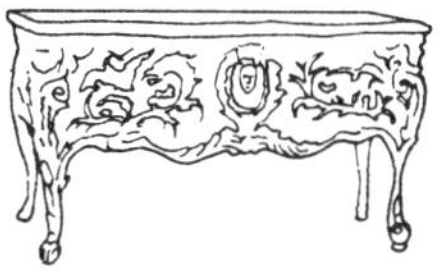
1

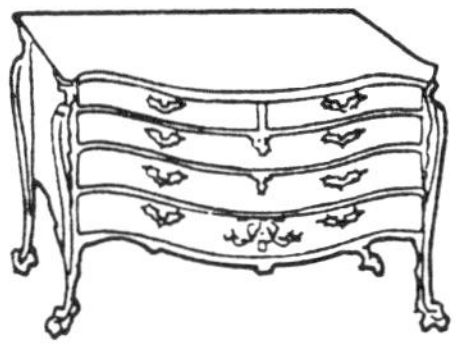
2

3

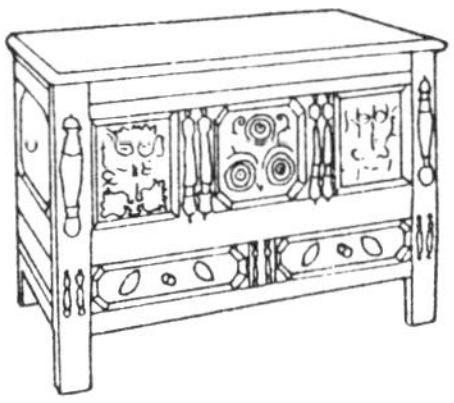
4

5

6

7

8

9

10

11

12

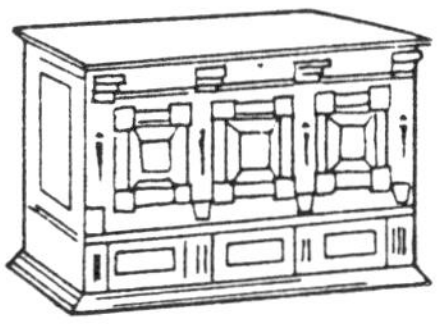
13

14

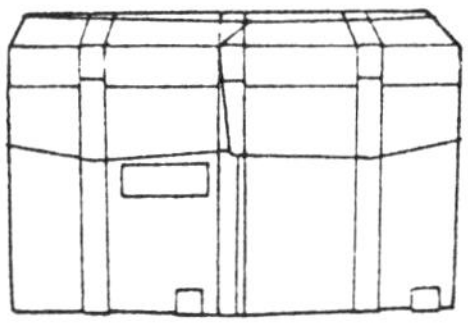
15

16

17

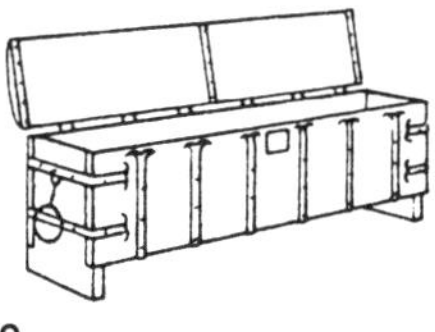
18

1.18

MÖBEL
SCHRÄNKE 1

1 Aufsatzschrank/Armadio, Renaissance
2 Rokoko-Schrank
3 Zweigeschossiger Schrank
4 Beeldenkast (»Säulenschrank«), holländisch
5 Bonnetière (»Strumpfwirkerin«)
6 Bücherschrank
7 Bücherschreibschrank, USA
8 Kabinettschrank, Louis XIII.

1

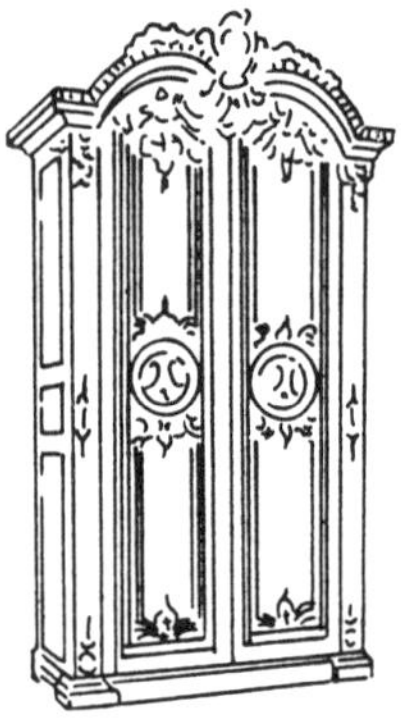
2

3

4

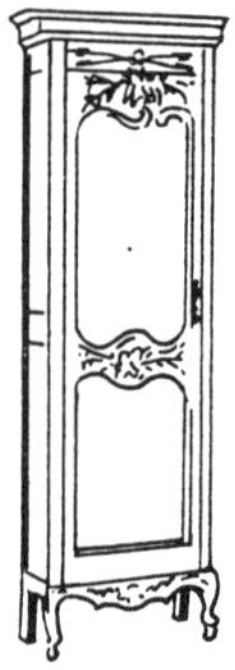
5

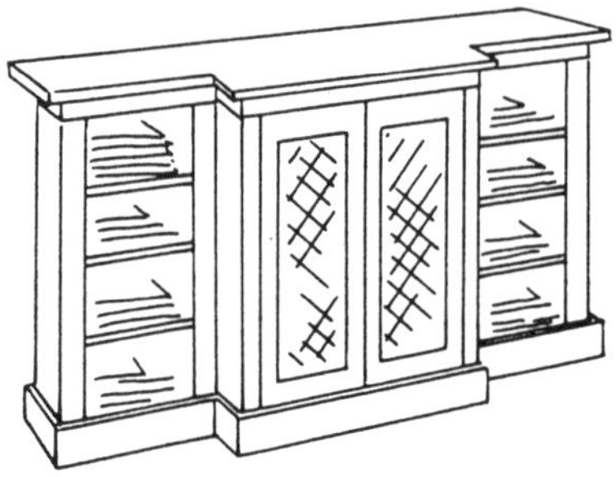
6

7

8

1.19

MÖBEL
SCHRÄNKE 2

1 Aufsatzkommode
2 Kabinettaufsatzschrank
3 Wäscheschrank
4 Porzellanvitrine, Queen-Anne-Stil
5 Münzkabinett
6 Eckschrank
7 Eckvitrine
8 Anrichte, 16./17. Jh. (Court cupboard)

1

2

3

4

5

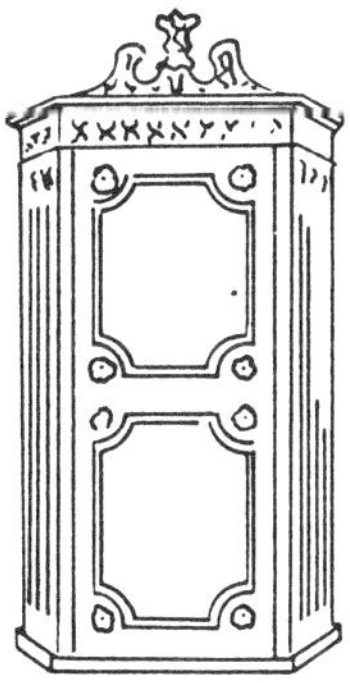
6

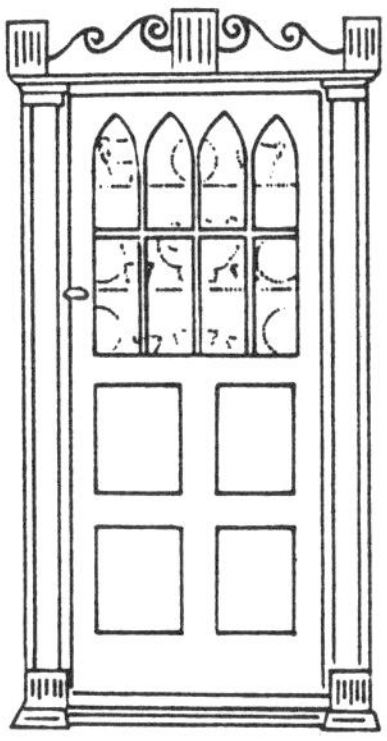
7

8

1.20

SCHRÄNKE 3

1 Halbschrank/Credenza
2 Geschirrkasten
3 Drinks Cabinet (Getränkeschränkchen)
4 Halbhoher Bücherschrank
5 Encoignure (Eckschrank)
6 Wäscheschrank/Flurschrank/Clothes press
7 Hängeschrank
8 Kast (»Schrank«), holländisch
9 Keeftkast, holländisch
10 Kunstschrank

MÖBEL
SCHRÄNKE 4

1 Kissenschrank
2 Bibliotheksschrank
3 Musikkommode
4 Sockelschrank
5 Anrichte
6 Credenza
7 Planschrank
8 Schenkschieve, holländisch

1

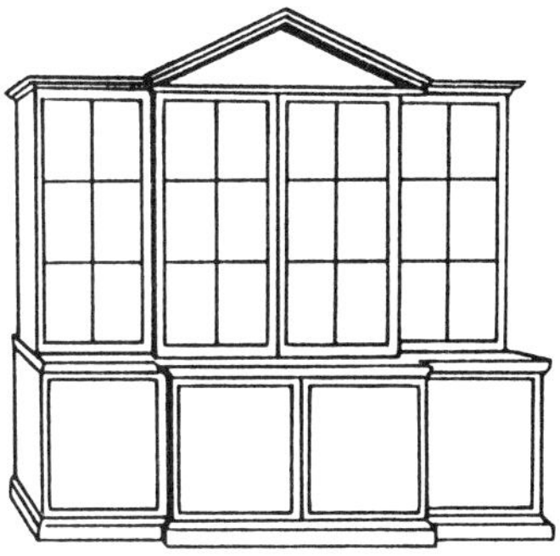
2

3

4

5

6

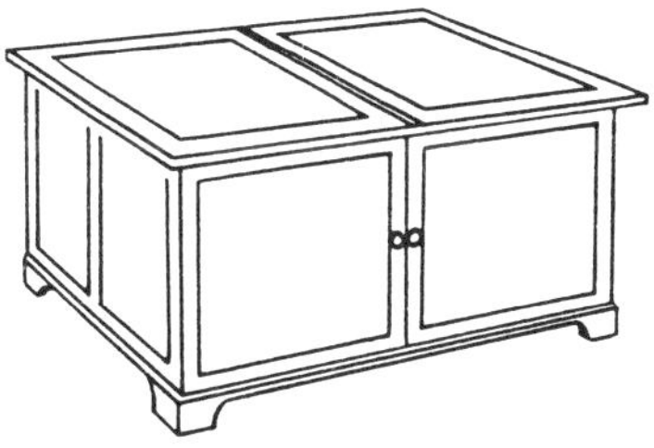
7

8

1.22 MÖBEL
SCHRÄNKE 5

1 Schrank
2 Dreigeschossige Anrichte (Tridarn)
3 Überbauschrank, Renaissance-Stil
4 Vaisselier/Geschirrschrank
5 Walisischer Wäscheschrank/Clothes press
6 Kleiderschrank, gebrochene Front
7 Kleiderschrank, fünfteilig
8 Schreibschrank

1

2

3

4

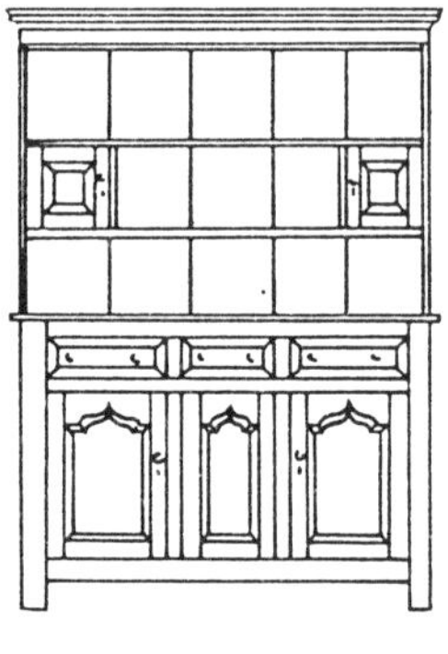

5

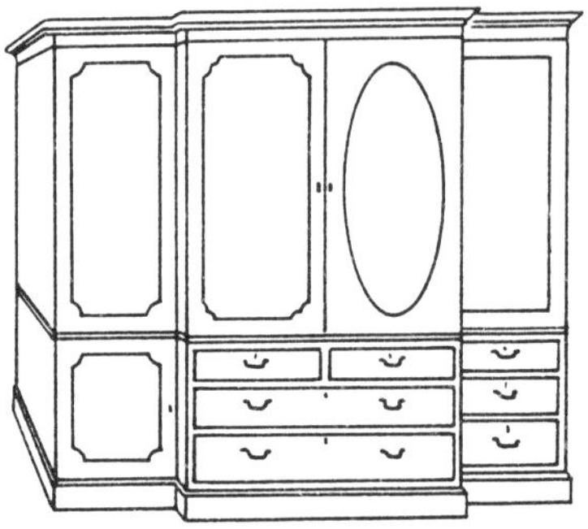

6

7

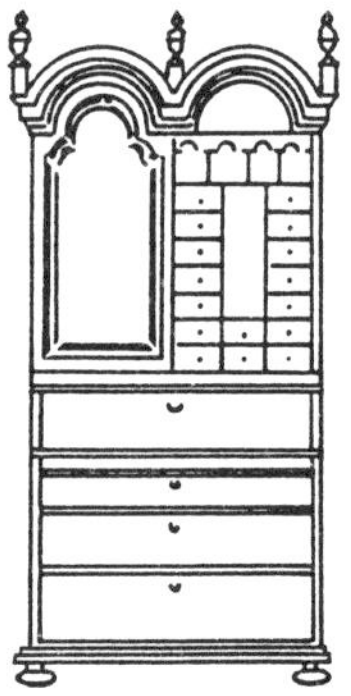

8

1.23 MÖBEL
SCHREIBTISCHE 1

1 Bonheur du jour (Damenschreibtisch)
2 Pultschreibkommode
3 Schreibtisch mit Kniemulde
4 Sekretär, Wiener Biedermeier
5 Kleiner Schreibsekretär
6 Zylinderbureau »Chatol«, dänisch
7 Davenport
8 Klappsekretär
9 Écritoire (Reiseschreibtisch)
10 Schreibkommode
11 Schreibtisch, Queen-Anne-Stil
12 Rollschreibtisch
13 Kleiner Schreibtisch
14 Sheveret
15 Vargueño, spanisch (Klappsekretär auf Untergestell)

1

2

3

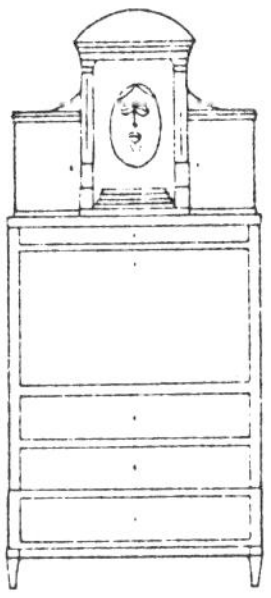
4

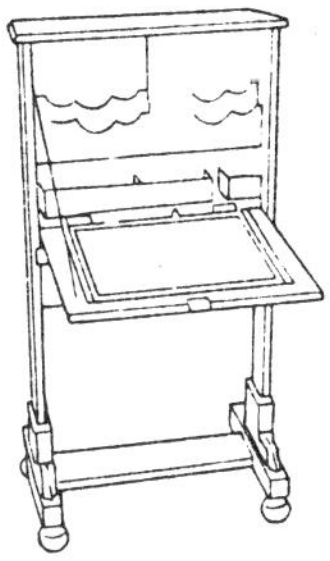
5

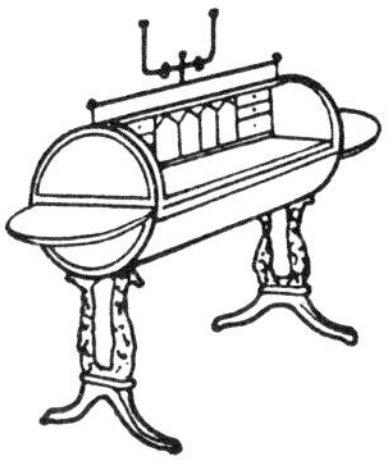
6

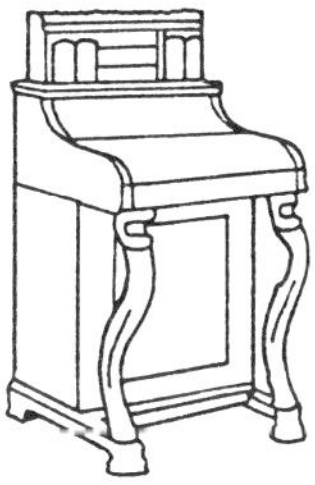
7

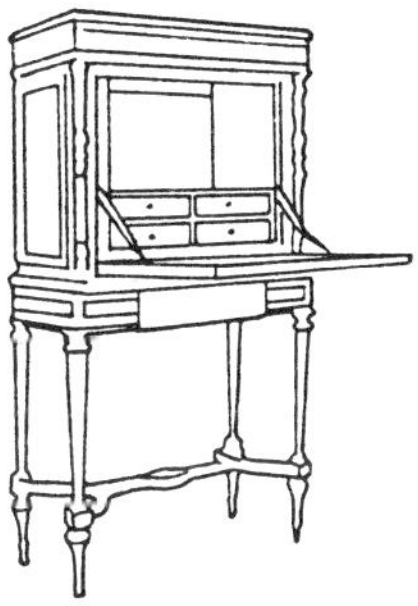
8

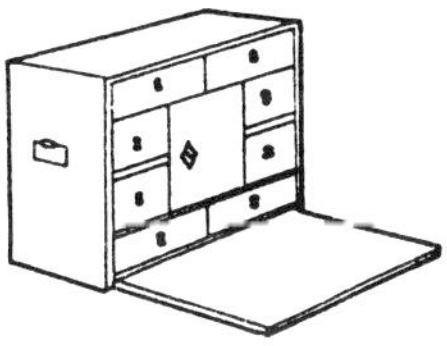
9

10

11

12

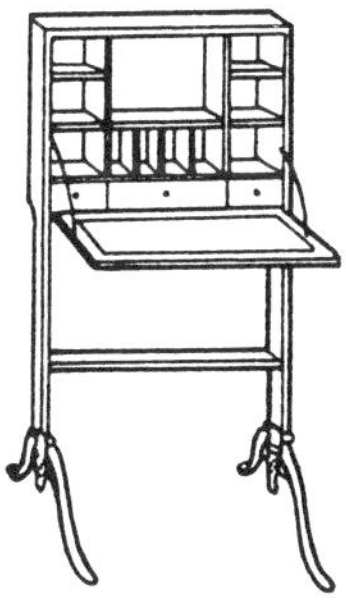
13

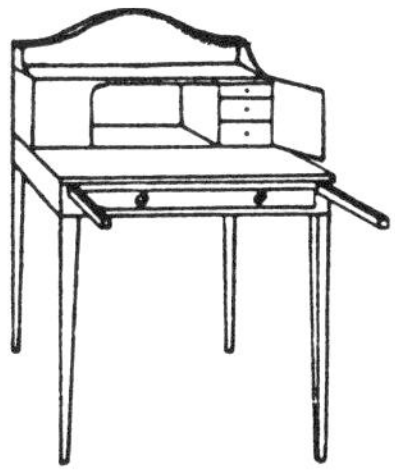
14

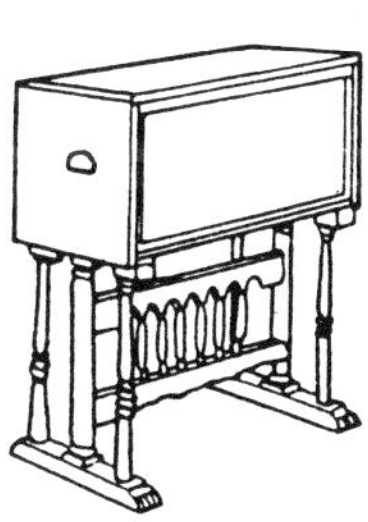
15

1.24

MÖBEL
SCHREIBTISCHE 2

1 Bureau Mazarin
2 Bureau plat
3 Partner's desk
4 Piedestal desk
5 »Scritorio«
6 Bücherschreibschrank, USA
7 Secrétaire à abbattant (Klappsekretär)
8 Schreibkommode mit Bücheraufsatz
9 Schreibkommode
10 Pultaufsatz

1

2

3

4

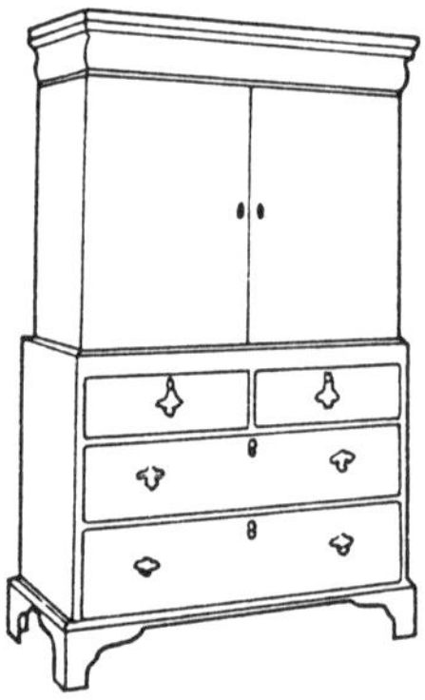
5

6

7

8

9

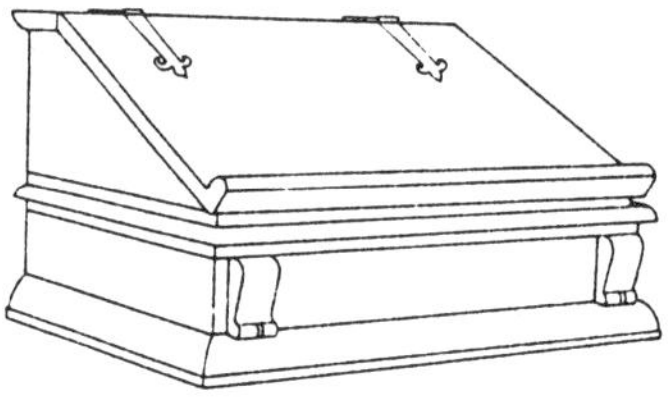
10

1.25

MÖBEL
SOFAS 1

1 Assemblage (»Zusammensetzung«)
2 Banquette (Bank)
3 Hepplewhite-Sofa
4 Sitzbank
5 Biedermeier-Sofa
6 Bisellium, römisch-antik
7 Ottomane
8 Kastenbank
9 Cabriole-Sofa
10 Höckerlehnsofa/Camel back (»Kamelrücken«)
11 Kanapée
12 Cassapanca/Sitzkasten

1

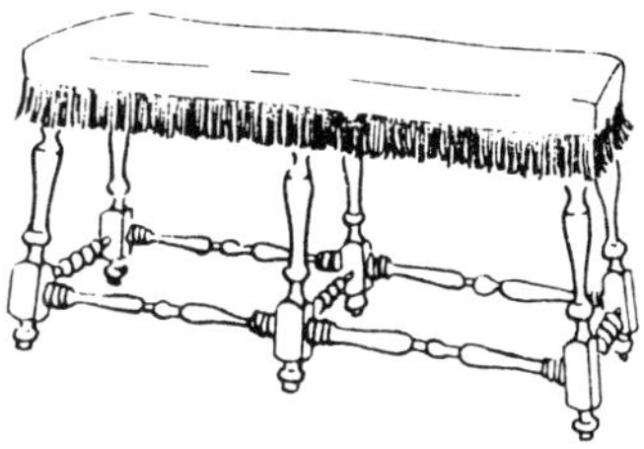
2

3

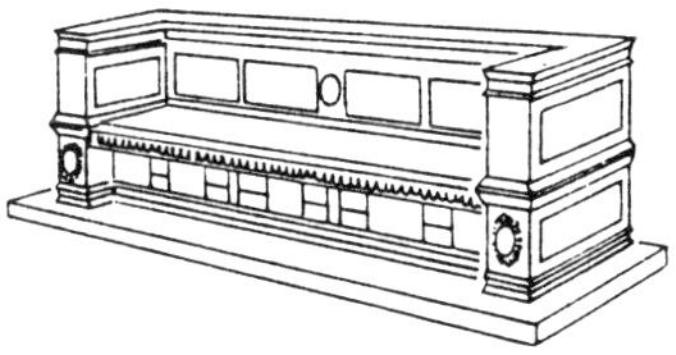
4

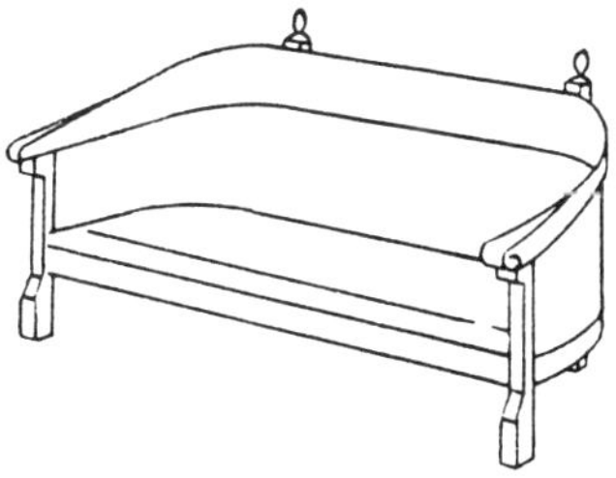
5

6

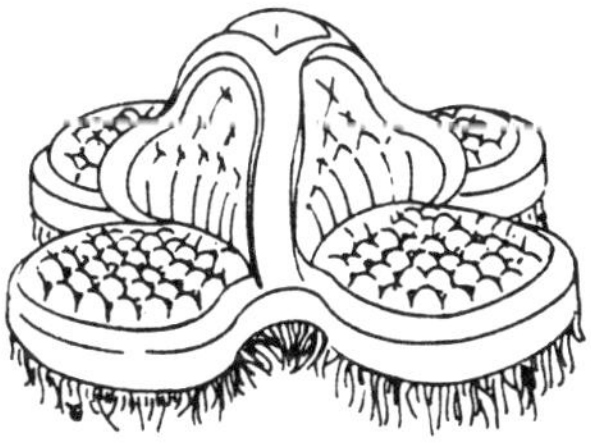
7

8

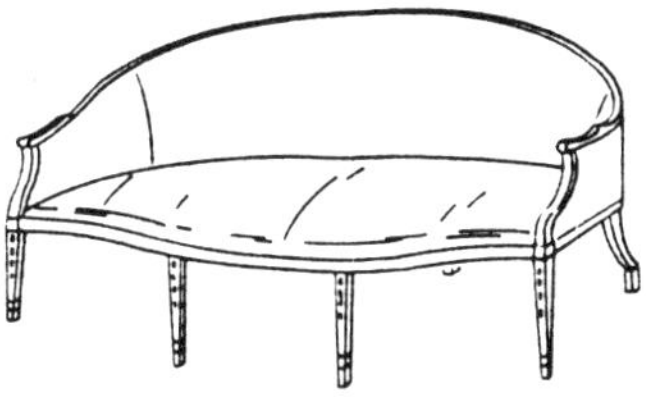
9

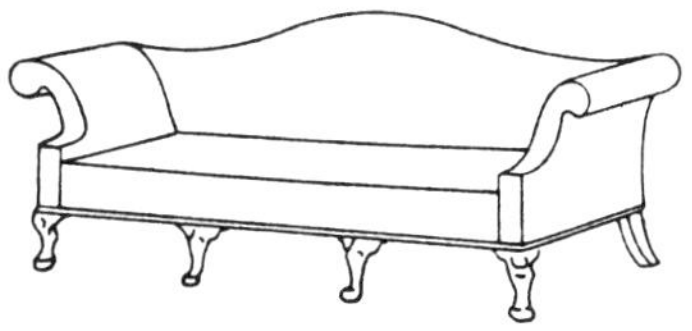
10

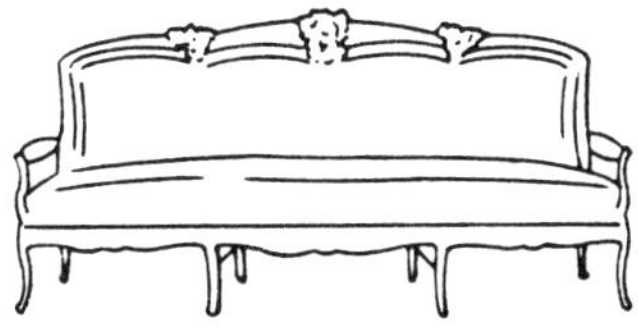
11

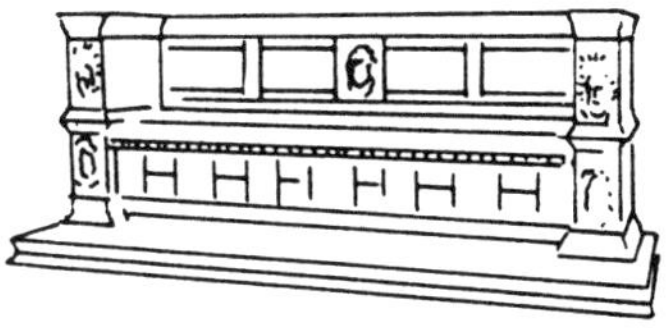
12

1.26

SOFAS 2

1 Sheraton-Settee
2 Chaiselongue (»langer Stuhl«)
3 Chesterfield-Sofa
4 Clubsofa
5 Confidante (»Vertraute«)
6 Indiscrèt
7 Fenstersitz
8 Eckbank
9 Couch
10 Liege, Tagesliege
11 Duchesse brisée (zweiteiliges Ruhebett)
12 Duchesse en bateau (Ruhebett in Bootsform)

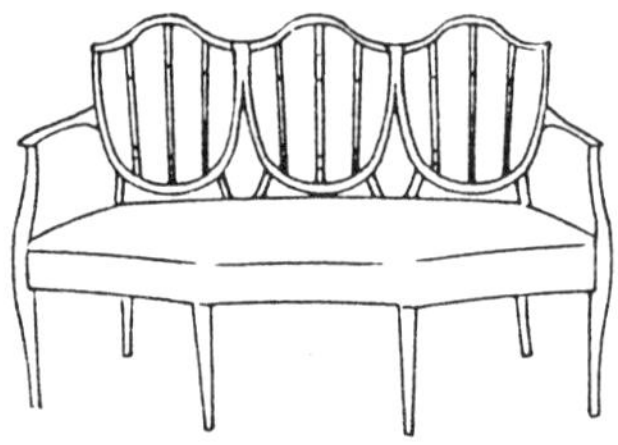
1

2

3

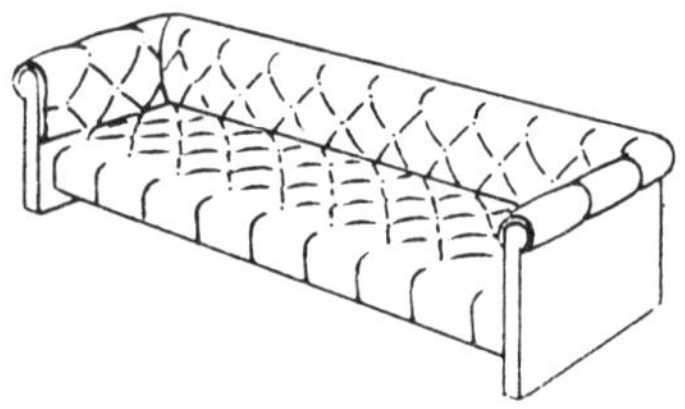
4

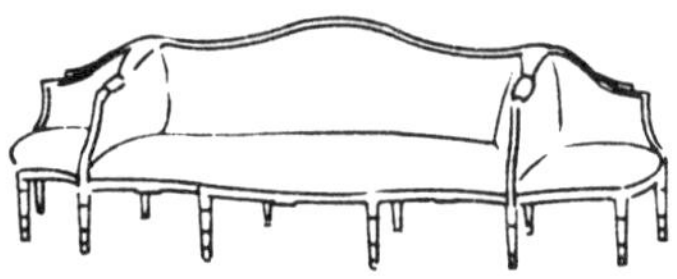
5

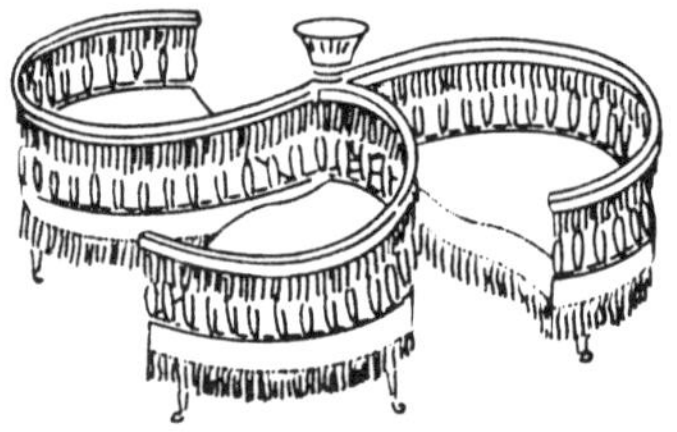
6

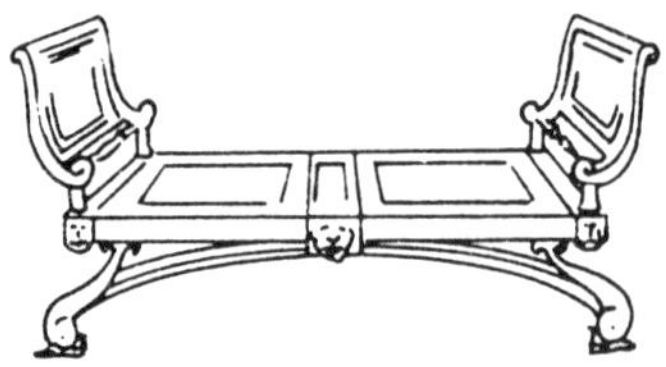
7

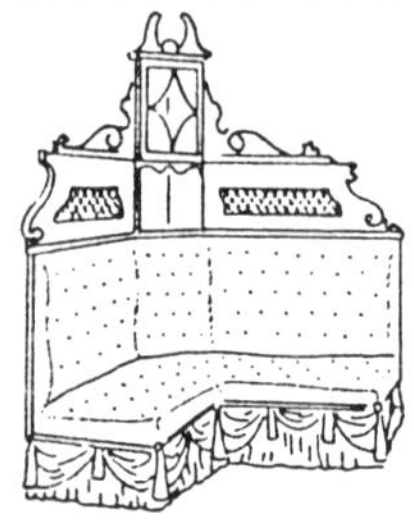
8

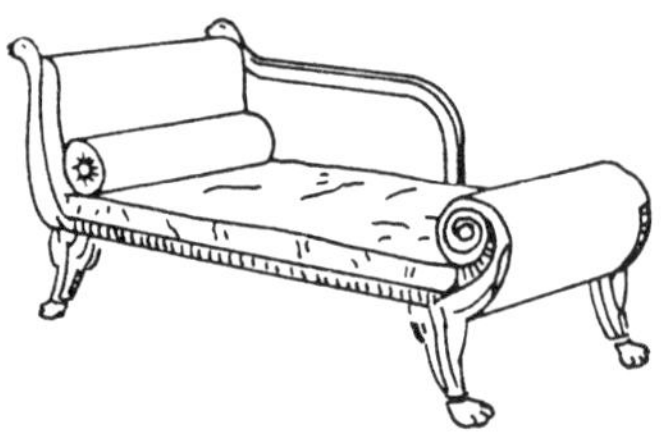
9

10

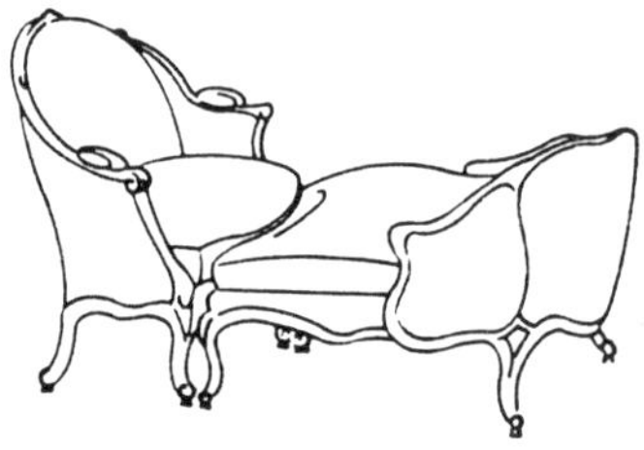
11

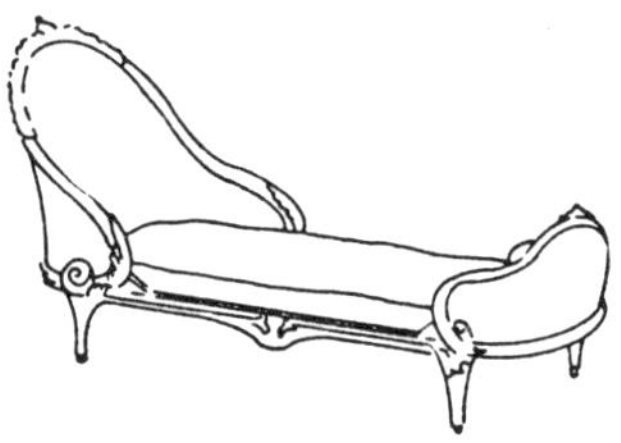
12

1.27

SOFAS 3

1. Eck-Kanapeé
2. Regency-Sofa
3. Entréebank
4. Indiscrèt
5. Känguruh-Sofa
6. Marquise/Causeuse
7. Méridienne (»Mittagsschlaf«)
8. Ottomane
9. Papiermaché-Settee
10. Polsterliege, Leseliege

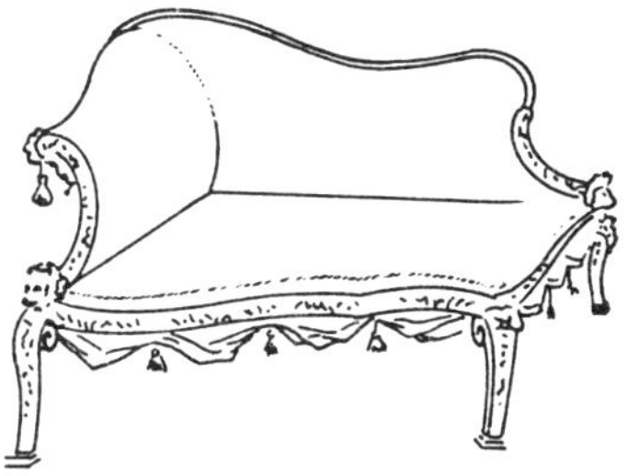

1

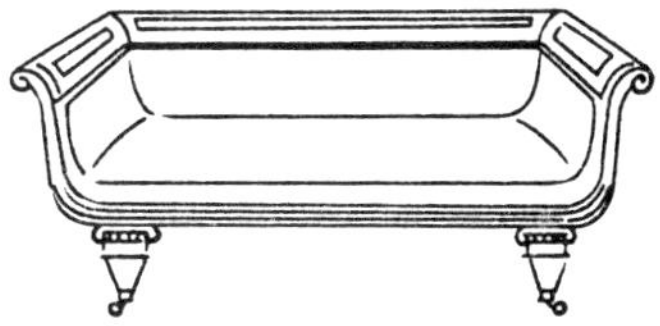

2

3

4

5

6

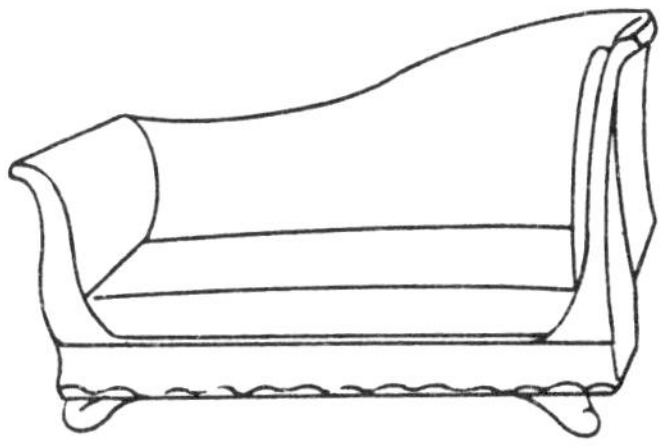

7

8

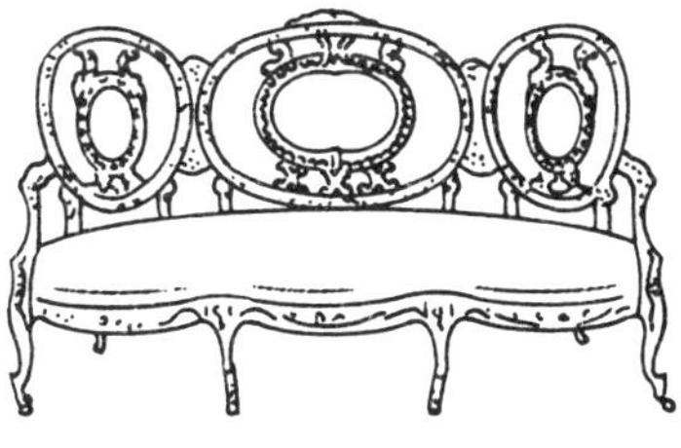

9

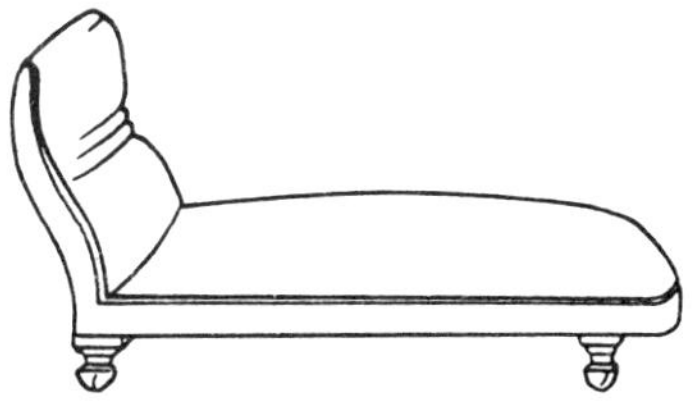

10

1.28

MÖBEL
SOFAS 4

1 Recamière
2 Liege, Leseliege
3 Settee
4 Niedrige Sitzbank
5 Hohe Sitzbank mit Schubladen
6 Tête-à-tête (»Zwiegespräch«), Plaudersofa
7 Sofa
8 Causeuse (Unterhaltungssofa für zwei Personen)
9 Zweisitzer
10 Windsor-Settee

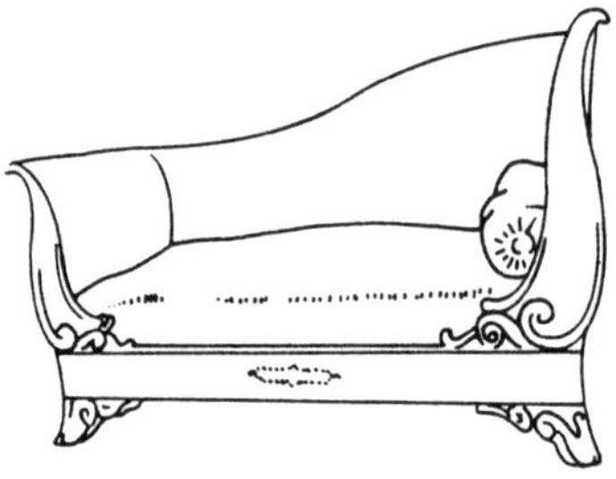
1

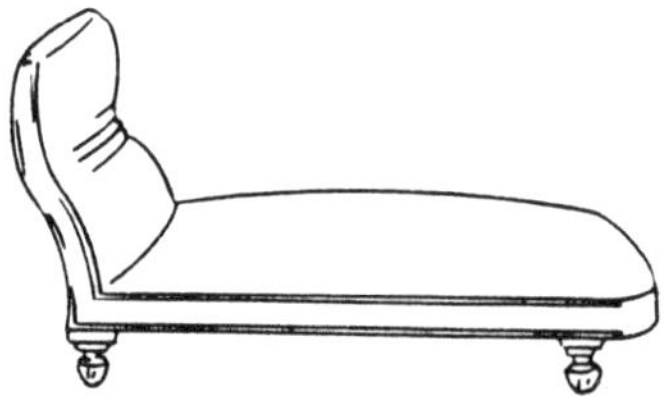
2

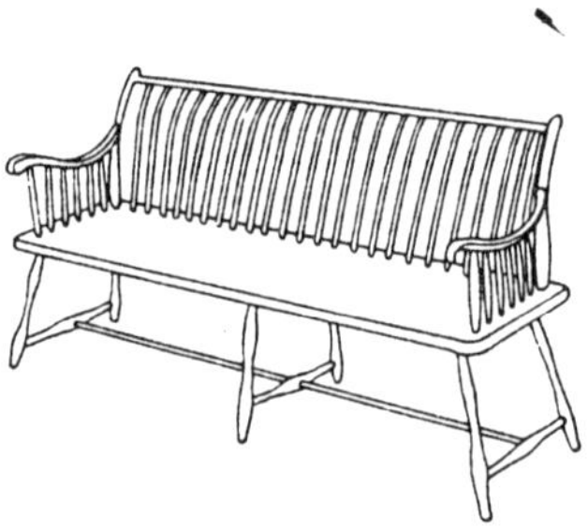
3

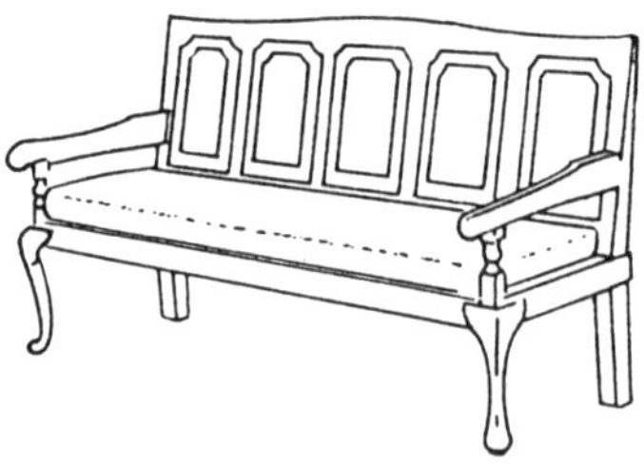
4

5

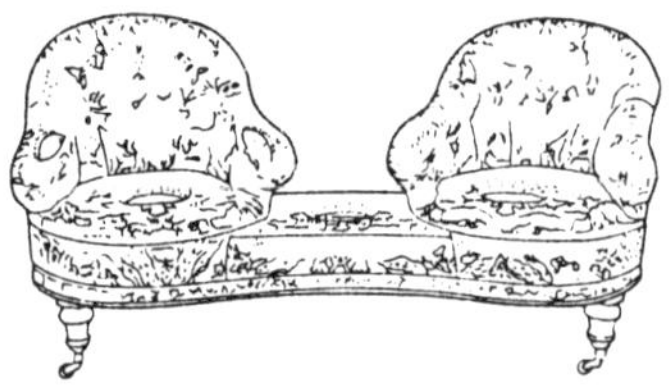
6

7

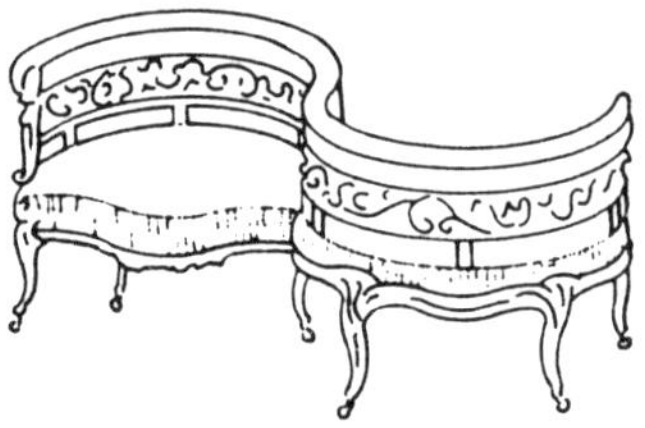
8

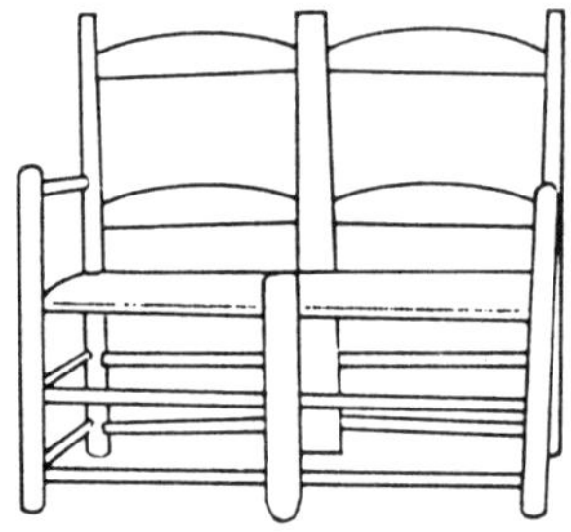
9

10

1.29

MÖBEL
STÄNDER UND GESTELLE 1

1 Guéridon (Leuchtertisch)
2 Waschtisch
3 Stummer Diener
4 Büchergestell
5 Leuchtertisch
6 Eckwaschtisch
7 Toilettentisch
8 Frisierspiegel, Toilettenspiegel
9 Stummer Diener/Lazy Susan (»Faule Susanne«)
10 Jardinière (Blumenständer)
11 Guéridon (Leuchtertisch)
12 Garderobe
13 Ständer
14 Globusständer
15 Zeitungsständer
16 Notenfächer

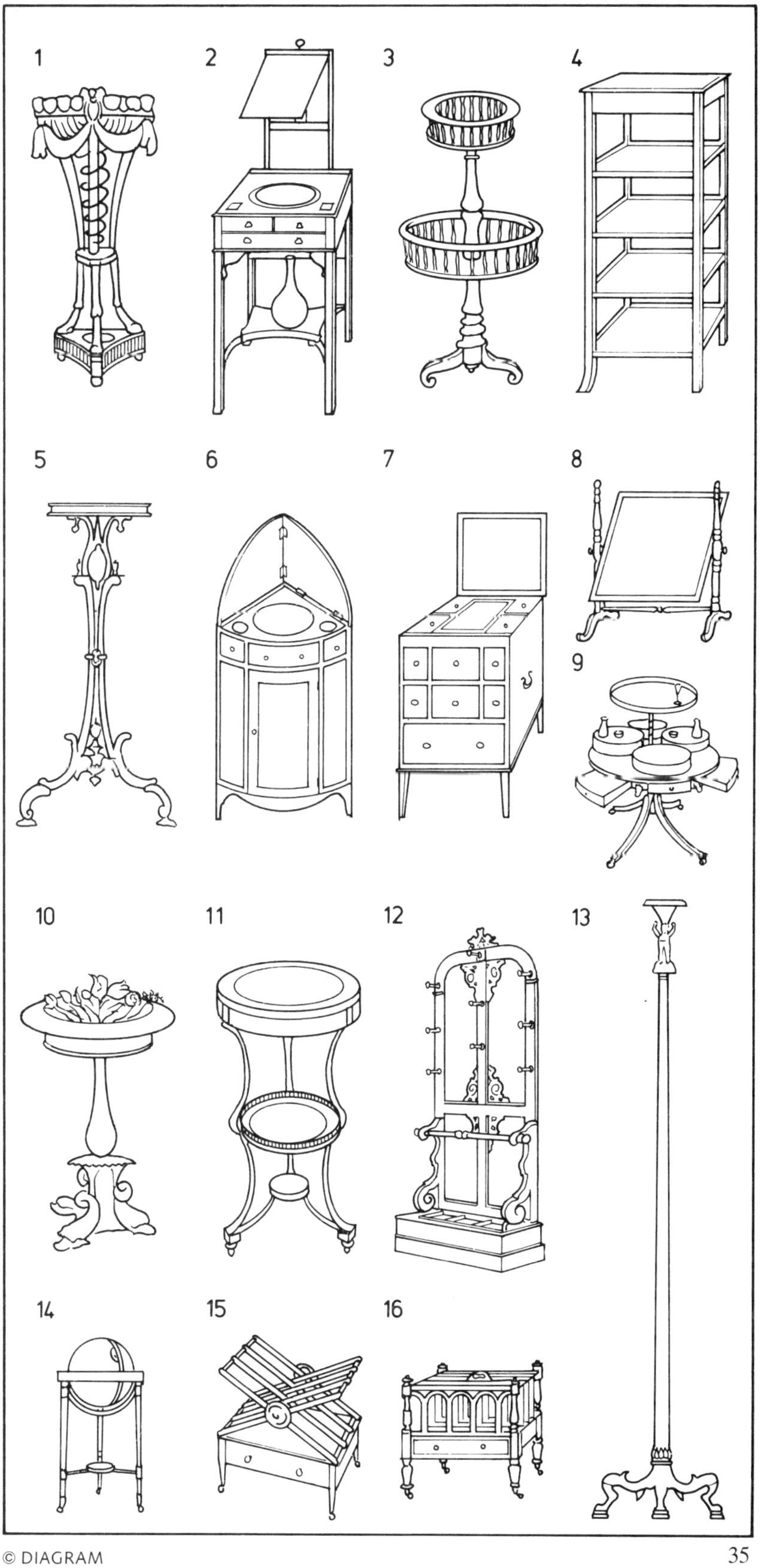

1.30

MÖBEL

STÄNDER UND GESTELLE 2

1 Lesepult
2 Notenständer
3 Vasensockel, Adam-Stil
4 Kanzel
5 Blumentisch
6 Papierrollengestell
7 Rundschrank
8 Serviertisch
9 Drehregal
10 Rasiertisch
11 Teekannenständer
12 Guéridon, Louis XVI.-Stil (Leuchtertisch)
13 Schirmständer
14 Waschständer
15 Waschtisch
16 Étagère/Whatnot (Gestell)
17 Weinkühler
18 Gestell zum Anheften von Zetteln

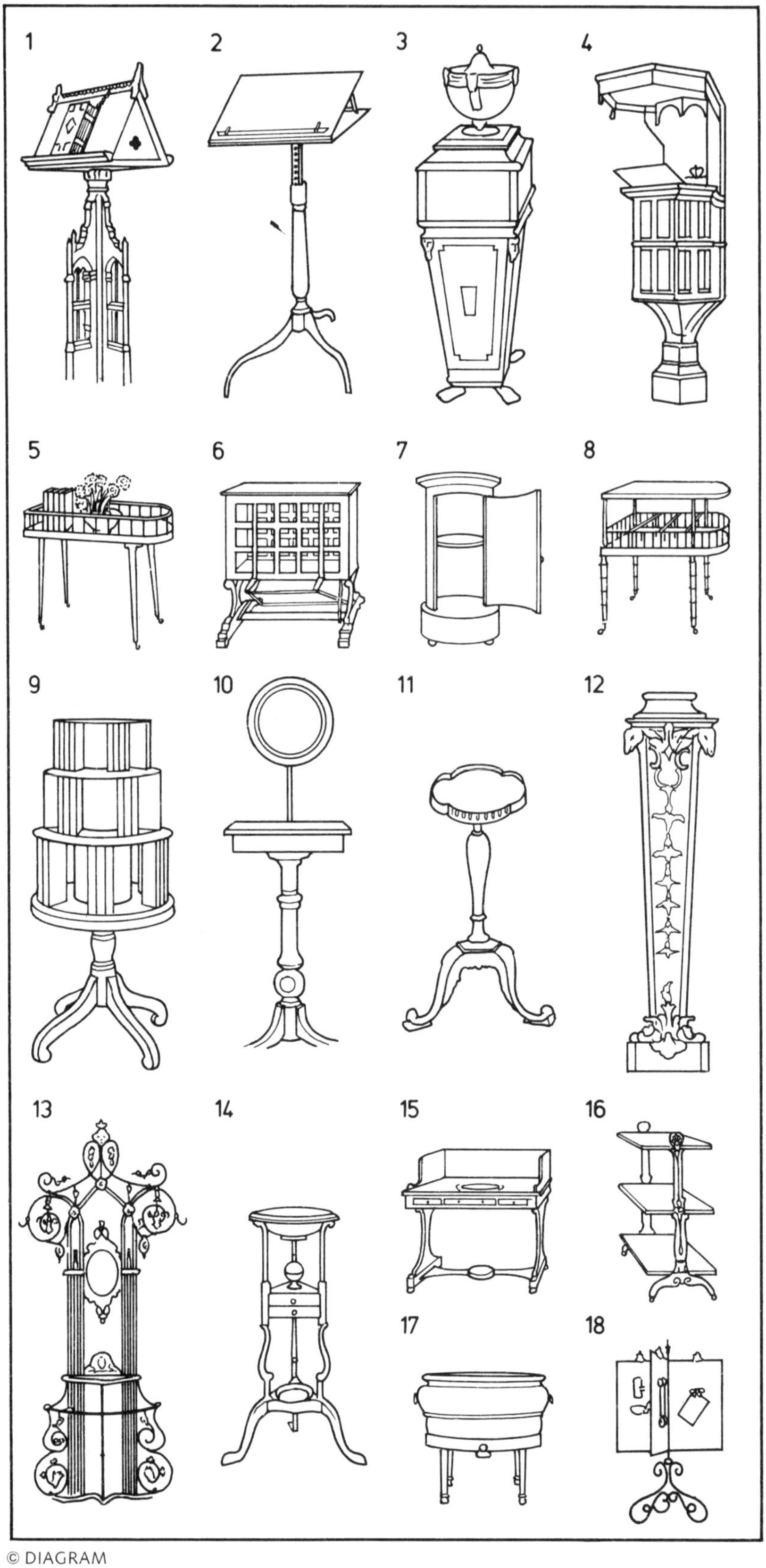

1.31

TISCHE 1

1 Beistelltisch/Ambulante
2 Architektentisch
3 Backgammon-Tisch
4 Handarbeitstisch
5 Tisch für das Besset-Kartenspiel
6 Zargentisch
7 Beau-Brummel-Tisch
8 Vitrine/Bijouterie (Schmuck)
9 Billiardtisch
10 Spieltisch
11 Frühstückstisch
12 Buffet
13 Bureau plat
14 Tablett/Butler's tray

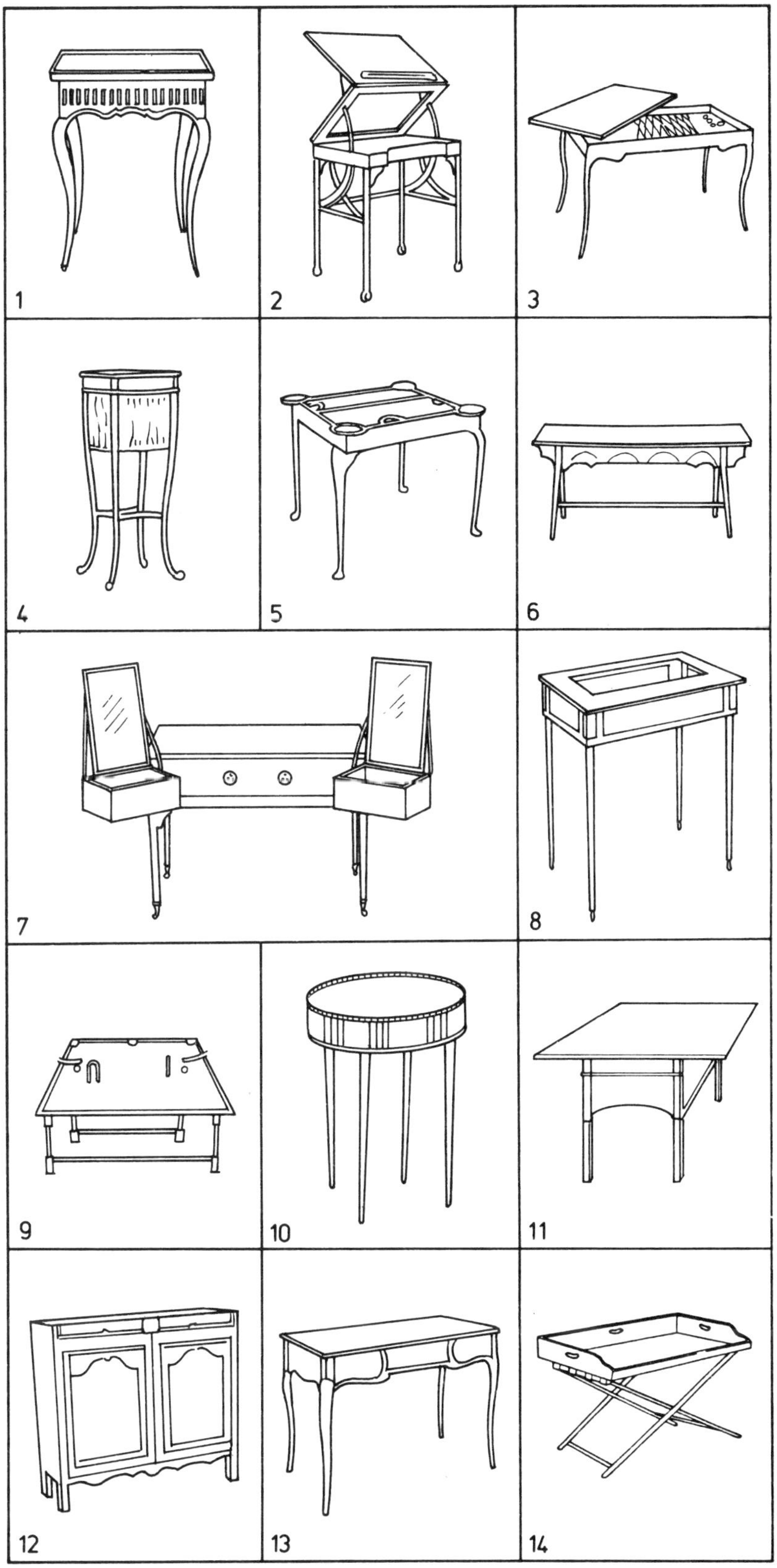

1.32

MÖBEL
TISCHE 2

1 Butterfly table (»Schmetterlingstisch«), Wiliam-und-Mary-Stil
2 Tischkommode
3 Canterbury
4 Kartentisch, Queen-Anne-Stil
5 Schachtisch
6 Carlton-House-Schreibtisch
7 Chippendale-Tisch
8 Kaffeetisch
9 Frisiertisch/Coiffeuse
10 Desserte (Wandtisch, Anrichte)
11 Konsole
12 Konsoltisch

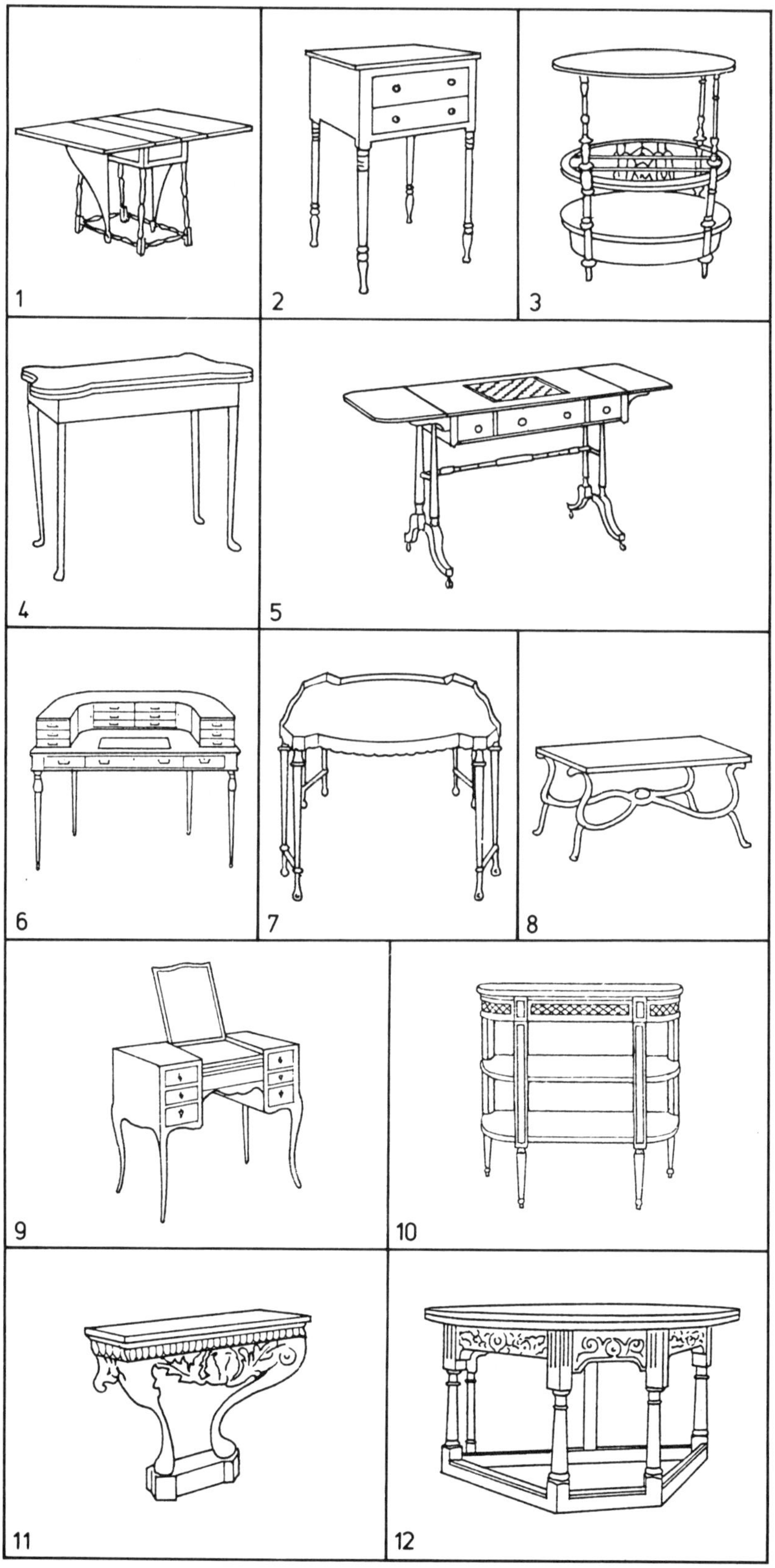

1.33

MÖBEL
TISCHE 3

1 Kredenz
2 Dreibeiniger Tisch
3 Eßtisch
4 Tisch mit Klappe/Deception table (»täuschender Tisch«)
5 Ausziehtisch, Tudor-Stil
6 Poudreuse, Schminktisch
7 Drinkingtable
8 Rundes Arbeitstischchen
9 Klappbarer Eßtisch
10 Adler-Konsoltisch

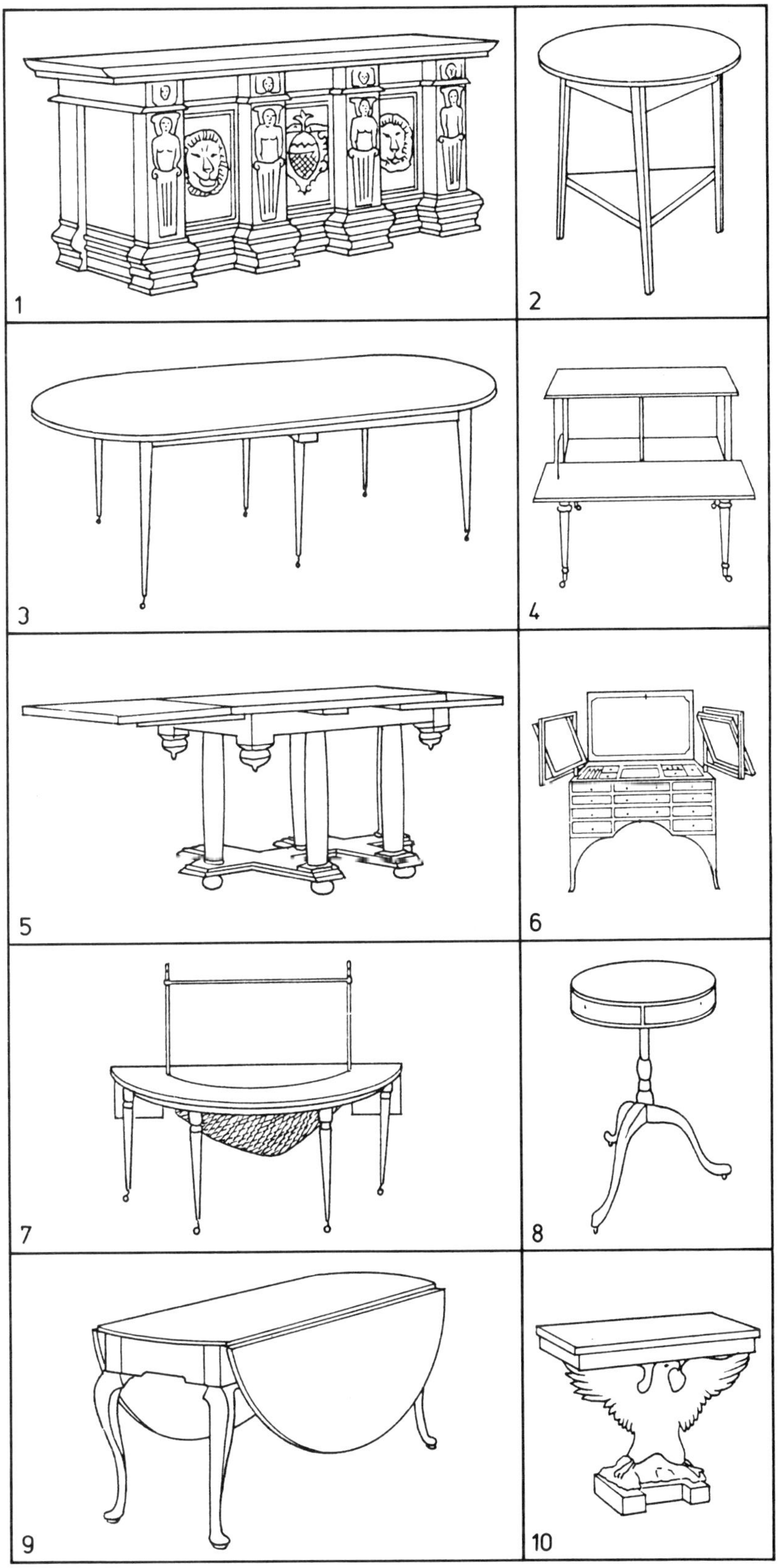

1.34

MÖBEL
TISCHE 4

1 Ausziehtisch
2 Spieltisch, aufklappbar
3 Gate-leg-Tisch (Klapptisch)
4 Stollentisch
5 Handkerchief table (»Taschentuchtisch«)
6 Harlequin table
7 Hufeneisenförmiger Tisch
8 Nierenförmiger Schreibtisch
9 Huntboard (»Jagdbrett«)
10 Hunt table (»Jagdtisch«)

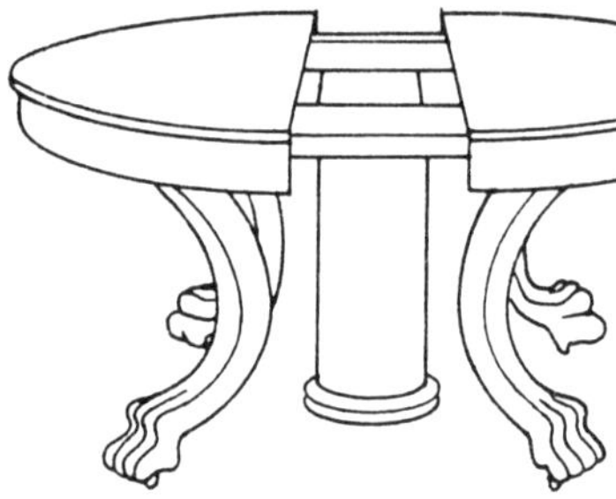
1

2

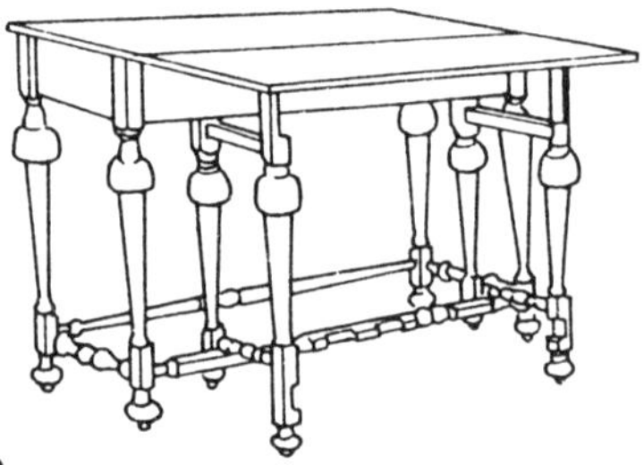
3

4

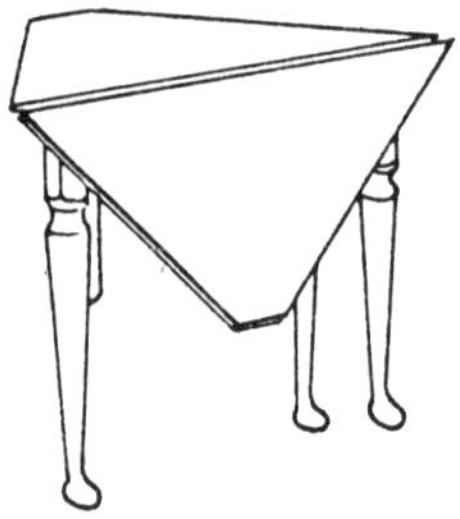
5

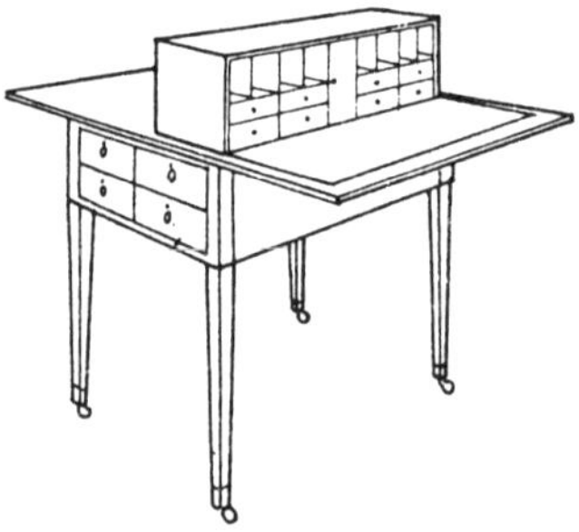
6

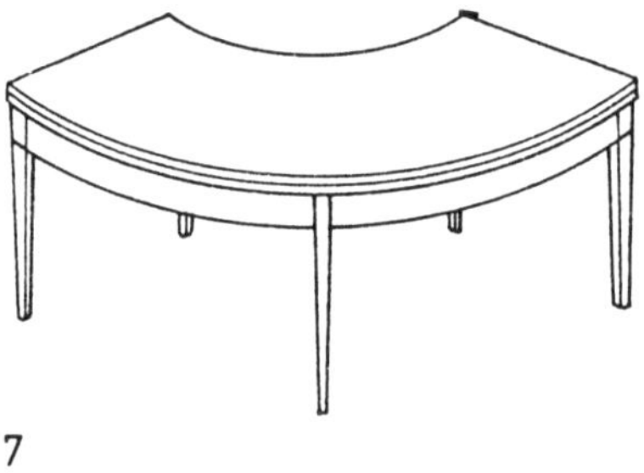
7

8

9

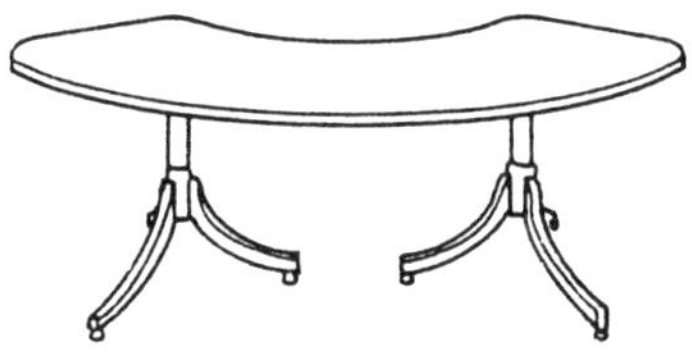
10

1.35

MÖBEL
TISCHE 5

1 Bibliothekstisch
2 Runder Tisch mit Säulenfuß
3 Tisch mit Cabriole legs
4 Beistilltische/Nest of tables/ Trio
5 Beistelltisch/Quartetto
6 Beistelltisch
7 Runder Tisch mit Balusterfuß
8 Pembroke-Tisch
9 Konsoltisch
10 Handarbeitstisch
11 Runder Tisch, Regency
12 Refektoriumstisch
13 Schminktisch

1.36

MÖBEL
TISCHE 6

1 Runder Tisch
2 Nähtisch
3 Nähmaschinentisch
4 Rasiertisch
5 Wandtisch
6 Konsoltisch mit vertieftem Fach
7 Sofa Table
8 Schaukasten
9 Guéridon (Leuchtertisch)
10 Wangentisch (Table á l'italienne)
11 Table á rognon (»Nierentisch«)
12 Table en chiffonière (»Tisch für die Lumpensammlerin«)
13 Schragentisch

1.37

TISCHE 7

1. Beistelltisch als Teebehälter/Teapoy
2. Teetisch, Queen-Anne-Stil
3. Klapptisch
4. Toilette en papillon (»Toilettentisch in Schmetterlingsform«)
5. Schminkkonsole mit Drapierung
6. Tricoteuse (»Strickerin«)
7. Schragentisch/Zeichentisch
8. Spieltisch für Trictrac
9. Dreibeiniger Tisch
10. Spieltisch für Troumadam
11. Vitrinentisch
12. Serviertisch für Getränke
13. Nachttisch

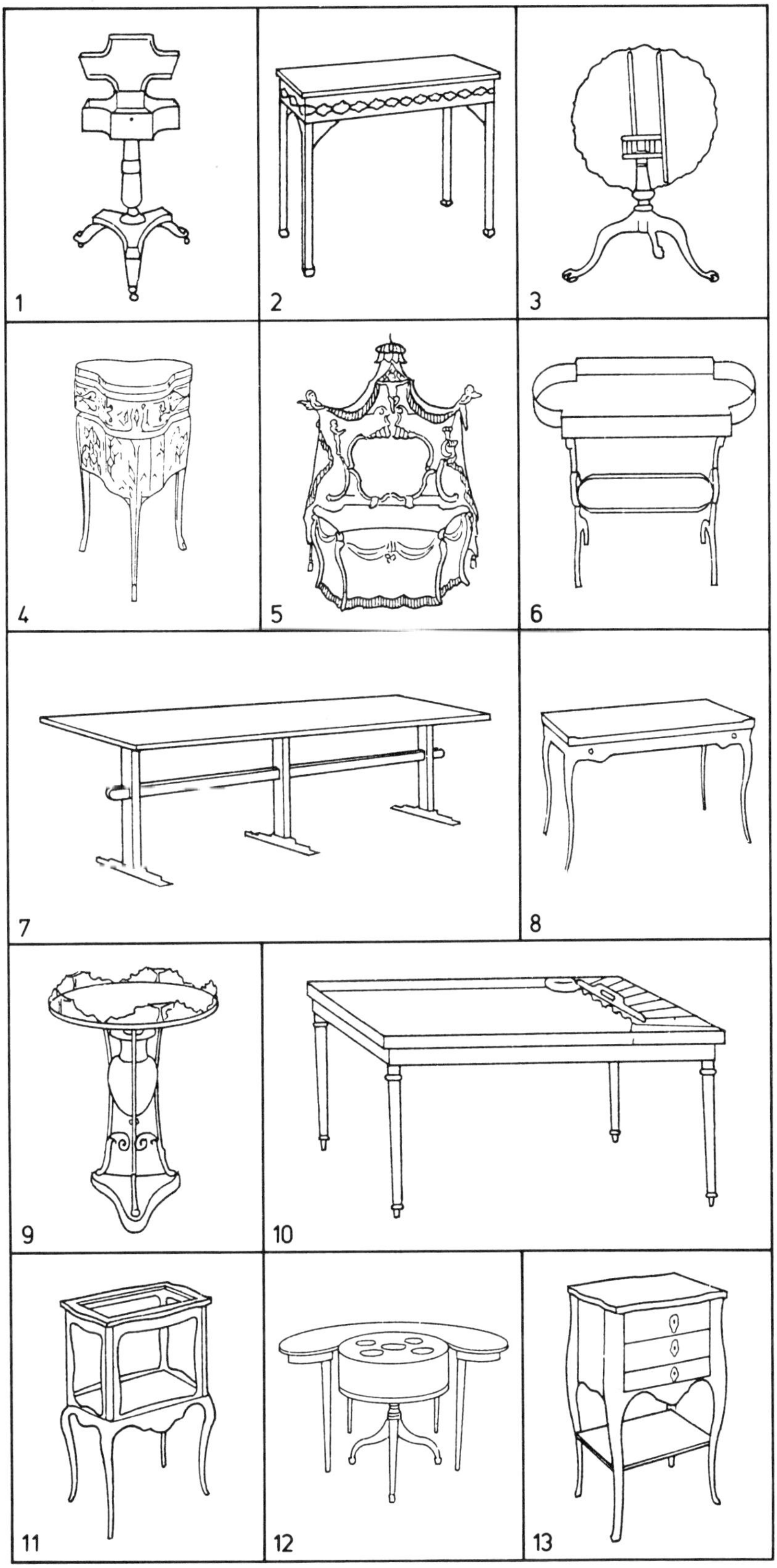

1.38

MÖBEL
VERSCHIEDENES

1 Wachslampen nach antikem Vorbild
2 Kandelaber
3 Wandapplike
4 Dreiarmige Girandole
5 Feuerhund
6 Kerzenhalter
7 Kronleuchter
8 Stocklaterne
9 Öllampe
10 Laterne
11 Kohlenkasten
12 Wandblaker
13 Feuerstelle
14 Kleiner Schreibsekretär
15 Kleiner Schreibsekretär
16 Bücherregal
17 Ofenschirm
18 Lichtschirm
19 Lichtschirm
20 Wandschirm
21 Wandschirm

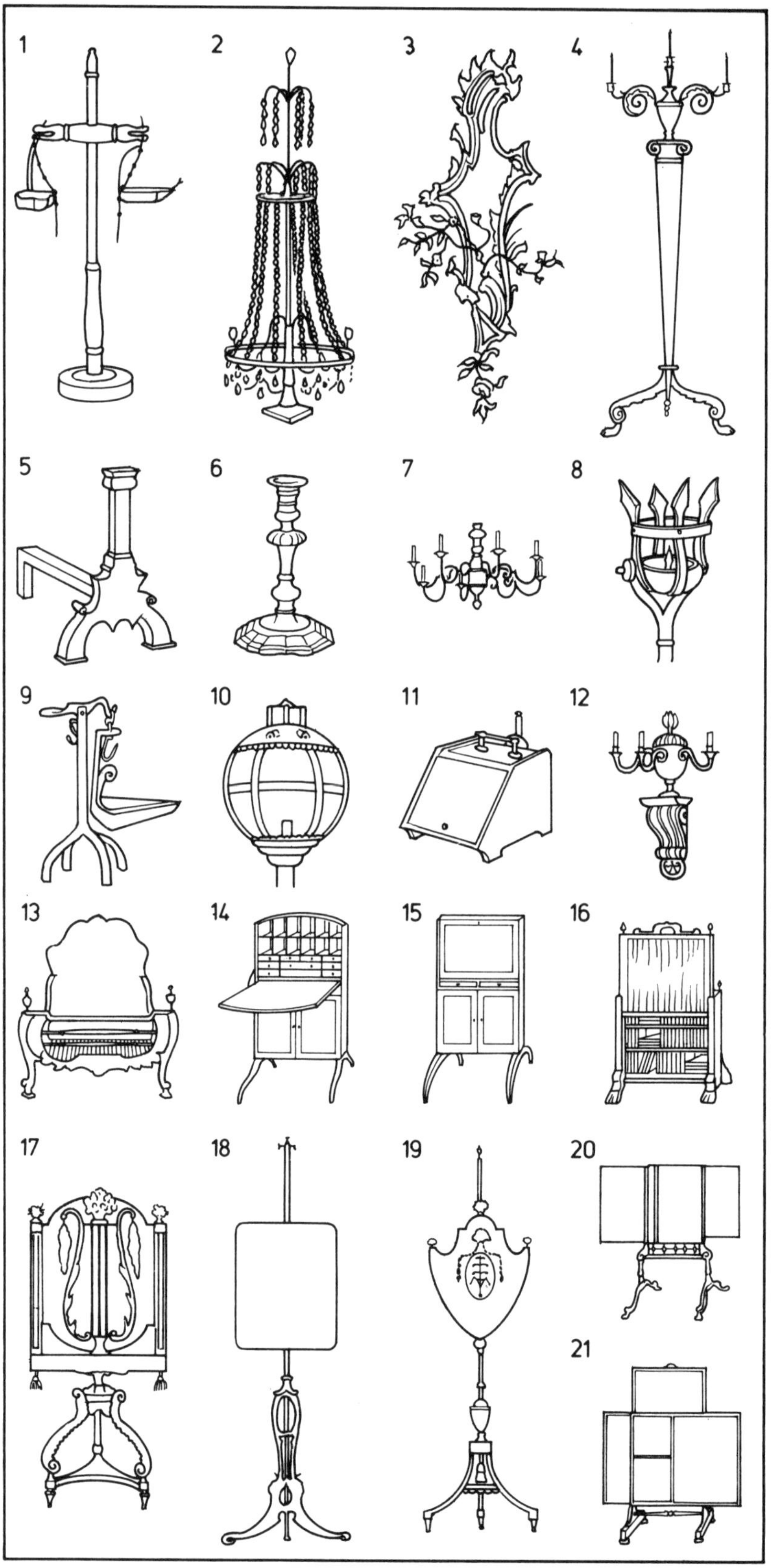

1.39

MÖBEL
VERSCHIEDENES

1 Spinett
2 Tischklavier
3 Giraffenklavier
4 Klavier
5 Klavier mit Aufsatz
6 Sitzwanne
7 Slipperwanne
8 Bottich
9 Knettrog
10 Römische Badewanne

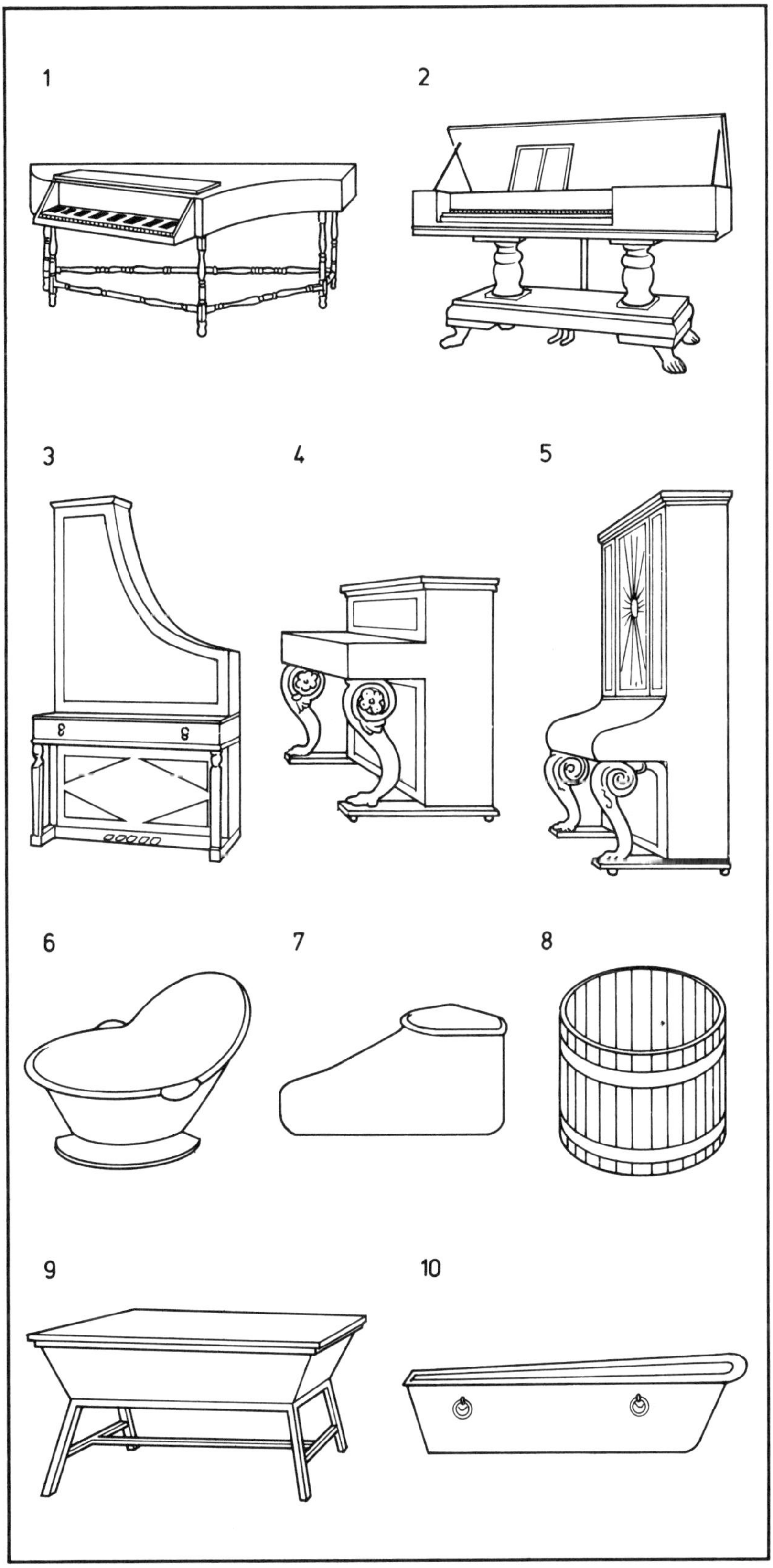

1.40

MÖBEL
VERSCHIEDENES

1 Hängeschränkchen, Chippendale
2 Rahmen mit Bekrönung
3 Psyche
4 Toilettenspiegel
5 Wandspiegel
6 Portière
7 Trumeau (Wandverkleidung)
8 Bücherleiter
9 Kerzenbehälter
10 Geschirregal
11 Bettstufen
12 Beinstütze
13 Wäschemangel
14 Wandschirm
15 Jardinière (»Gärtnerin«), Blumengestell
16 Betstuhl/Prie Dieu

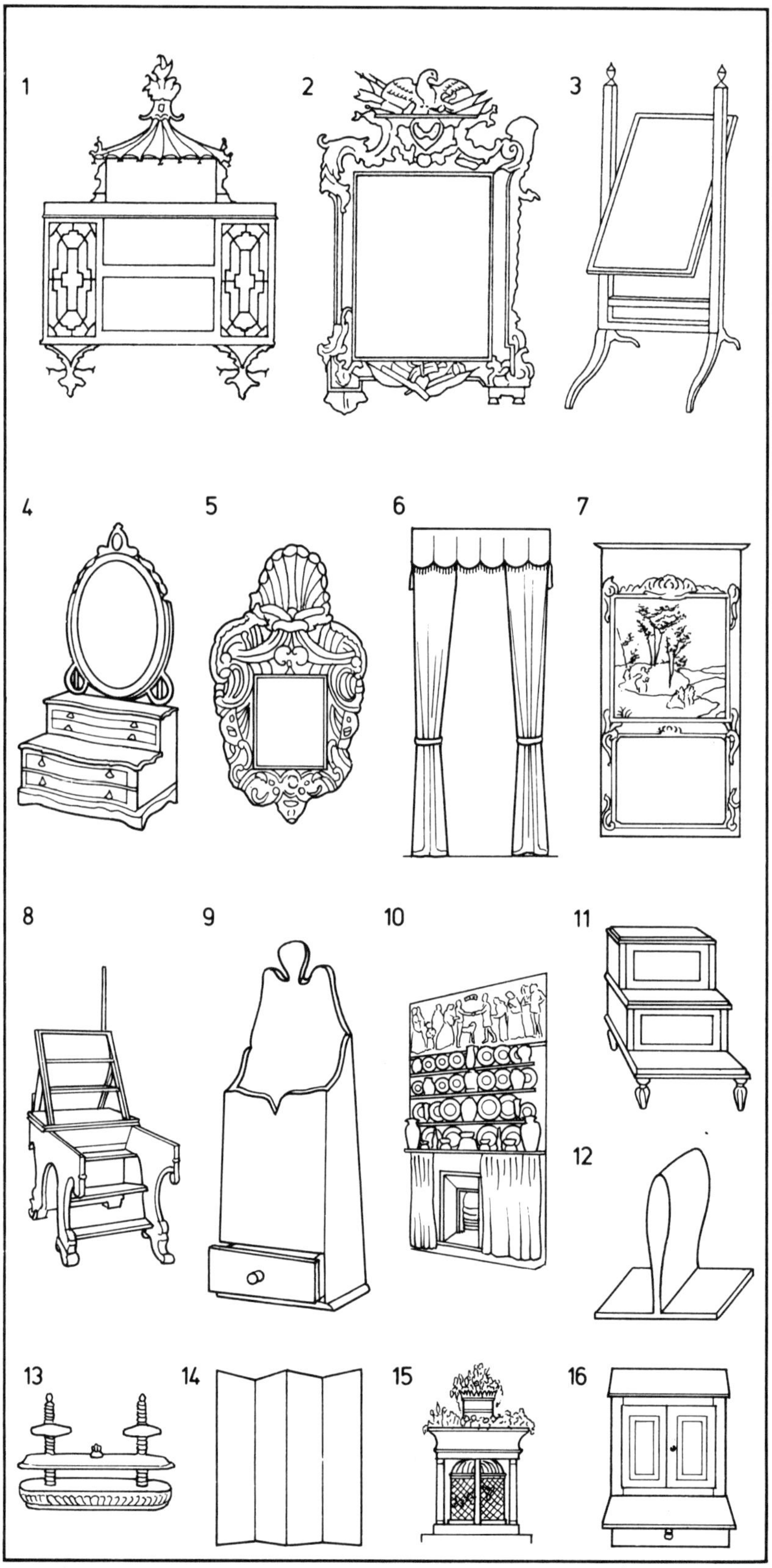

2.01

BETTKONSTRUKTIONEN

A Teile des Bettes
1 Bein
2 Bettschraube
3 Unteres Rahmenteil
4 Fußteil
5 Lattenrost
6 Seitliches Rahmenteil
7 Kopfteil
8 Bettpfosten
9 Volant
10 Kleiner Baldachin
11 Baldachin
12 Kopfbrett

B Bettypen
13 Flachbett
14 Flachbett mit Kopfteil
15 Messingbett
16 Kleiner Baldachin
17 Himmelbett
18 Pfostenbett

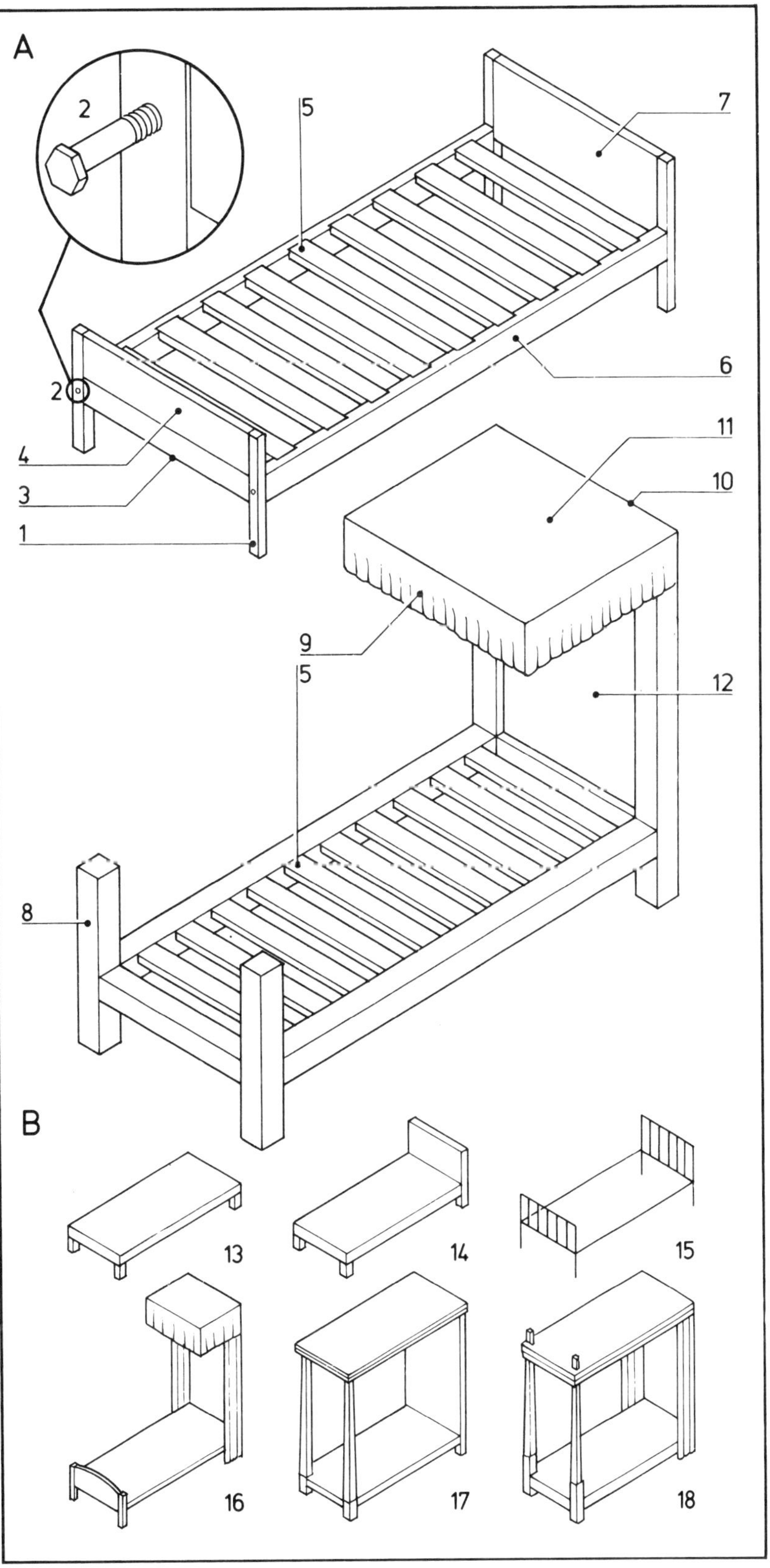

2.02

SITZMÖBELKONSTRUKTIONEN 1

A Teile des Sessels
1 Oberer Rahmen der Lehne
2 Rückenlehne
3 Hinterer Pfosten
4 Sitzrahmen, hintere Zarge
5 Lambrequin
6 Bein
7 Seitlicher Steg
8 Schlußstück
9 Sprossen der Lehne
10 Armpolster
11 Armlehne
12 Verbindungssteg vom Sitz zur Armlehne
13 Eckverstärkung
14 Zarge
15 Vorderer Steg
16 Quersteg
17 Runde Lehne
18 Runde Lehne mit Mittelbrett
19 Runde Lehne mit Spindeln
20 Gepolsterte Lehne

B Armlehnen
21 Rolle
22 Gebogen
23 Eingerollt
24 Mit Volute
25 Schreibauflage
26 Seitlich eingerollt

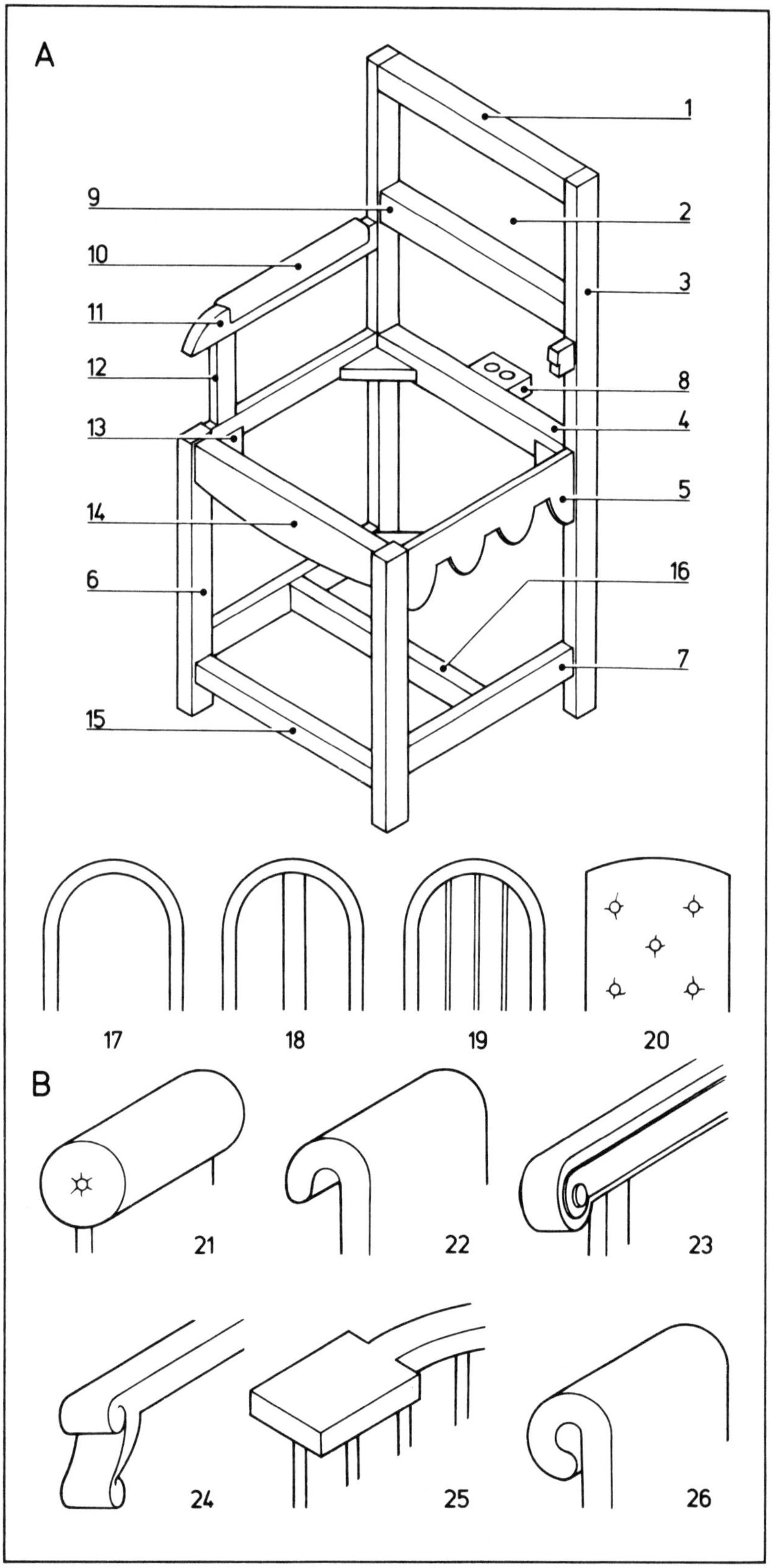

2.03

KONSTRUKTIONEN UND TEILE
SITZMÖBELKONSTRUKTIONEN 2

C Sitzflächen
27 Mit Latten
28 Gebogen
29 Loser Sitz
30 Gepolstert
31 Gegurtet
32 Geflochten
33 Holzsitz
34 Geflochten, Shaker-Stuhl

D Stegverbindungen
35 Quersteg
36 Nach oben gebogener Kreuzsteg
37 Schaukelgestell
38 Durchbrochener Kreuzsteg
39 Kreuzsteg
40 H-förmiger Steg
41 Nach hinten schwingender Vordersteg
42 Kufenförmig
43 Kreuzförmig geschwungen
44 Gebogene Strebe
45 Zwei gebogene Streben
46 Schrägkreuz/Saltire
47 Kreuzsteg, gebogen
48 Kreuzsteg in Lyraform

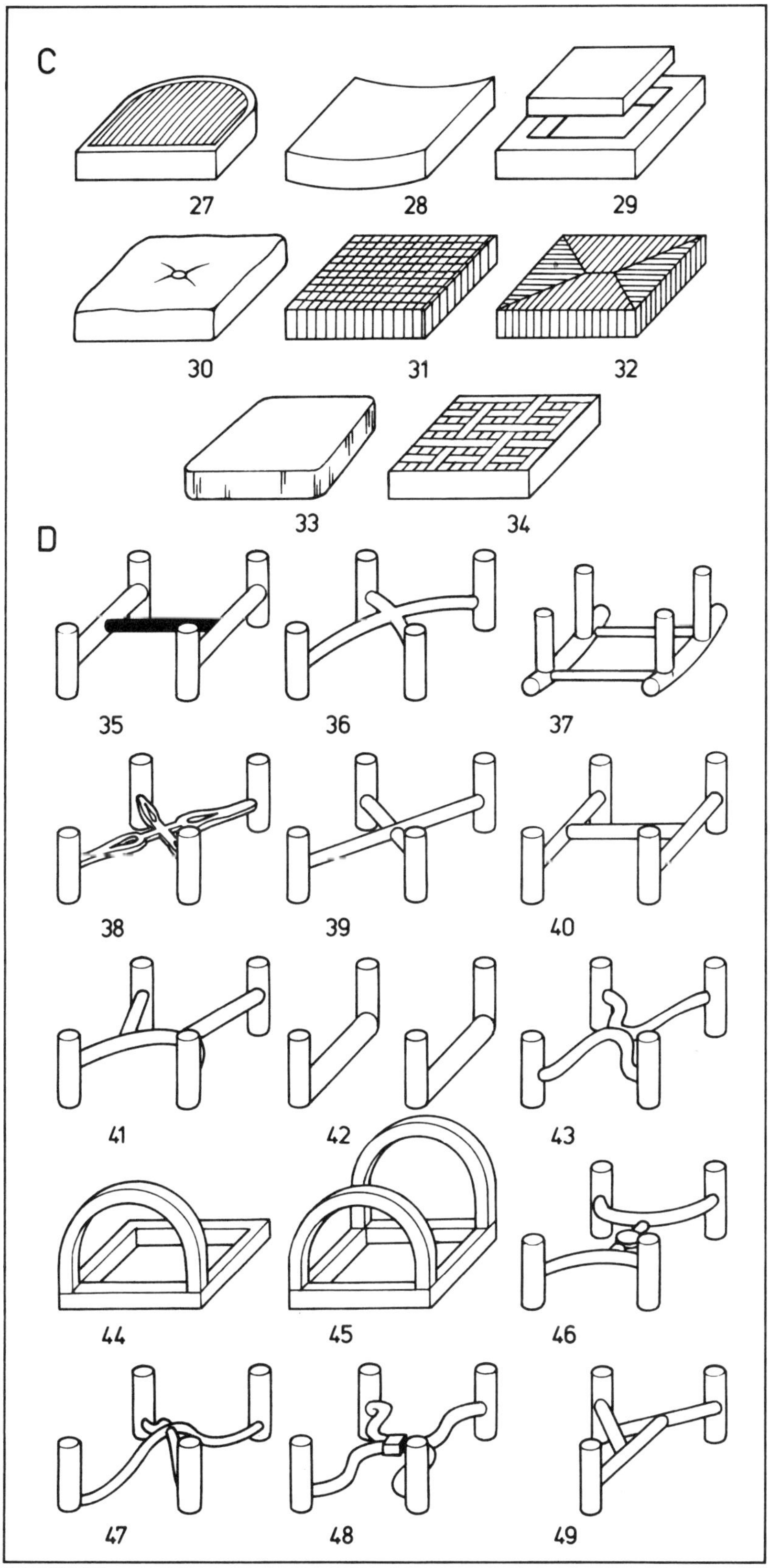

2.04

SCHREIBTISCH- UND SCHRANKKONSTRUKTIONEN

1 Deckplatte
2 Oberer Rahmensteg
3 Seitenbrett
4 Bodenbrett
5 Untere Rahmenleiste
6 Mittelsteg
7 Zarge
8 Hängende Verzierung
9 Rückwand
10 Konstruktionsrahmen
11 Aussteifungsleisten
12 Abschluß
13 Finial
14 Schreibtischscharnier
15 Auszugsleiste
16 Schreibklappe
17 Rollverschluß
18 Sockel, Plinthe
19 Auszug
20 Ablage
21 Fächer
22 Geheimschublade
23 Glastüre
24 Scheibe
25 Glasleiste
26 Bleisteg
27 Winkeleisen
28 Anleimer

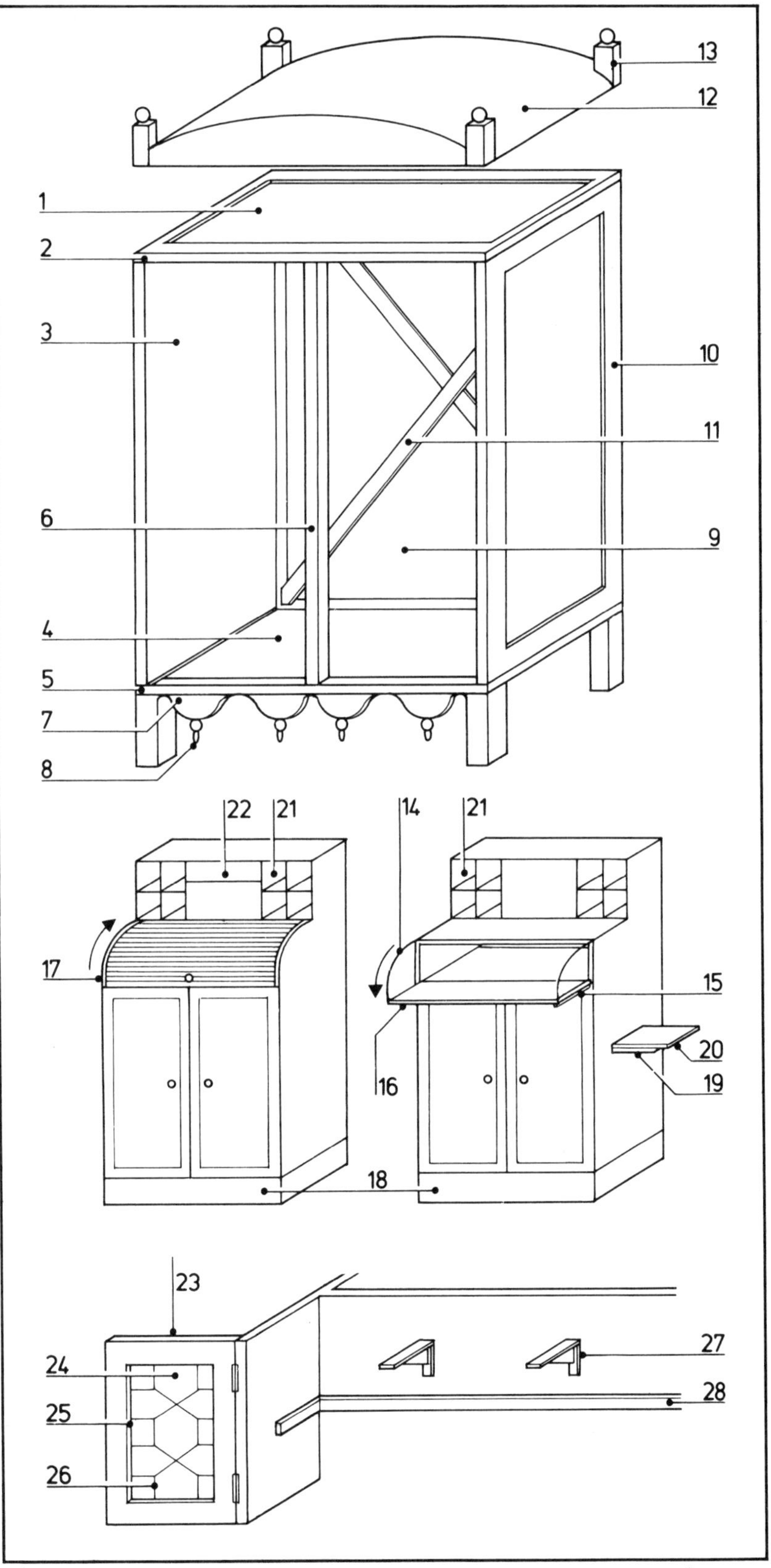

2.05

KONSTRUKTIONEN UND TEILE

KOMMODEN- UND SCHUBLADENKONSTRUKTIONEN

A Kommoden- und Schubladenteile
1 Oberkante
2 Schubladenlaufleiste
3 Steg
4 Füllung
5 Untere Rahmenleiste
6 Bein
7 Seitliche Rahmenleiste
8 Füllung
9 Obere Rahmenleiste
10 Deckplatte
11 Schubladenvorderstück
12 Griff
13 Schubladenboden
14 Schubladenhinterstück
15 Schubladenseite
16 Viertelschub

B Konsolen
17 Einfache
18 Durchbrochene
19 Kannelierte
20 Mit Blattschmuck

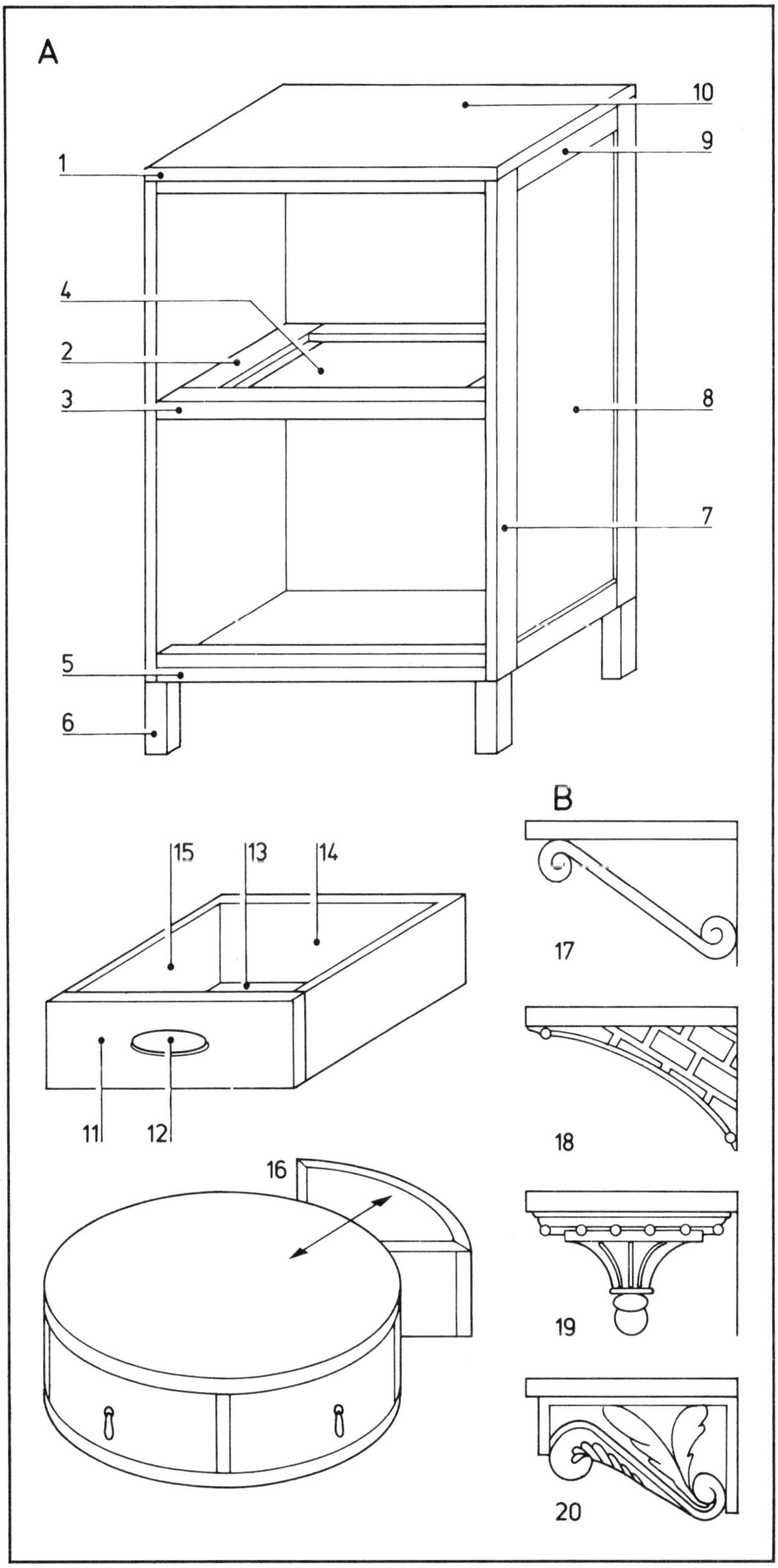

2.06

KONSTRUKTIONEN UND TEILE
TISCHKONSTRUKTION

A Teile
1 Galerie
2 Platte
3 Zarge
4 Verlängerte Zarge
5 Bein
6 Steg
7 Verbindungssteg

B Tischplatten
8 Zum Aufklappen (Concertina)
9 Teleskopauszug
10 Ausklapplatte, seitlich
11 Ausziehplatte, mittig

C Auszüge
12 Auszugsbrett
13 Trapezförmige Leiste
14 Auszugsleisten

D Gestelle
15 Standfuß
16 Drehfuß
17 Säulen
18 Stollen
19 Wange
20 Gate leg (Klapptisch)
21 Zweifaches Gate leg (Klapptisch)

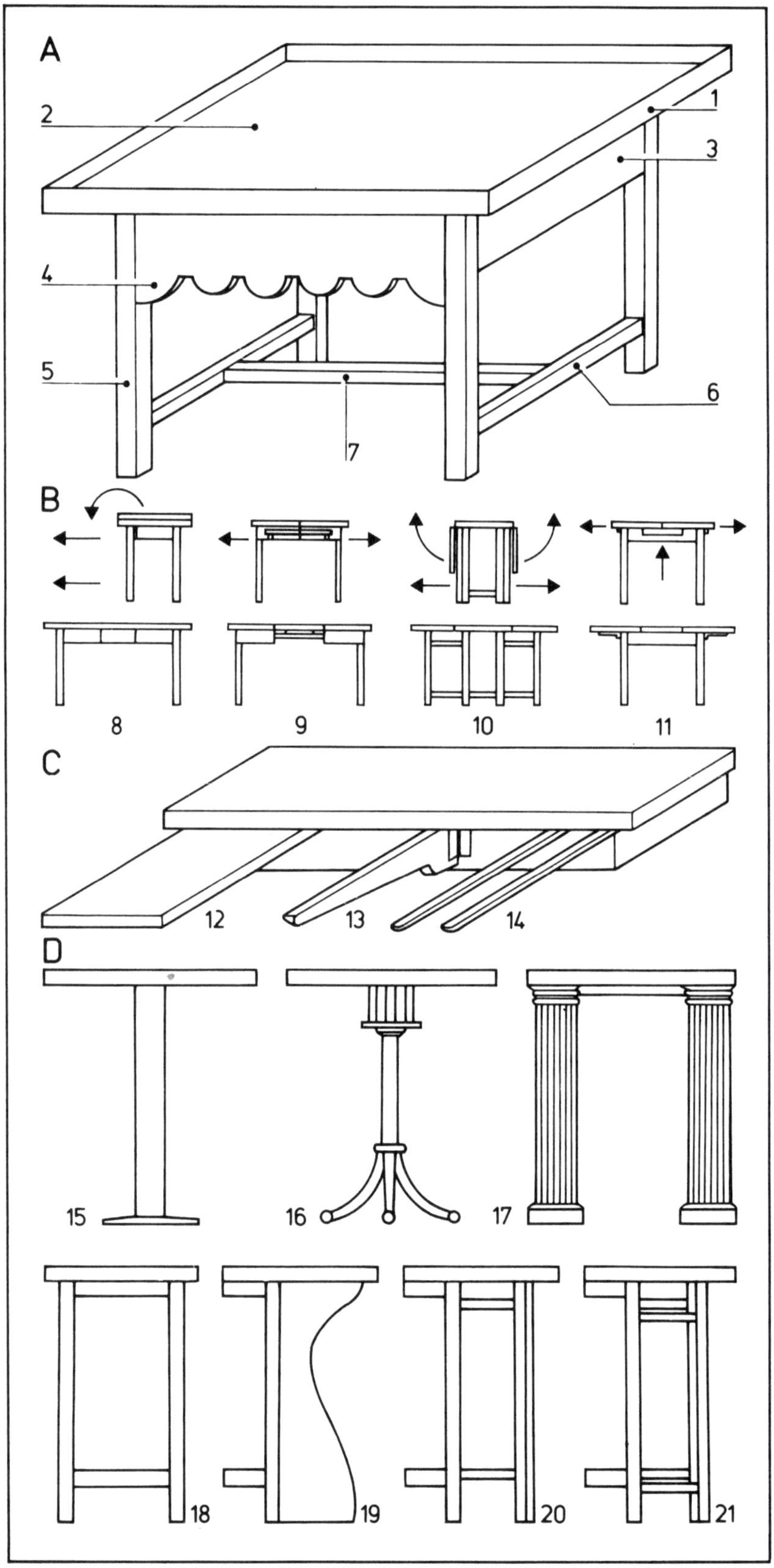

2.07

KONSTRUKTIONEN UND TEILE
STUHLLEHNEN 1

1 Palmette
2 Arkadenförmig
3 Arrow back
4 Runde Lehne
5 Zweiteilige Holzlehne
6 Rundstab
7 Bow back
8 Sprossenlehne
9 Buckle back (Mittelbrett)
10 Höcker
11 Bambus
12 Comb back
13 Geschnitzt
14 Kartusche
15 Fächer
16 Feston, Hepplewhite
17 Fiedelförmiges Mittelbrett
18 Gothic scroll
19 Garbe
20 Sprossen
21 Stäbe

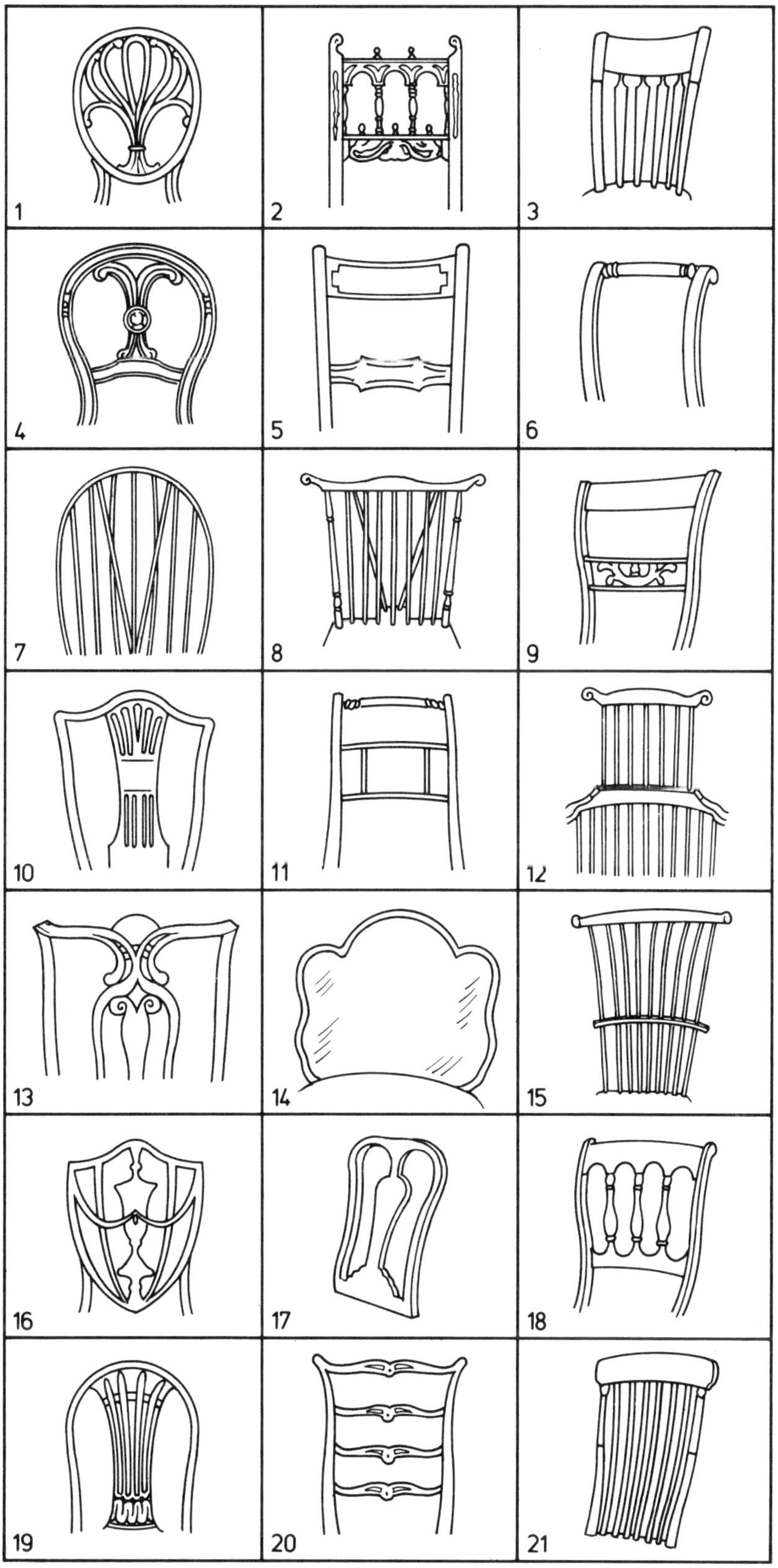

2.08

KONSTRUKTIONEN UND TEILE

STUHLLEHNEN 2

22 Lyra
23 Lederbespannung
24 Durchbrochen
25 Verdickter Stab
26 Prince-of-Wales-Federn
27 Verschlungene Sprosse
28 Gedrehter Stab
29 Geschweift
30 Shawl back
31 Garbe
32 Schild, Hepplewhite-Form

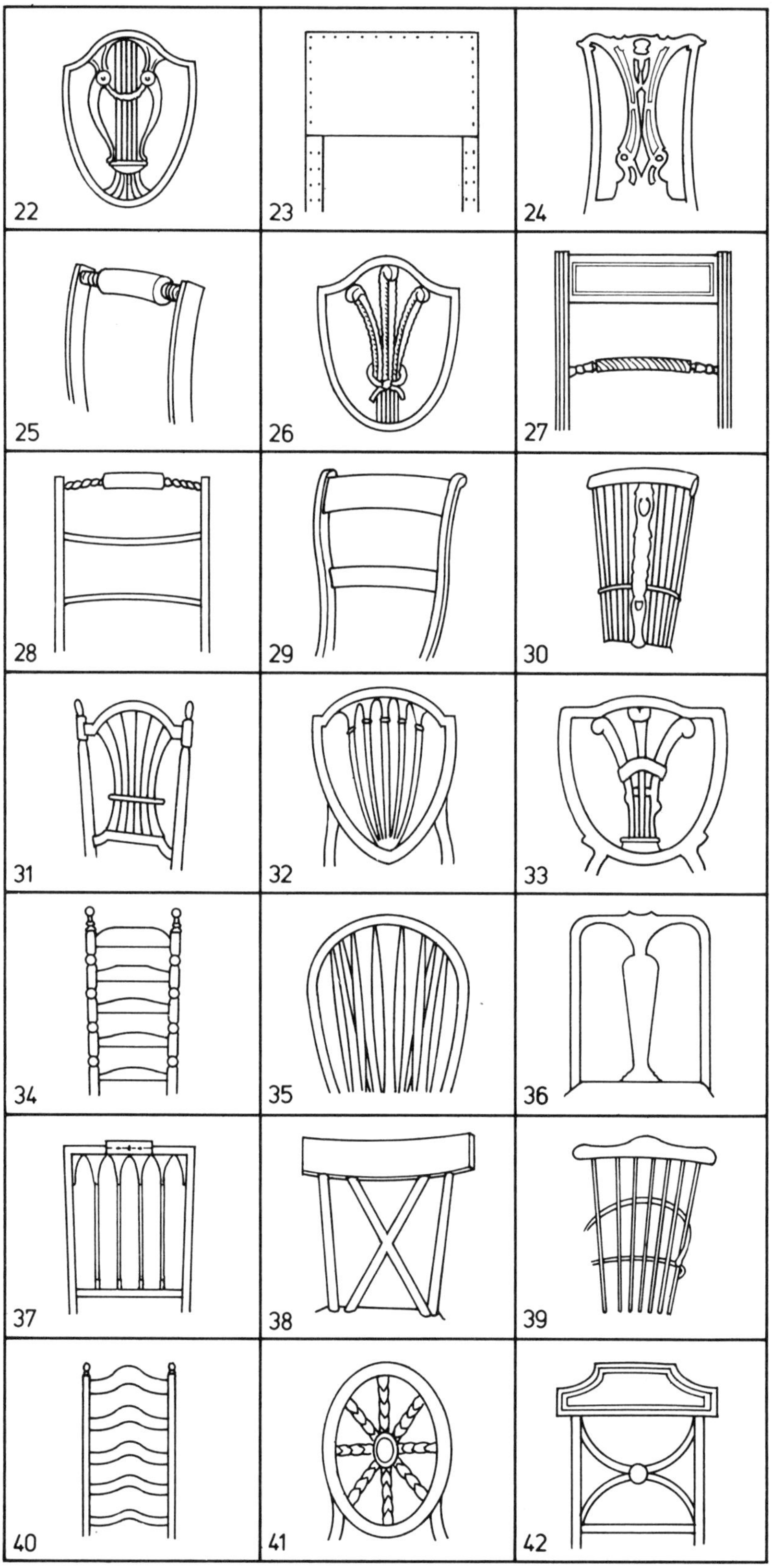

2.09

MÖBELFÜSSE

1 Löwenmonopode
2 Kugel
3 Klauenfuß mit Kugel (Claw and ball)
4 Englischer »Block«
5 Bootjack
6 Bracket
7 Gedrückte Kugel
8 Klauenfuß
9 Rehfuß
10 Delphin
11 Drache
12 Ballen/Dutch
13 Dreipaßförmiger Ballen/ Dutch angular
14 Gekerbter Ballen/Dutch groved
15 Volute
16 Bracket
17 Guttaförmig
18 Huf
19 Blattvolute
20 Kürbis
21 S-förmig/Ogee
22 Klauenfuß
23 Birnenförmig
24 Sabot
25 Volute
26 Muschel
27 Spatenförmig
28 Braganza
29 Auswärts gebogen
30 Gekerbt
31 Ausgestellte Volute
32 Baluster

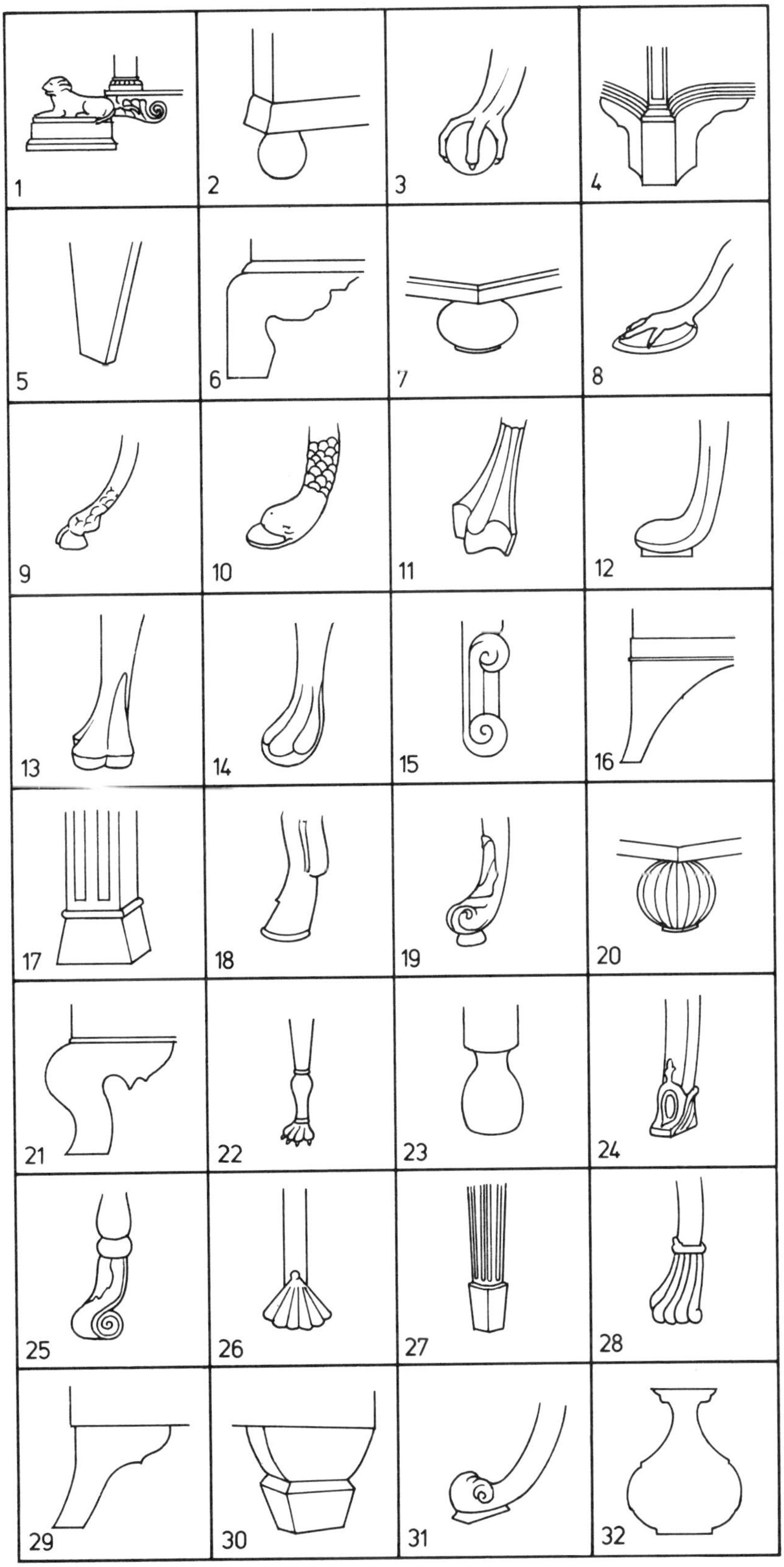

2.10 MÖBELBEINE

1 Gedrechselte Tropfen
2 Baluster
3 Bobbin
4 Baluster
5 Cabriole leg
6 Säulenbündel
7 Säulenbein
8 Schlank gedrechselt
9 Elefantenrüssel
10 Volute
11 Konisch
12 Durchbrochen
13 Knieförmig
14 Kantig/Marlborough
15 Gekerbter Baluster
16 Gerippt
17 Säbelförmig
18 Volute mit Überfang
19 Volutenendigung
20 Spiralförmig
21 Profiliert
22 Kantig
23 Konisch
24 Trompetenförmig
25 Rund kanneliert

2.11

KONSTRUKTIONEN UND TEILE

DRECHSELARBEITEN

1 Eichelförmig
2 Kugelkette
3 Ball and reel (»Kugeln und Spulen«)
4 Baluster
5 Bambus
6 Eierstab
7 Kelchförmiger Baluster
8 Block und Vase
9 Gerippt
10 Knollenförmig
11 Baluster
12 Gedrückter Kugelfuß
13 Säulenschaft
14 Tassenförmiges Ende
15 Cup and Cover (»Deckelglas«)
16 Geflochten
17 Kugel und Zylinder
18 Spiralförmig
19 Gekerbt
20 Eng gerippt
21 Gekerbt
22 Spindelförmig
23 Gerippt
24 Trompetenförmig
25 Rund kanneliert
26 Gedreht
27 Vasenförmig

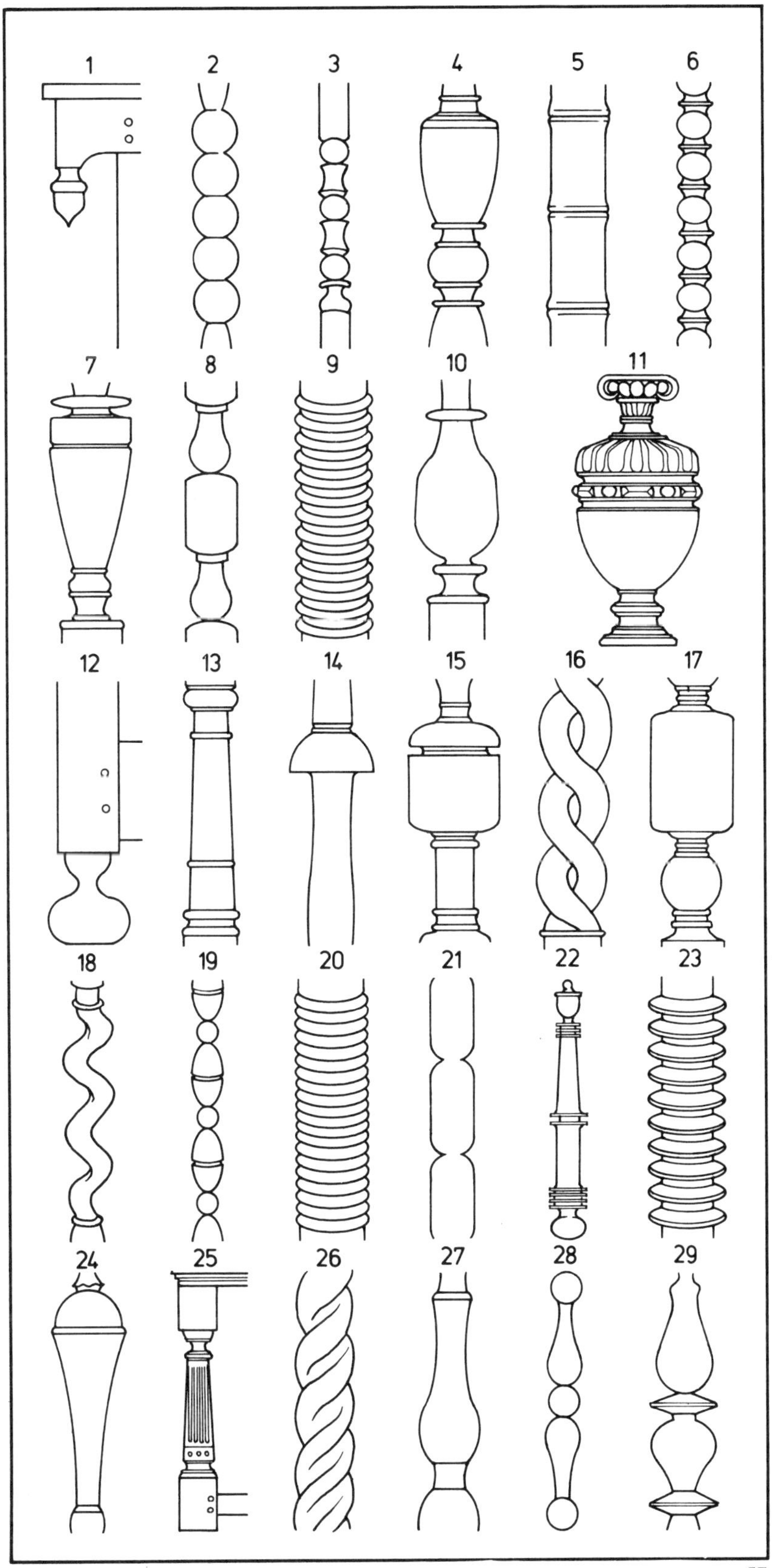

2.12

SCHARNIERE UND BÄNDER

1 Kistenscharnier
2 Schmetterlingsscharnier
3 Scharnierband
4 Card table
5 Card table strap
6 Cock's head
7 Spangenscharnier
8 H-förmiges Scharnier
9 Winkelband
10 Hufeisenförmig
11 Scharnier mit Knopfenden
12 L-förmiges Scharnier
13 Ösen
14 Klavierband
15 Zapfenband
16 Gestopptes Band
17 Rat tail (»Rattenschwanz«)
18 Türband
19 Streifenscharnier
20 Table rule
21 Schrankband

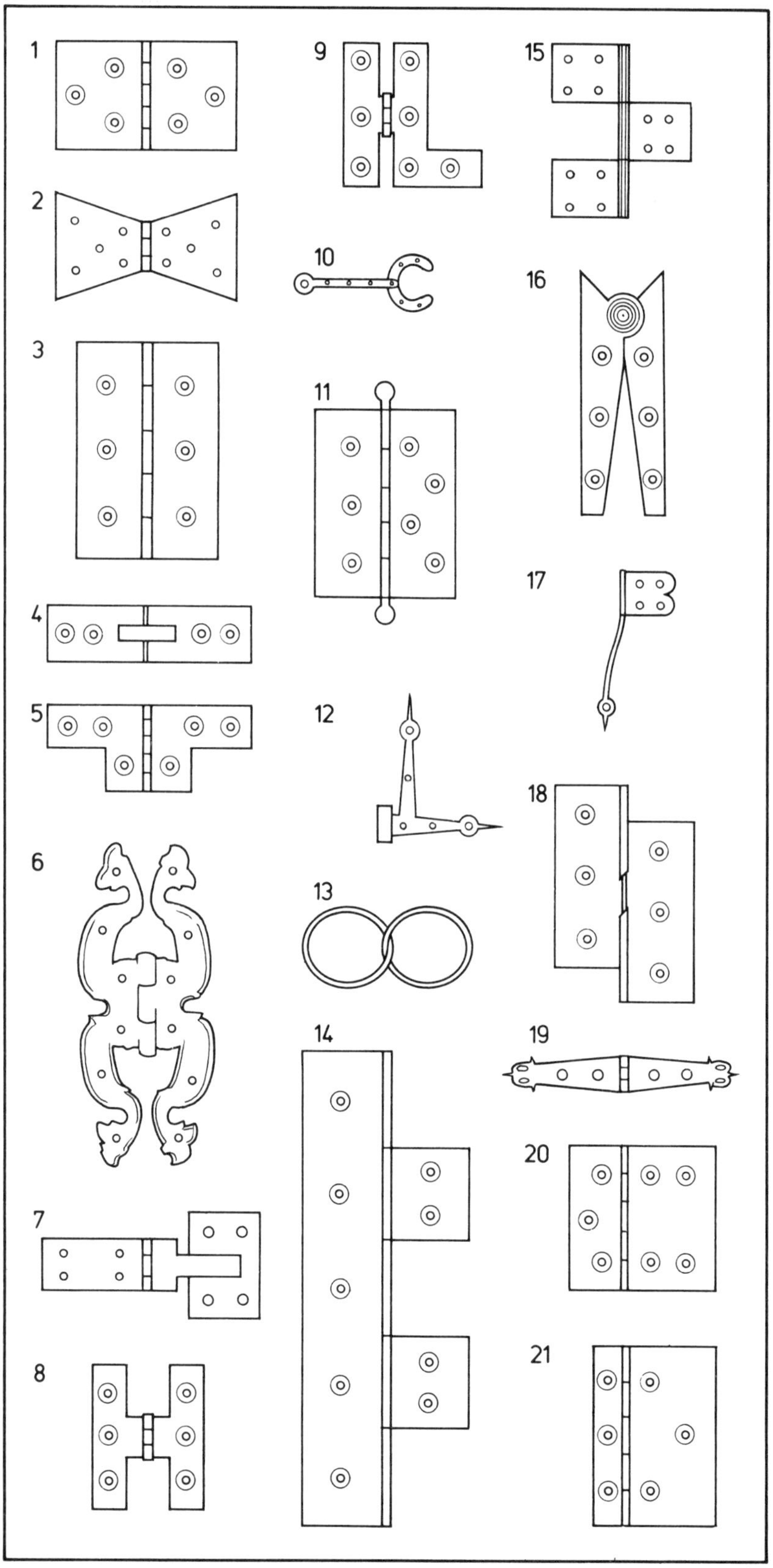

2.13

GRIFFE UND BESCHLÄGE

A Griffe
1 Schlanker Tropfen
2 Eichelförmig
3 Flügelförmiger Tropfen
4 Birnenförmiger Tropfen
5 Tropfen
6 Gespaltener Tropfen
7 Queen-Anne-Tropfen
8 Steigbügelförmiger Griff
9 Schwanenhalsförmiger Griff
10 Einfacher Bügelgriff
11 Ovaler Ring
12 Eckig
13 Einfacher Ring
14 Tropfenförmiger Ring
15 Schildförmig
16 Durchbrochener Muldengriff
17 Knauf
18 Griffmulde

B Beschläge
19 Massives Schild
20 Durchbrochener Beschlag
21 Medaillon mit Kylix
22 Achteckiger Beschlag
23 Ovales Medaillon
24 Oval mit Rosette
25 Runder Beschlag
26 Löwenmaskaron
27 Schild mit Schraubenlöchern
28 Phantasieform
29 Schlüsselbuchse und Schließblech

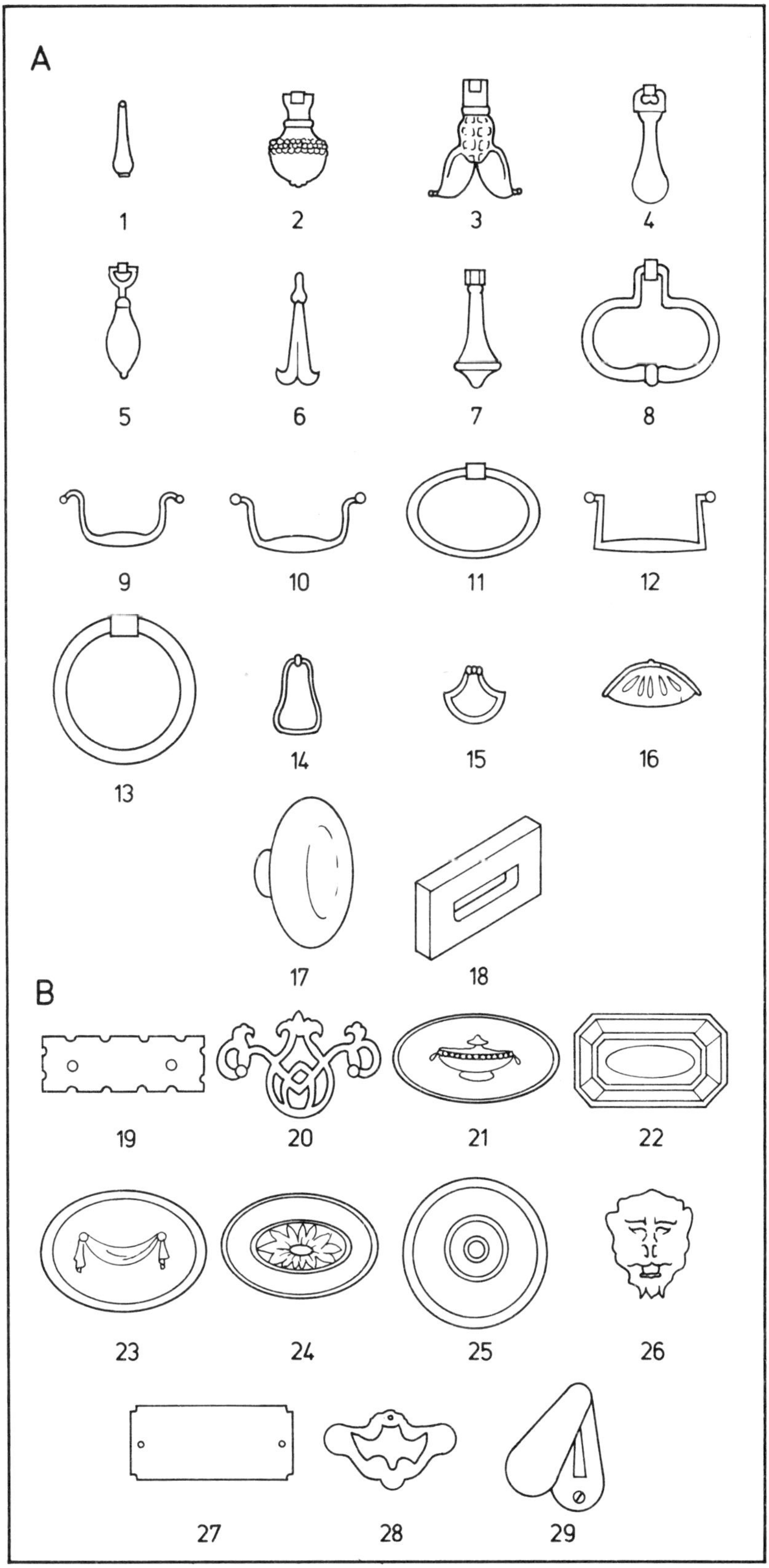

2.14

SÄULEN UND ZIERGIEBEL

A Säulenteile
1 Gesims
2 Fries
3 Architrav
4 Gebälk
5 Abakus
6 Kapitell
7 Säulenschaft
8 Basis
9 Säule
10 Sockel
11 Dach
12 Akroter(ion)
13 Wulst
14 Volute

B Ziergiebel
15 Einfaches Gesims
16 Hohlkehle
17 Cushion-Fries
18 Zahnschnittfries
19 Lunette, Halbbogen
20 Doppelbogen
21 Dreifacher Bogen
22 Dreiecksgiebel
23 Gesprengter Segmentgiebel
24 Gesprengter Dreiecksgiebel
25 Bogenfeld
26 Doppelbogen
27 Eingerollter Giebel
28 Giebel mit Mittelbekrönung, Finial
29 Schwanenhalsförmiger Giebel
30 Schwanenhalsförmiger Giebel mit Mittelbekrönung
31 Gebrochener Giebel mit Mittelbekrönung
32 Gebrochener Giebel mit Mittelbekrönung

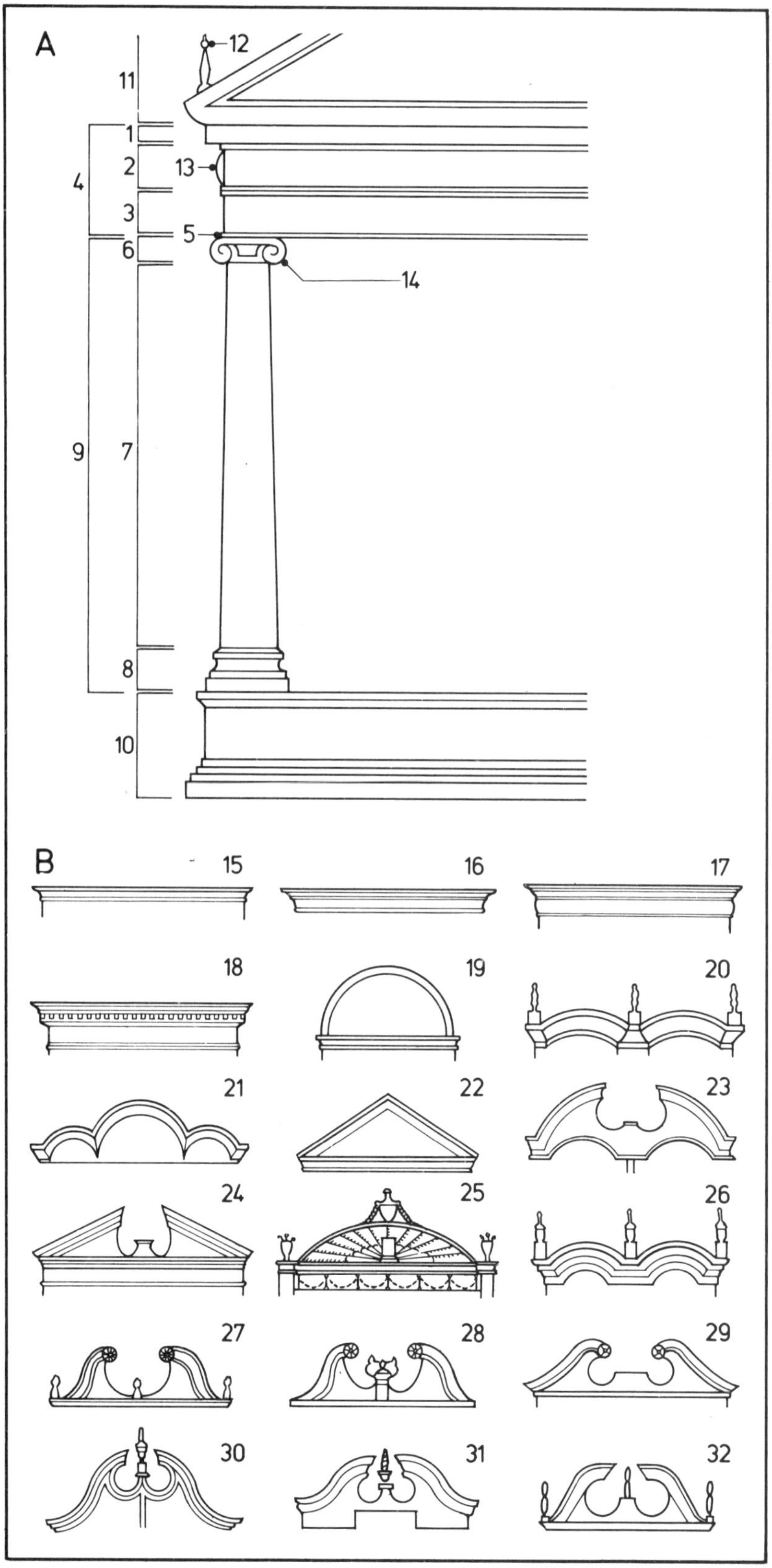

2.15

HOLZVERBINDUNGEN 1

A Gerade Verbindungen
1 Gerade Überplattet
2 Überfälzt
3 Keilzinken
4 Stumpf versetzt
5 Verbund verleimt
6 Geschiftet
7 Verzapft

B Winkelverbindungen
8 Überplattung
9 Kreuzüberplattung
10 Gefälzt
11 Gefälzt auf Gehrung
12 Gedübelt auf Gehrung
13 Gekehlt auf Gehrung
14 Falsche Feder auf Gehrung
15 Falsche Feder aus Metall
16 Falsche Feder, rund
17 Gedübelt
18 Gefedert auf Gehrung
19 Abgesetzte Gehrung
20 Abgesetzte Gehrung
21 Rechtwinklig auf Stoß
22 Gestemmte Stuhlrahmenverbindung
23 Gekonterte Federn

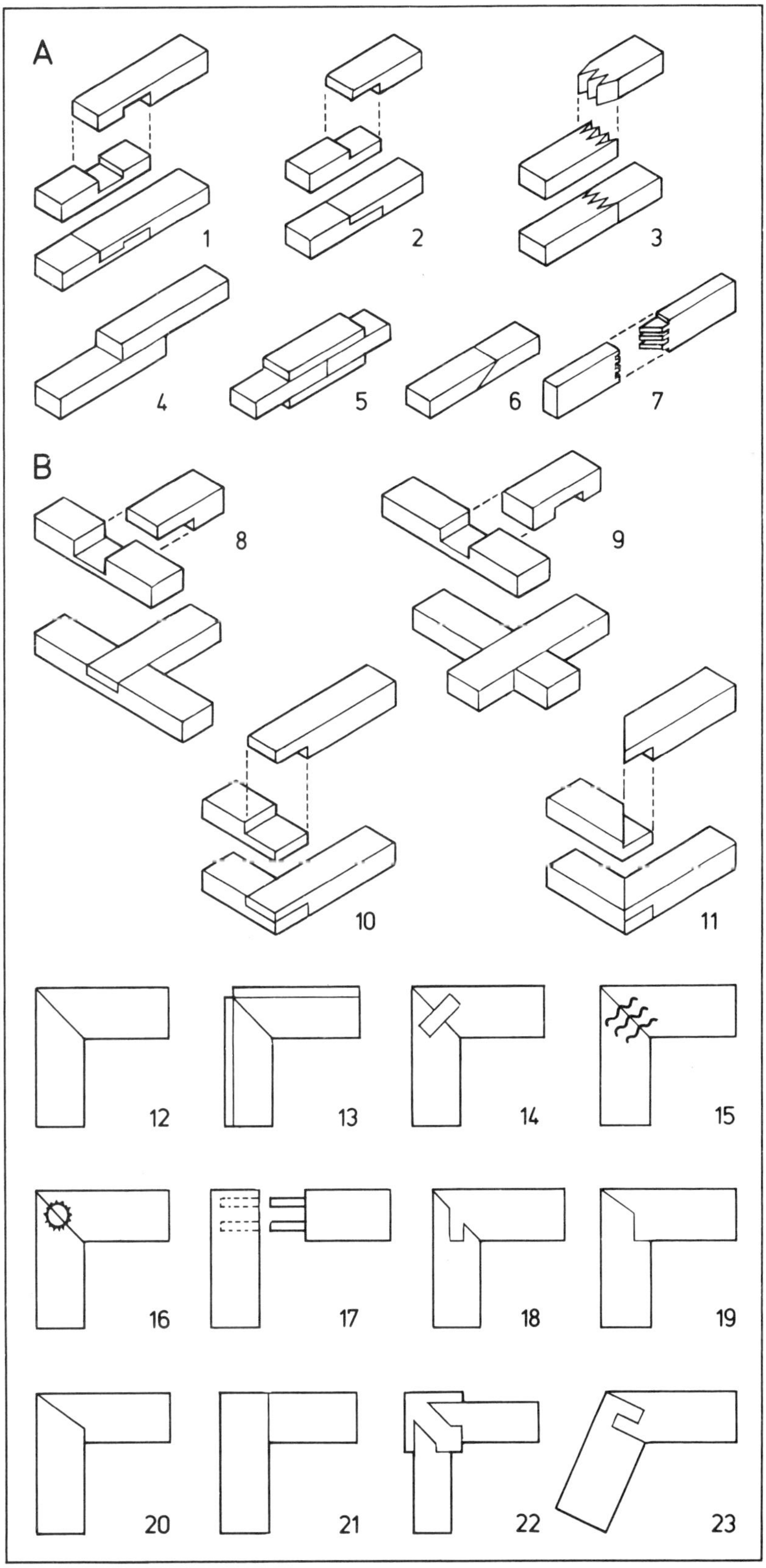

2.16

KONSTRUKTIONEN UND TEILE
HOLZVERBINDUNGEN 2

C Gefügte Verbindungen
24 Stumpfe Fuge
25 Überfälzt
26 Gefedert mit Schwalben
27 Nut und Feder
28 Gedübelt
29 Einleimer
30 Aufleimer, oben
31 Aufleimer, unten
32 Falsche Feder
33 Falsche Feder, schwalbenförmig

D Eckverbindungen
34 Gekonterte Nut
35 Grat
36 Gekonterte Federn
37 Viertelstab
38 Gefederte, gerundete Kante
39 Hohlkehle außen
40 Kantig

E Nut- und Federverbindungen
41 Genutet
42 Abgesetzte Nut
43 Schwalbenschwanzförmige Feder
44 Gefälzt
45 Nut und Feder
46 Gekonterte Nut

F Gegratete Verbindungen
47 Verdeckte Nut mit Einleimer
48 Offene Nut
49 Verdeckte Nut

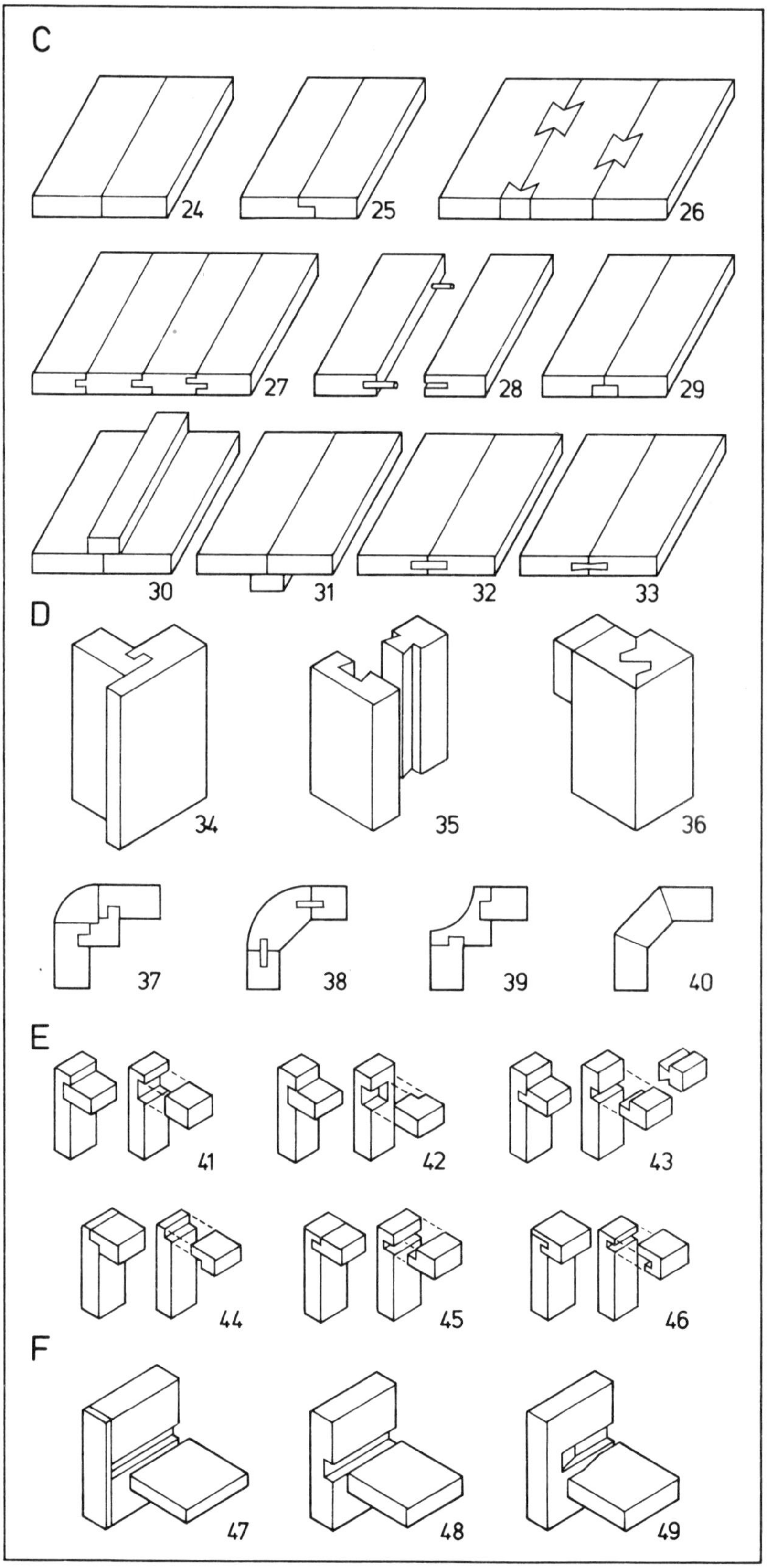

2.17

KONSTRUKTIONEN UND TEILE

HOLZVERBINDUNGEN 3

G Zinken und Schwalben
50 Schwalben und Zinken, einzeln
51 Zinkenverbindung
52 Verdeckte Zinken
53 Eingestemmter Schwalben
54 Halbverdeckter Zinken
55 Gehrungszinken

H Schlitz und Zapfen
56 Schlitz und Zapfen durchgesteckt
57 Zapfen und Zapfenloch
58 Verkeilter Zapfen
59 Zapfen mit durchgestecktem Keil
60 Schlitz und Zapfen
61 Abgesetzte Feder und Nut
62 Nut und Feder, halbverdeckt
63 Abgesetzte Feder
64 Abgesetzter Zapfen, verdübelt

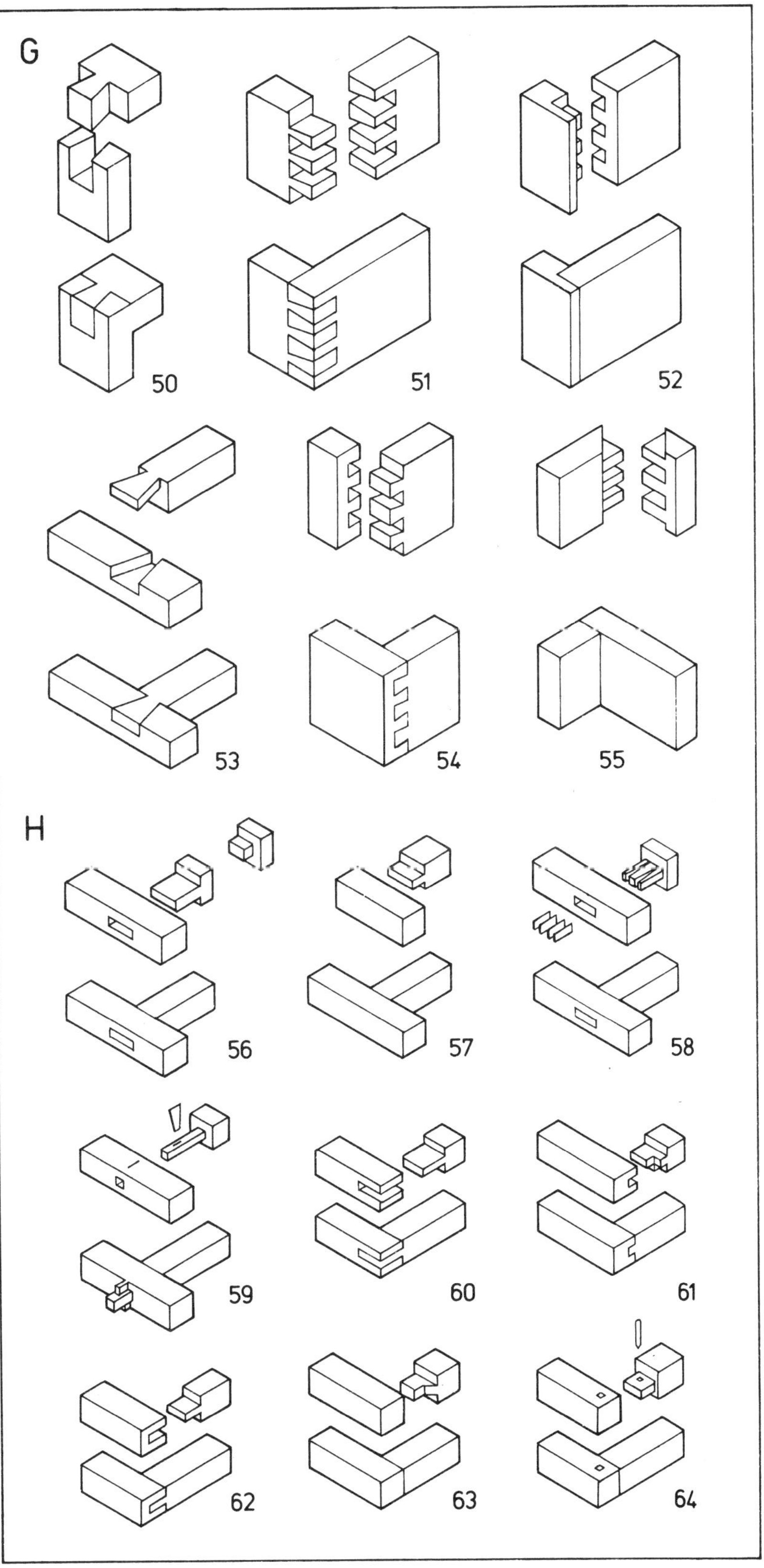

3.01

DEKORATIONEN
MUSTER 1

1 Rippenmuster
2 Kanneluren
3 Faltwerk
4 Falscher Mäander, Zinnenfries
5 Mäander
6 Flächenmäander
7 Laufspirale
8 Zahnschnitt
9 Würfel-, Schachbrettfries
10 Rollen-, Bambusfries
11 Säge-, Spitzzahnfries/ Chevron
12 Zackenfries
13 Zickzackfries, Deutsches Band
14 Spitzbogenfries, Lilienfries
15 Wellenband
16 Wellenband
17 Kegelfries
18 Kugelfries, Perlstab
19 Scheibenfries
20 Astragal, Eier-, Perlstab
21 Godronierung
22 Taubenfries
23 Guttae
24 Eierstab
25 Stilisierter Eierstab
26 Nagelkopf-, Diamantfries
27 Hundszahn, Dogtooth
28 Vierblattblume

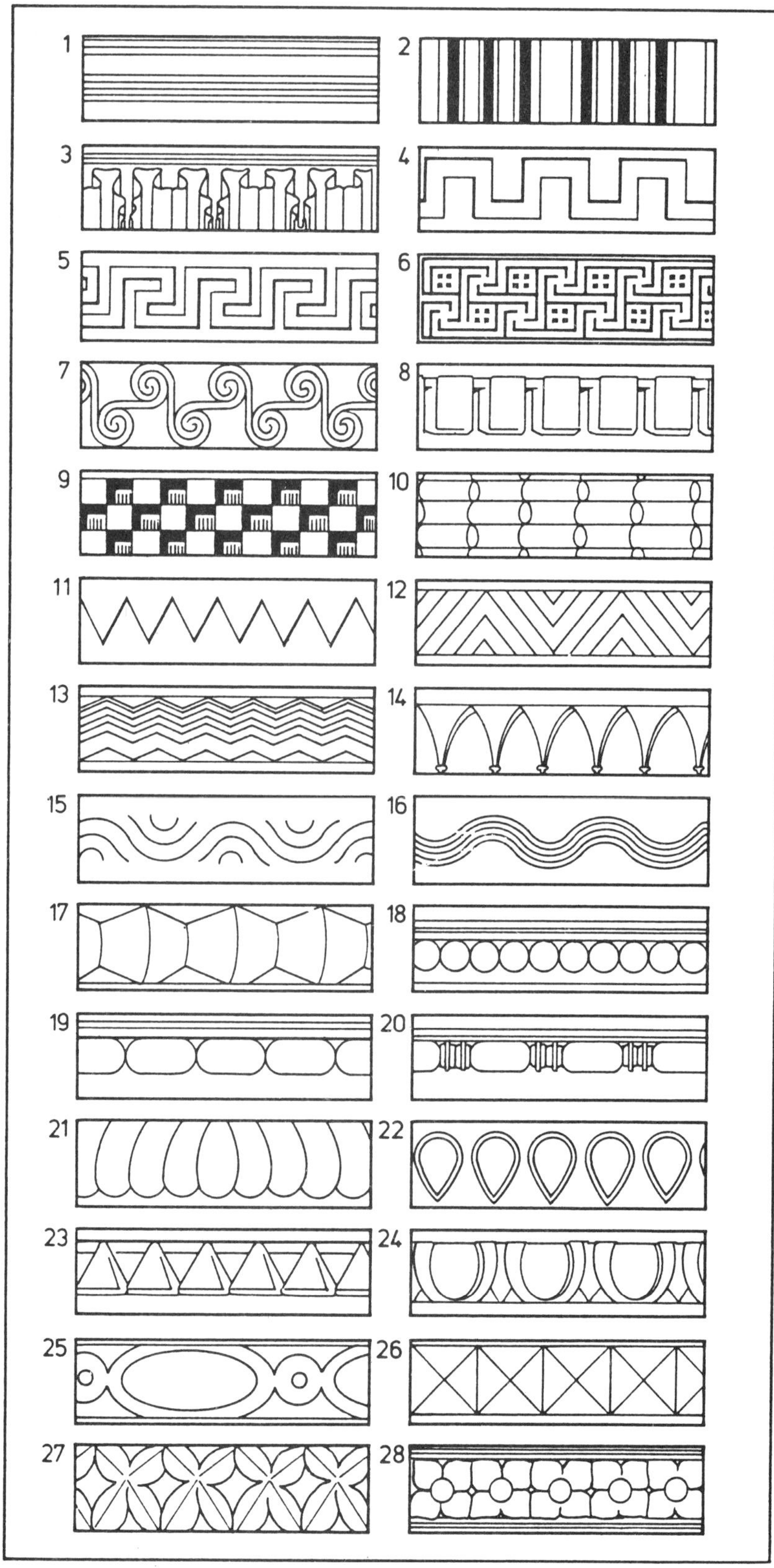

3.02 DEKORATIONEN
MUSTER 2

29 Fischgrat
30 Rautenfries
31 Kettenfries
32 Ballenblume
33 Rosettenfries
34 Schnabelkopf-Fries
35 Taufries
36 Lorbeerstab
37 Laufspirale, Spiralmäander
38 Laufender Hund, Wellenband
39 Flechtband/Guilloche
40 Guilloche/Flechtband
41 Doppeltes Flechtband
42 Blattwerk
43 Rankenwerk
44 Vignette/Weinlaubfries
45 Papyrosfries
46 Feston/Girlande
47 Wasserlaub-Kyma
48 Lesbisches Kyma, Blattwelle
49 Bogenfries/Lunette
50 Lotosfries
51 Lotos und Papyros
52 Anthemion
53 Akanthusfries
54 Palmettenfries
55 Anthemion, Palmetten mit Lotos
56 Endvolute

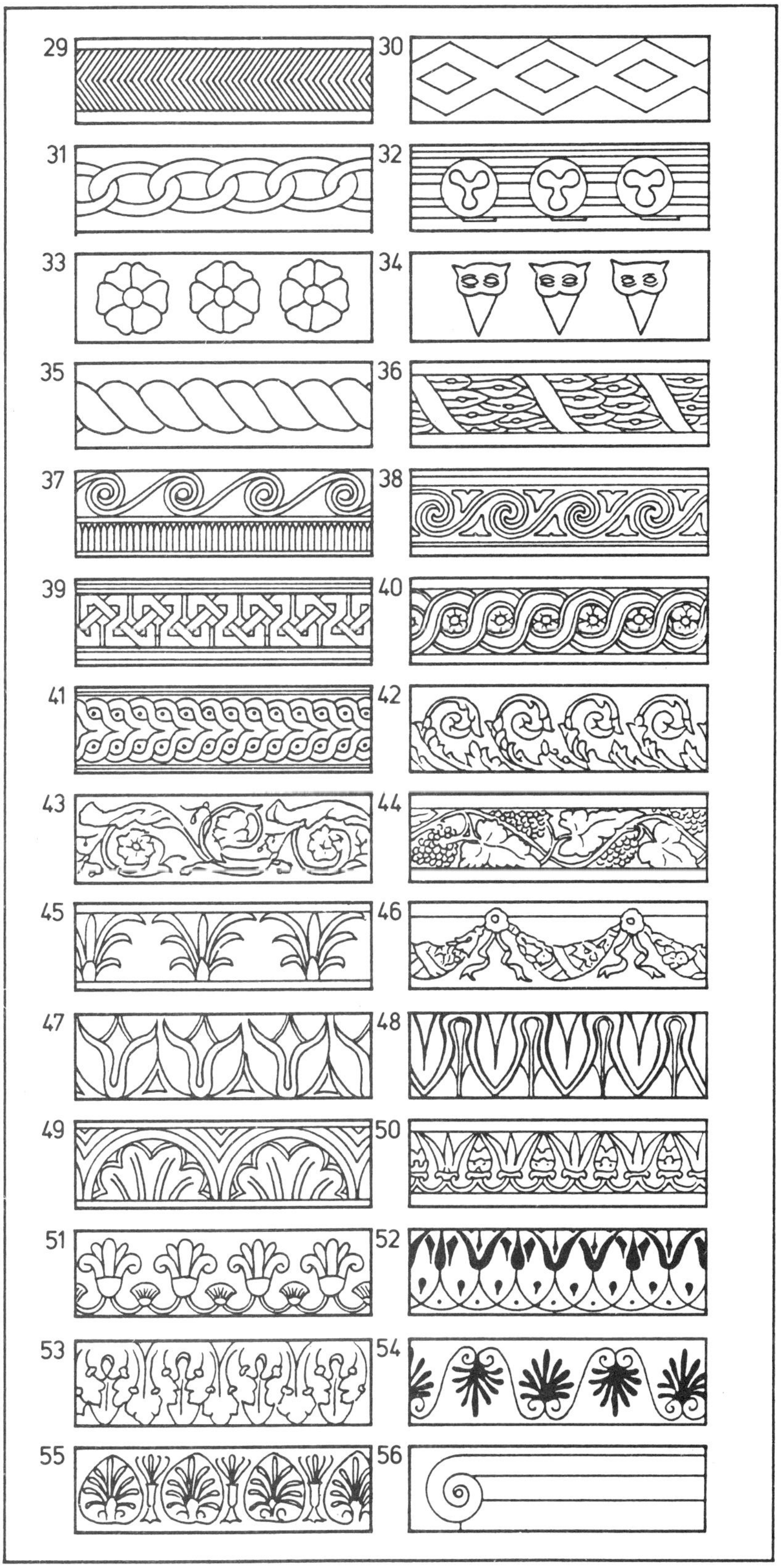

3.03

DEKORATIONEN
PROFILE 1

1 Feder, Kantprofil
2 Nut
3 Halbrundstab
4 Wulst
5 Hohlkehle, Ablauf
6 Skotie, Einziehung
7 Kehlung
8 Viertelstab
9 Dreiviertelstab
10 Kyma, steigendes Karnies
11 Kyma, verkehrt steigendes Karnies
12 Adlerschnabel
13 Daumen, Wulst
14 Band
15 Fase
16 Kehlung
17 Fase
18 Daumennagel, Viertelstab

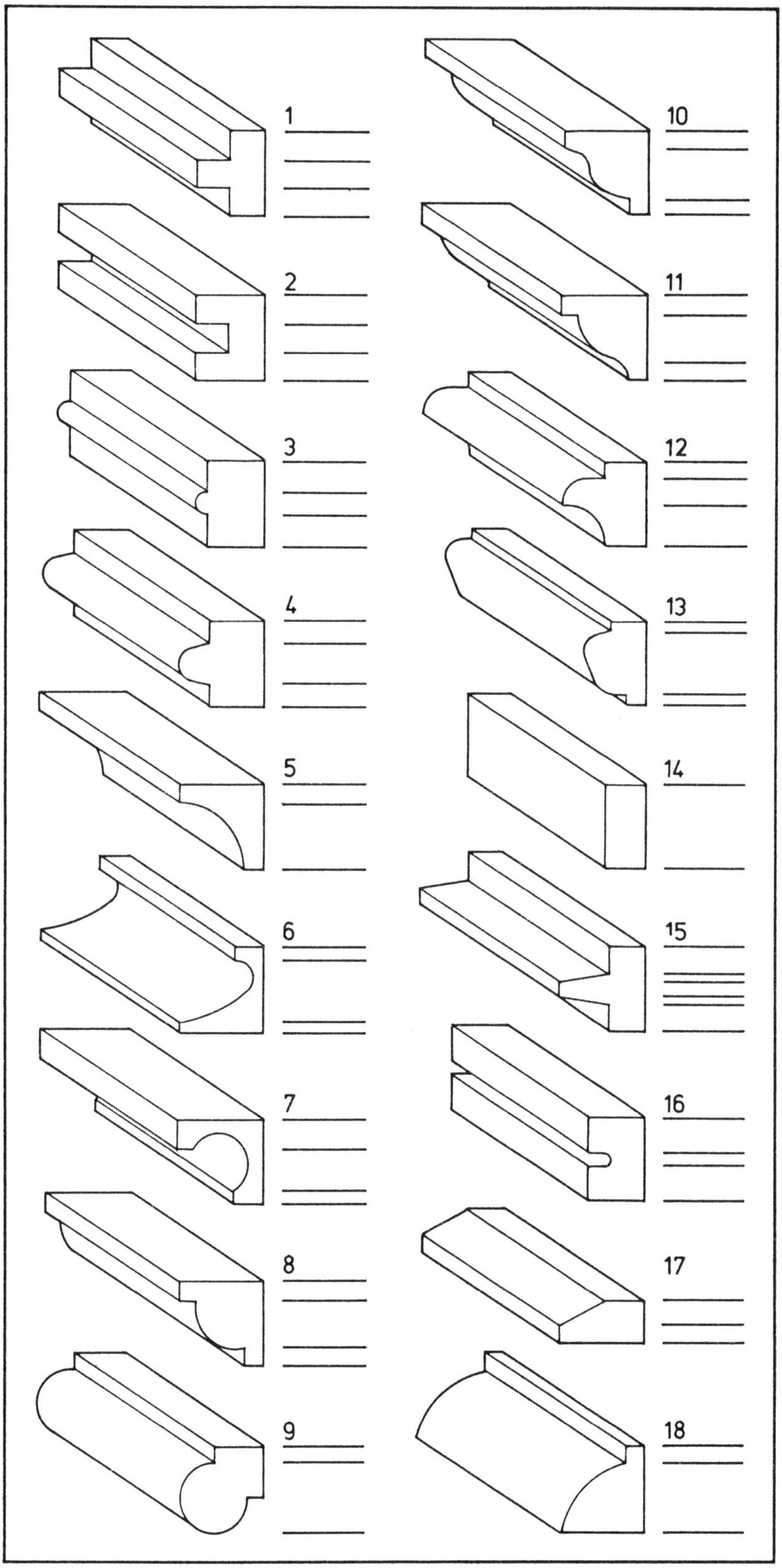

DEKORATIONEN

PROFILE 2

19 Angesetzter Halbrundstab
20 Taustab, gedrehtes Tau, verschlungener Wulst
21 Kannelierter Wulst, Torus
22 Konvex gerippter Wulst, Torus
23 Gebündelte Rundstäbe
24 Spitzkehle
25 Zahnschnitt
26 Halbrundstab
27 Geschwungenes Kehlprofil
28 Kielförmiges Profil
29 Nagelkopfprofil, Kerbschnitt
30 Kyma, fallendes Karnies
31 Kyma, verkehrt fallendes Karnies
32 Nase
33 Würfelfries
34 Viertelstab mit Perlstab
35 Perlstab

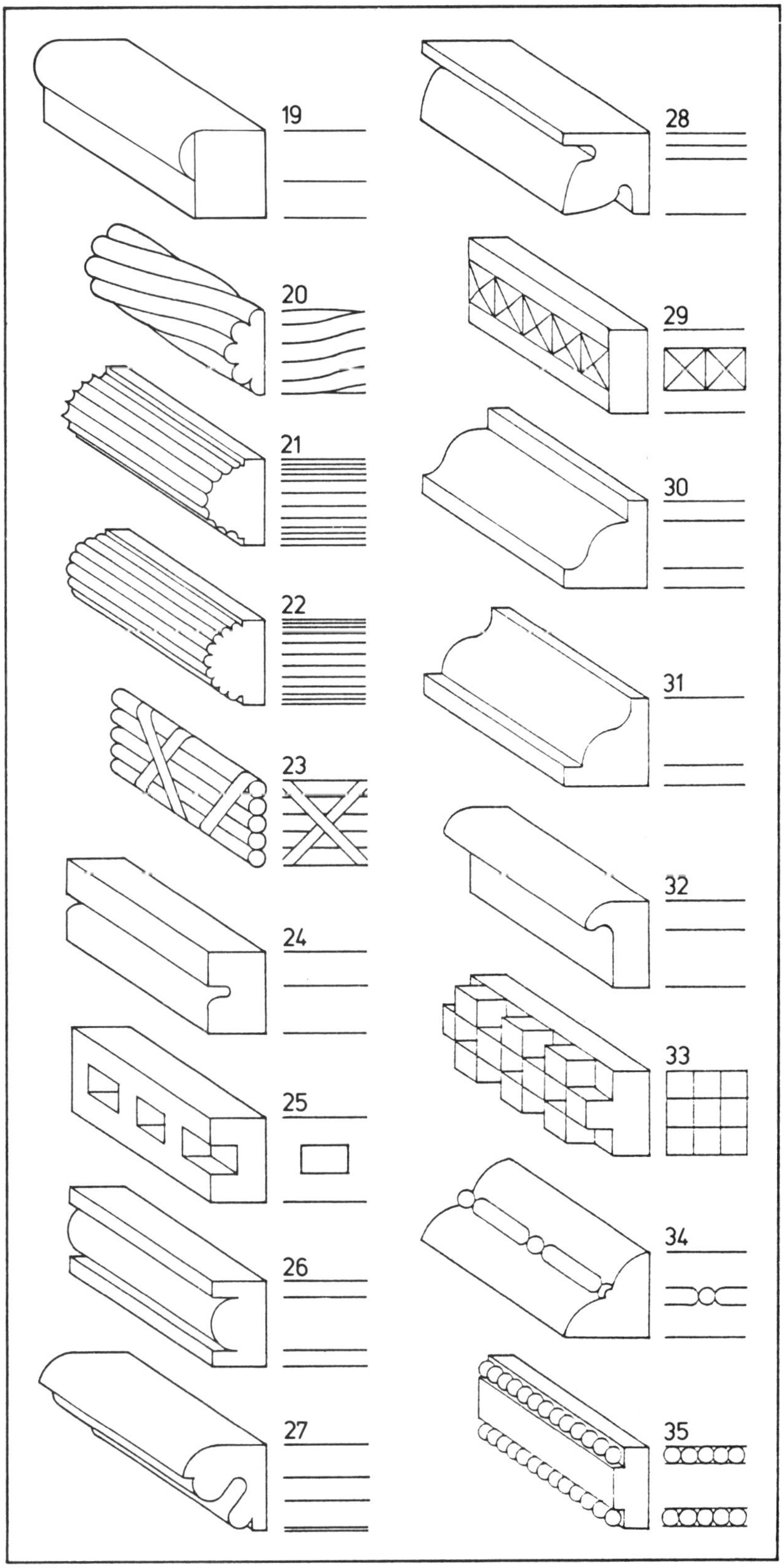

3.05

DEKORATIONEN
UMRISS UND FORM

A Form
1 Blockfront
2 Bombé
3 Gebogen
4 Gebrochen (Breakfront)
5 Demilune
6 Gebaucht
7 Nische
8 Füllung
9 S-förmig gebogen
10 Gerade
11 Flach gebaucht
12 Gebaucht
13 Segmentbogen
14 Geschwungene Oberkante
15 Kammuschelform

B Umrisse
16 Eingezogen
17 Konisch
18 Schräggestellt
19 Gestufte Kehlung
20 Auswärtsgebogen
21 Gekontert

C Oberflächen
22 Kantenfräsung
23 Versenkt und verdeckt
24 Gekehlt
25 Schräg ansteigender Rand
26 Vertiefte Oberfläche

D Vertäfelungen
27 Arkadenförmig
28 Einseitig mit Halbrundprofilen
29 Beidseitig mit Halbrundprofilen
30 Erhabene Kassetten
31 Vertiefte Kassetten
32 Faltwerk
33 Horizontale Maserung
34 Vertikale Maserung

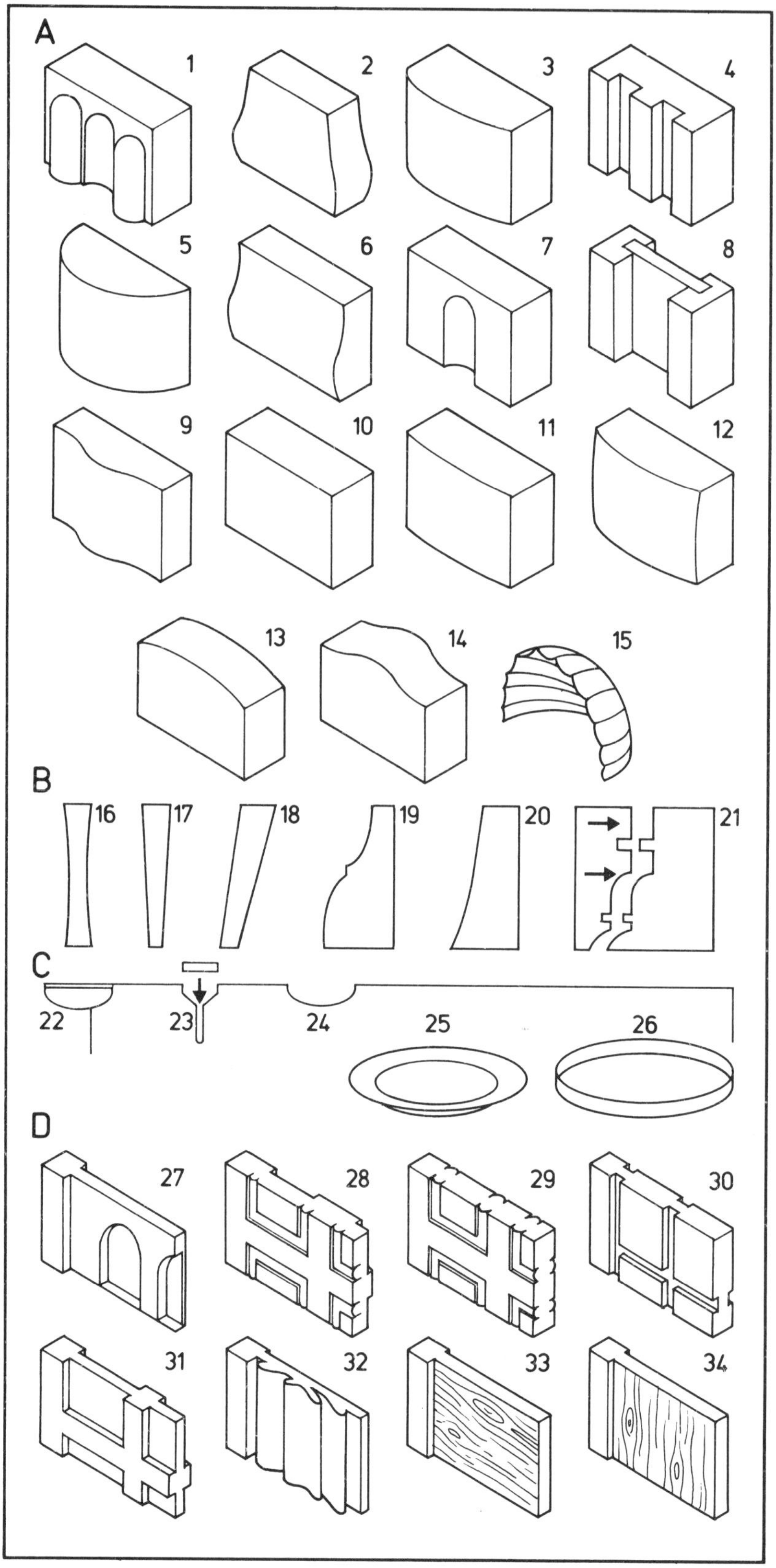

3.06

DEKORATIONEN
MOTIVE 1

1 Akanthus
2 Eichel
3 Akroterion
4 Amoretten
5 Seraph
6 Palmette
7 Appaumée, Schwurhand
8 Arabeske
9 Atlant, weibliche Form: Karyatide
10 Kelchgehänge
11 Kreuzblume
12 Eber steigend
13 Eberkopf
14 Cabochon
15 Kartusche
16 Cherubime
17 Chimäre
18 Kerbschnitt
19 Basilisk
20 Krabbe
21 C-Bogen
22 S-förmige Linie
23 Diamantschliff
24 Hund steigend
25 Hundekopf
26 Delphin, Meerschwein
27 Delphine einander zugewendet
28 Drache
29 Adler
30 Doppeladler
31 Espagnolette
32 Fächer

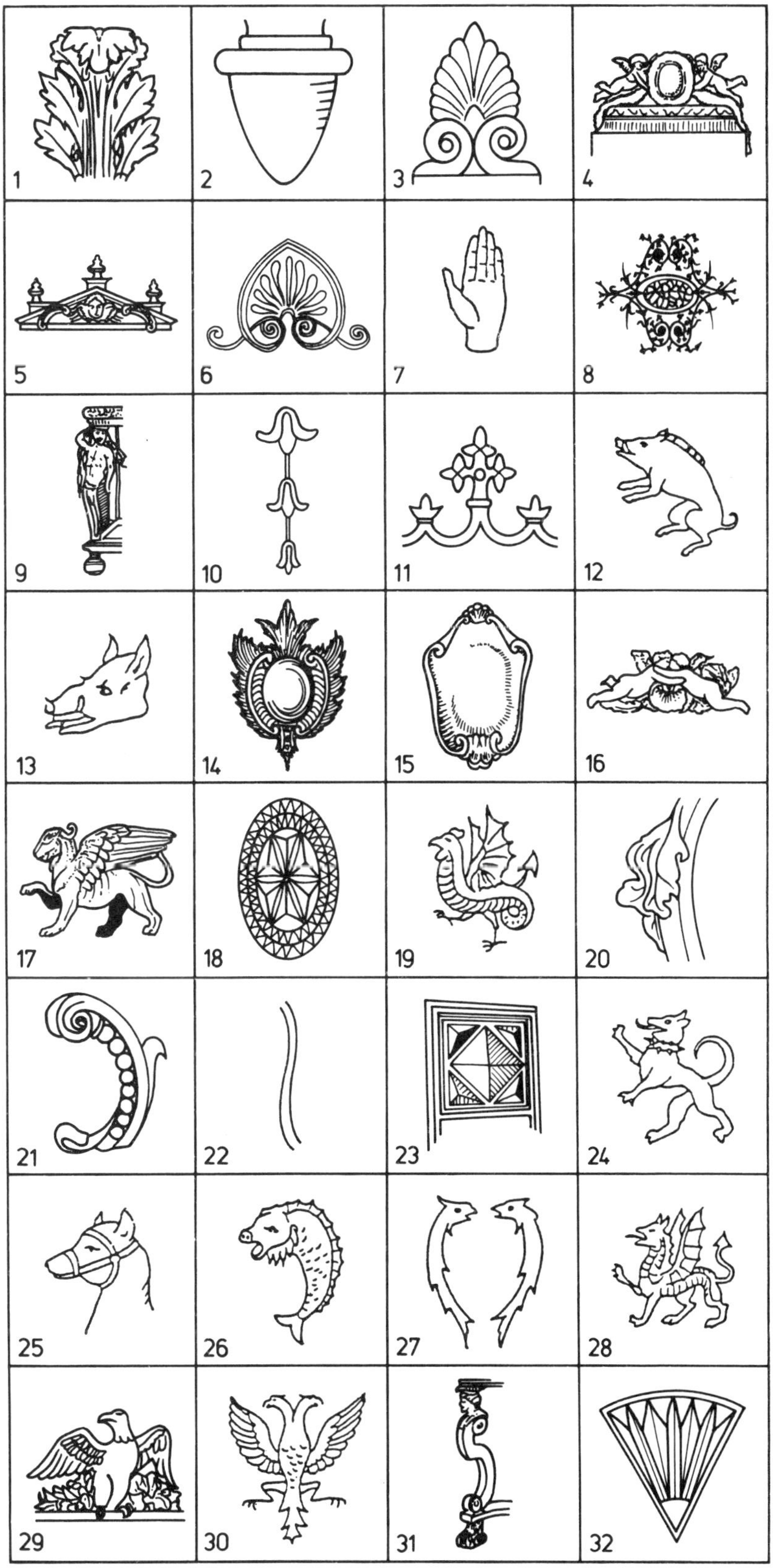

3.07

DEKORATIONEN
MOTIVE 2

33 Fächer
34 Fisch steigend
35 Gitterwerk
36 Garbe
37 Kerbschnitt
38 Greif
39 Sphinx
40 Falke
41 Pferd steigend
42 Schuppen
43 Initialen
44 Kylix
45 Lorbeerkranz
46 Leopardenkopf
47 Löwe kauernd und rückschauend
48 Löwe vorderhalb
49 Löwe schreitend
50 Löwe schreitend hersehend
51 Löwe doppelschwänzig
52 Löwe steigend
53 Löwe springend hersehend
54 Löwe springend
55 Löwe ruhend
56 Löwe hockend mit durchgeschlagenem Schwanz
57 Löwenhaupt hersehend
58 Löwenhaupt abgerissen
59 Löwenpranke stehend
60 Löwe stehend
61 Löwe stehend hersehend
62 Lotus
63 Lyra
64 Merlette (verstümmelter Vogel)

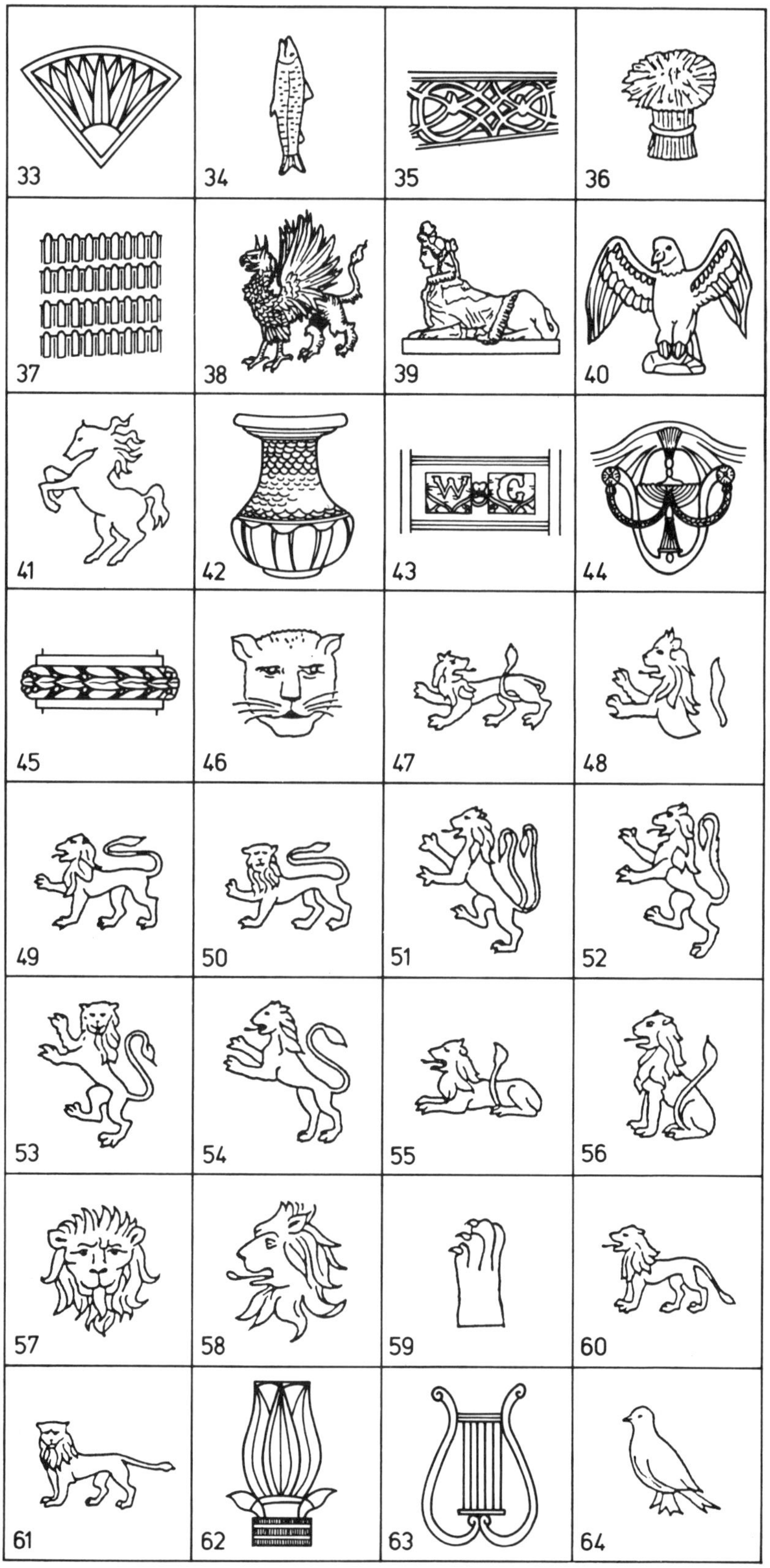

DEKORATIONEN

MOTIVE 3

65 Meerjungfrau, Melusine
66 Godronierung
67 Patera
68 Pelikan
69 Mohnknospe
70 Prince-of-Wales-Federn
71 Rose
72 Sabot
73 Ritzzeichnung
74 Jungfernadler
75 Schlange geringelt
76 Schlange (Visconti)
77 Kammuschel
78 Sphinx
79 Wirteln
80 Hirsch hersehend
81 Hirschkopf
82 Hirsch schreitend
83 Bandwerk
84 Sonnenbanner
85 Sonnenblume stilisiert
86 Girlande
87 Schwan
88 Baum entwurzelt
89 Eiche
90 Trique(s)tra (Dreischenkel)
91 Flug
92 Weizengarbe
93 Peitschenhieb
94 Wirteldekoration
95 Kranz
96 Drache geflügelt

Adam: Vasenpodest, 1773

Adirondack: Schaukelstuhl

Ägyptischer Stil: Bücherschrank

Amerikanisches Chippendale: Lowboy aus Mahagoni, Maryland ca. 1770

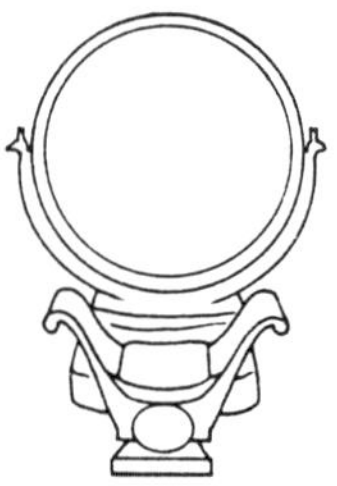

Amerikanische Moderne: Frisierspiegel und Hocker von Paul Frankl, 1930

Aalto, Hugo Alvar Henrik (1899–1976): finnischer Architekt, entwarf in den 1920er Jahren auch Holzmöbel, indem er, angeregt von dem neuen Stahlrohrschwinger, Stühle aus verleimtem Schichtholz herstellte. Er gründete die Firma Artek in Helsinki (1935), die seine Möbel und Einrichtungsgegenstände herstellte.

Abakus (2.14): Deckplatte auf einem Kapitell, trennt die Säule vom Gebälk.

Abbotsford-Periode / Baronial Stil / Monastischer Stil: schwerer englischer Möbelstil, um 1820 bis 1830, in Regency- und neugotischen Formen. Sie wurden erstmals für das Haus Sir Walter Scott in Abbotsford (Schottland) angefertigt.

Ablage (2.04).

Ablauf (3.03): Profil.

Abschluß (2.04): Teil des Schrankes.

Abziehen: Entfernen von Oberflächenabschlüssen mit chemischen Hilfsmitteln, Schleifpapier oder einer Ziehklinge.

Acajou: französisch für Mahagoni.

Achteckiger Beschlag (2.13).

Adam, Robert (1728–92): einflußreicher Architekt und Designer aus Schottland, der gemeinsam mit seinem Bruder Möbel und Innenräume einem einheitlichen Dekorationssystem unterwarf. Um 1760 bis 1770 stellte Chippendale für Adam elegant dekorierte Möbel her. Adam führte Satinholz ein und gilt als Initiator des Etruskischen Stils. Charakteristisches Arrangement ist die von den Vasenpodesten flankierte Anrichte.

Adern: Schmale Furnierstreifen, meist aus Buchs- oder Ebenholz, die parallel, quer oder schräg zu einer Kante oder als Fischgrätmuster eingelegt sind. Sie kontrastieren in der Farbe zur übrigen Marketerie und finden sich oft mit Bandwerkeinlagen.

Adirondack-Möbel: Rustikal einfacher, amerikanischer Möbelstil, ca. 1890–1940. Benannt nach dem Gebirge im Staat New York.

Adler (3.06).

Adlerschnabel (3.03): Profil.

Afrikanischer Nußbaum: Hartholz aus Westafrika.

Afrikanisches Mahagoni: Hartholz aus Westafrika, das seit dem späten 19. Jahrhundert anstelle des selten gewordenen Amerikanischen, Cuba- und Honduras-Mahagoni verwendet wird.

Afrormosia: Hartholz aus Westafrika, ähnlich dem Teakholz, seit 1945 als dessen Ersatz verwendet.

Afzelia: Hartholz aus Afrika, im Aussehen wie Mahagoni.

Ägyptenmode oder Ägyptischer Geschmack (vgl. Zeittafel): Seit der Mitte des 18. Jahrhunderts wurden ägyptische Motive für Innendekorationen verwendet. Doch erst seit der Expedition Napeolon Bonapartes (1798–99), die Dominique Vivant Denon zu seiner Stichserie »Voyage dans la Basse et la Haute Egypte« (1802) veranlaßte, fand die Mode weite Verbreitung. Die Illustration ägyptischer Gebäude und ihrer Ornamente wurden zu einem Musterbuch für Raumausstattung des Empire und Regency.

Ahorn: Helles gelbliches Hartholz mit dichter, lebhafter Maserung. Als Massivholz wurde es vor allem in den amerikanischen Kolonialstilen verwendet, ansonsten vorwiegend für Furniere.

Aigikranion: Antikes Motiv eines Ziegen- oder Widderschädels, das an klassizistischen Möbeln seit dem späten 18. Jahrhundert verwendet wird.

Ajouré: Französischer Ausdruck für durchbrochene Holz- und Metallarbeiten.

Akanthus (3.02, 3.06).

Akroter(ion) (3.06): Motiv.

Alkovenbett (1.01).

Amaranth: Hartholz aus Indien, kräftig dunkelrote bis violette Farbe.

Amboina: Hartholz aus Ostasien, benannt nach der Hauptstadt der Molukken-Inseln. Hellrot bis sattbraun in der Farbe; wurde in der römischen Antike, im französischen Rokoko und englischen Regency verwendet.

Ambulante (1.31): Beistelltisch.

Amerikanisches Chippendale (vgl. Zeittafel): einfache, von Palladio beeinflußte Version des englischen Stils im späten 18. Jahrhundert. Außer Mahagoni wurden auch einheimische Hölzer verwendet; der rustikale Stil findet sich bis nach 1800, vgl. Country Chippendale.

Amerikanischer Empirestil (vgl. Zeittafel): Mischung aus französischem Empire- und englischen Regency-Formen im frühen 19. Jahrhundert. Rosenholz und schwarzes Nußholz lösten das Mahagoni ab (1820). C.-H. Lannuier und Duncan Phyfe waren die bedeutendsten Vertreter.

Amerikanische Jacobean Möbel: Koloniale Sonderform des englischen Originalstiles im 17. Jahrhundert; wird auch Pilgrim genannt, da die meisten erhaltenen Stücke, besonders Eichentruhen, aus Neuengland stammen. Rechteckig, einfach verziert, wenige Typen.

Amerikanische Moderne (vgl. Zeittafel): ungenaue Bezeichnung für eine amerikanische Stilrichtung um 1930, die sich vom Art Deco und der Klassischen Moderne ableitet. Typische Materialien sind Bakelit und Chrom.

Amerikanischer Queen-Anne-Stil (vgl. Zeittafel): Kolonialstil, der später begann und länger anhielt als in England, wobei mehr Massivholz verwendet wurde, vor allem Nußbaum.

Amerikanischer William-and-Mary-Stil: Klappsekretär, ca. 1690

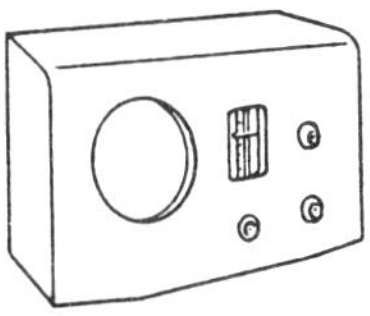
Art Deco: Radiogehäuse

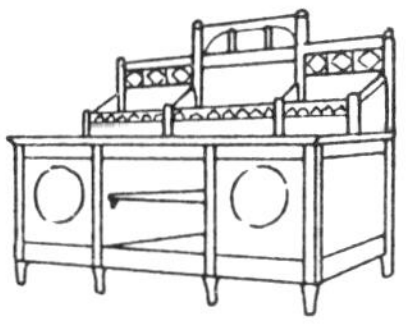
Art Furniture Movement: Neugotischer Wandtisch aus Walnußholz von Bruce Talbort, ca. 1867

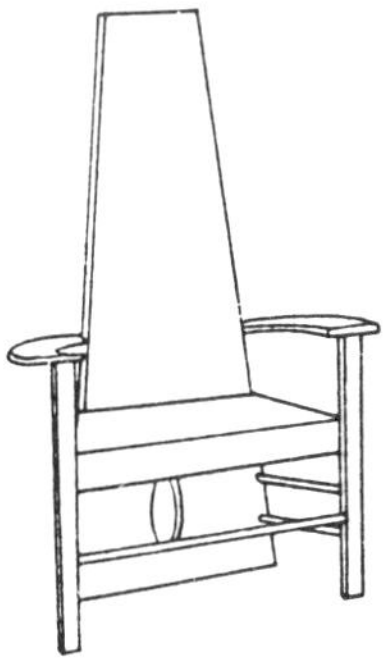
Art Nouveau: Französischer Jugendstilsessel

Arts-and-Crafts-Bewegung: Stuhl von Charles Voysey, 1896

Amerikanischer Restaurationsstil: Kurzlebige Version des französischen Stils, um 1815–30. Charakteristisch sind Tische mit Standfuß und Volutenfüßen und Schnitzmöbel. Die Vorlagen John Halls, 1840, dokumentieren den Zeitgeschmack.
Amerikanischer Whitewood: Silberpappel.
Amerikanischer William-and-Mary-Stil (vgl. Zeittafel): Länger andauernde Kolonialversion des englischen Stils. Die Eichenmöbel wurden verdrängt, neue Tischformen, Schreibmöbel und Schränke in Nußholz und Ahorn kamen auf.
Amoretten (3.06): s. Putto.
Andaman – Rosenholz: s. Padouk.
Anegré/Anigeria: Hartholz aus Afrika, einfach gelb, wird in England viel als Furnier verwendet.
Anleimer (2.04, 2.16): Holzleiste, die mit Leim oder Schrauben befestigt wird. Sie dient als Auflage für Regalfächer oder als Kantenverblendung.
Anrichte (1.19, 1.21).
Antefis: s. Stirnziegel.
Anthemion (3.02): Ornament aus alternierenden Palmetten und Lotosblüten oder Palmetten in offener und geschlossener Form.
Antik: Ohne menschliches Zutun gealterte Möbel; sie haben Patina (s. dort).
Antimakassar: abnehmbarer Bezug für Sessel/Sofas als Schutz gegen das Makassar-Öl, das zum Frisieren verwendet wurde. Im späten 19. Jahrhundert nur noch Dekoration; hat sich in Eisenbahnwaggons 1. Klasse erhalten.
Antik Grün: Dunkelgrüne Fassung auf Holz, um das Aussehen antiker Bronze zu verleihen.
Apfelholz: gut polierbares, braun-rosa-Holz, das sich gut zum Drechseln eignet.
Appaumèe (3.06): Schwurhand.
Applike: Ornament oder Detail, das nachträglich auf ein Möbel montiert wird. Kam im 16. Jahrhundert aus Spanien über Holland nach England.
Arabeske (3.06): Verschlungener Flächendekor, der sich aus geometrischen Mustern, Pflanzenformen und antiken Motiven zusammensetzt.
Architektentisch (1.31).
Architrav (2.14): In der klassischen Architektur der unterste, tragende Teil des dreigegliederten Gebälks.
Arkadenförmige Stuhllehne (2.07), Vertäfelung (3.05).
Armadio (1.18): Aufsatzschrank der Renaissance.
Armlehne (2.02): Teil des Stuhls.
Armlehnsessel (1.05).
Armoire à deux Corps: Französisch für einen zweigeschossigen Schranktyp, wobei zwei Kastenmöbel übereinander stehen. Entspricht dem Überbauschrank (1.22), dem Armadio, Beeldenkast und Kabinett (1.18).
Armpolster (2.02): Teil des Stuhls.
Arrow Back – Windsor-Stuhl (1.14).
Art Deco (vgl. Zeittafel): Dekorationsstil in Architektur und Kunsthandwerk. Entstanden in Paris um 1925, hat er sich in Europa und Amerika rasch verbreitet. Bestimmt vom Modernismus und technischen Fortschrittsgedanken, vereinte man handwerkliche Tradition mit Industrieproduktion (wie z. B. bei Bakelit), Luxusgegenstände sollten Massenware werden. Entwürfe für Metallgegenstände wurden auf Möbel übertragen.
Art-Furniture-Bewegung (vgl. Zeittafel): Von Eastlake und Godwin geführte Designgruppe in England, aktiv ca. 1860 bis 1870, die das Anliegen hatte, gute Entwürfe zu machen, die sich zu industrieller Massenanfertigung eignen.
Arts-und-Crafts-Bewegung (vgl. Zeittafel): Wiederaufleben mittelalterlicher Handwerkstechniken im England des späten 19. Jahrhunderts. Angeregt von William Morris wird in individueller Einzelanfertigung einfaches, rustikales Mobiliar hergestellt.
Assemblage, Sofa (1.25): Form der Confidante, aus mehreren Sitzgelegenheiten zusammengesetztes Sofa.
Astragal (3.00): Eier-, Perlstab.
Atlant (3.06): Geschnitzte männliche Figurenstütze.
Aufblasbare Möbel: Luft- oder wassergefüllte Möbel, die 1960–70 hergestellt wurden. Besonders verbreitet ist das Wasserbett.
Auflager: Horizontales Verbindungsglied eines Gestells, auf dem Last ruht.
Aufleimer, Holzverbindungen (2.16).
Aufsatzkommode (1.16).
Aufsatzpult (1.17): Pult, das auf einen Tisch gestellt wird.
Aufsatzschrank (1.18, 1.19): Möbel mit Schubladen und Fächern.
Aufsatzschreibkommode (1.16): Hier typisch englische Form.
Ausladendes Profil: Weit überstehendes, horizontales Profil.
Aussparung: Freigelassene Stelle.
Aussteifungsleisten (2.04): Leisten, die so in ein Gestell eingesetzt werden, daß es nicht aus dem rechten Winkel geraten kann.

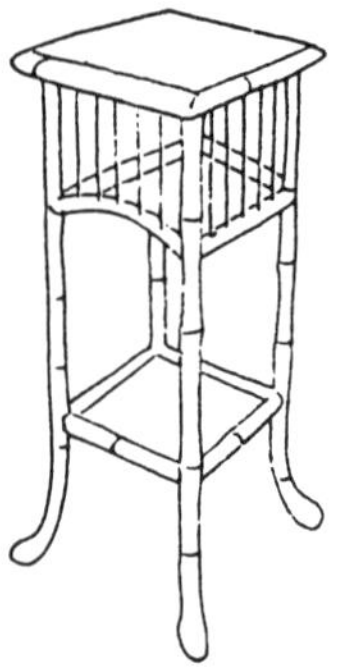

Bambusmöbel: Blumenständer mit Keramikplatte, ca. 1900

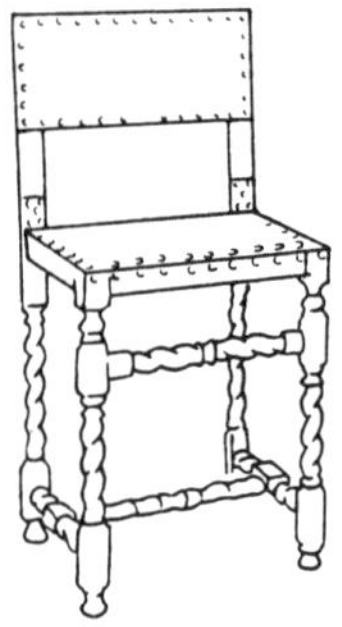

Barock: Gedrechselter Stuhl mit lederbespannter Lehne, ca. 1650

Austernfurnier: Über Hirn, d. h. horizontal zum Stamm geschnittenes Furnier, das aneinandergesetzt wie Austernschalen aussieht. Die Technik stammt aus dem 17. Jahrhundert aus Holland und wurde in England bevorzugt an Schränken und Kommoden verwendet. Im 18. Jahrhundert wurde es von Nußwurzelfurnier verdrängt.
Australische Silbereiche: Hartholz aus Australien, das in England in den 1930er Jahren viel verwendet wurde.
Australisches Blackwood: Hartholz aus Tasmanien und Südafrika.
Ausziehplatten (2.06): Eine oder mehrere Platten werden an einen Tisch seitlich oder in der Mitte angefügt.
Ausziehtisch (1.33, 1.34).
Auszug (2.04): Teil eines Schrankes oder Schreibmöbels, Tischkonstruktion (2.06).
Auszugbrett (2.06).
Auszugleisten (2.04, 2.06): Teil einer Tischkonstruktion. Gleitende Stützen für eine klappbare Tischplatte. Sie sind von Hand herauszuziehen oder springen von selbst vermittels eines Federmechanismus heraus.
Auvera, Johann Wolfgang van der (1708–56): Deutscher Rokoko-Bildhauer, in der Würzburger Residenz tätig. Er ist berühmt für die Schnitzarbeiten des Spiegelkabinetts, Konsoltische und einen Spieltisch mit Platten in Eglomisée-Material.
Avodire: Mittelhartes Holz aus Afrika, hellgelb in der Farbe und als Furnier in England sehr verbreitet.
Ayous: Leichtes Weichholz.
Bachelor-Kommode (1.16): Die Platte klappt nach vorn zum Ausziehen.
Backgammon-Tisch (1.31): Spieltisch für Backgammon.
Bahut: Französischer Ausdruck für eine kleine, tragbare Reisetruhe aus dem Mittelalter; heute bezeichnet er auch hohe Kabinette.
Bakelit: 1907 von dem Belgischen Chemiker Baekeland entwickelter frühester vollsynthetischer Kunststoff. Dieses Kunstharz war das erste Material, das bei Erwärmung durch Druck verformbar war. Es wurde im Art Deco vor allem verwendet.
Baldachin (1.03, 1.04, 2.01): Abdeckung über einem Altar, Thron oder Bett; kann aus Textil und beweglich sein oder fest aus Holz oder Metall, von Säulen getragen.
Ballenblume (3.02): Muster.
Ball-and-reel (2.11): »Kugel und Spule«, englisch.
Ballenfuß (2.09): Möbelfuß.
Balloon-back-Windsor-Stuhl (1.14).
Baltic chest: Truhentyp des 16. Jahrhunderts, der vor allem in England verbreitet war. Frühe Exemplare zeigen Reliefszenen protestantisch religiösen Inhalts, die späteren sind mit Einlegearbeiten versehen und werden Nonsuch chest genannt. Beide Typen stammen ursprünlich aus der Gegend um Danzig und wurden nach England importiert.
Baluster (2.10, 2.11): Vasenförmig schwellende Stützenform an Tischbeinen, Stuhllehnen oder an Schränken.
Balustrade: Geländer aus balusterförmigen Stützen.
Bambusmöbel und -schnitzerei (2.11): Vor allem in Asien wird Bambus für den Möbelbau und für Innendekorationen verwendet. In Europa wurde es seit dem späten 18. Jahrhundert kopiert.
Bambusfries (3.01).
Bambusrohr (2.07): Material für den Möbelbau, das über Portugal aus Indien importiert wurde. In England wurde es erstmals unter Charles II. verwendet. Bambusrohrmöbel waren im späten 17. Jahrhundert vor allem in England und Holland beliebt, seit dem frühen 19. Jahrhundert waren sie in ganz Europa in Mode.
Band (3.03): Profil.
Banderole: Bandornament, geschnitzt oder gemalt und oftmals mit einer Inschrift.
Bandwerk (3.08): Oberflächendekor aus Manierismus und Barock, der in Schloß Fontainebleau 1535 in Stuck erstmals auftaucht. Die Formen simulieren Lederbänder.
Bank: Langes Sitzmöbel ohne Rückenlehne.
Banquette (1.25): Bank.
Bantam-Arbeiten: Lackierarbeiten aus Java, 18. Jahrhundert.
Barock (vgl. Zeittafel): Europäische Stilform des 17. und 18. Jahrhunderts. Kennzeichnend sind Kurvierungen und gedrehte Säulen; in England setzte sich der Stil kaum durch.
Barbedienne, Ferdinand (1810–92): Französischer Kunstschreiner und Bronzier, der vor allem unter Napoléon III. tätig war. Er stellte Möbelkopien im Neurenaissance-Stil her und ließ sich später vom Japonismus beeinflussen..
Basilisk (3.06): Schlangenartiges Fabeltier, Dekorationsmotiv.
Basis (2.14): Teil der Säule.
Bas Relief: Französisch für Flachrelief.
Bast: Faser aus Hanf oder Flachs zur Herstellung von Sitzgeflechten.
Bauhaus (vgl. Zeittafel): Deutsche Architektur- und Designschule, 1919–1933. Von dem Architekten Walter Gropius gegründet, vereinte sie die Ziele des modernen Designs mit denen

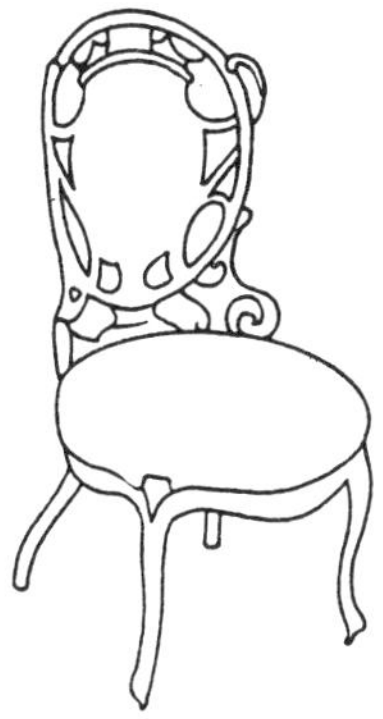
Belter: Neurokoko-Polsterstuhl aus schichtverleimtem Rosenholz, ca. 1855

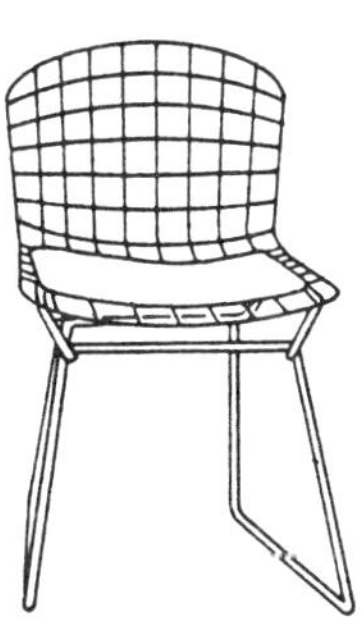
Bertoia: Drahtstuhl »Diamond«, 1952

Biedermeier-Stil: Stuhl

der Massenproduktion, des Industriedesigns und abstrakter Kunst. Alfred Arndt (geb. 1898) leitete die Möbelwerkstatt. Mit Sitz in Weimar bis 1925 und Dessau bis 1932 wurde sie schließlich von den Nationalsozialisten geschlossen. In einer steifen, strengen Version fanden ihre Lehren bis in die 1970er Jahre Eingang in Architektur und Design.
Baumgartner, Ulrich (um 1581–1652): Augsburger Kunsttischler, Zeitgenosse Drentwetts. Sein Meisterwerk war der sog. Pommersche Kunstschrank von 1615–17, ein Auftrag für Herzog August von Braunschweig. Der wertvolle Inhalt an kuriosen Kunstgegenständen hat sich erhalten (Kunstgewerbemuseum Berlin).
Beau-Brummel-Tisch (1.31): Ankleidetisch benannt nach George Brummel (1778–1840), dem Freund Georges IV. Zu Anfang des 19. Jahrhunderts galt er in England als Vorbild in allen Kleidungs- und Geschmacksfragen.
Beeldenkast (1.18): Holländischer zweiteiliger Barockschrank des 17. Jahrhunderts.
Beinstütze (1.40): Seit dem frühen 18. Jahrhundert verwendet.
Beistelltisch (1.31, 1.35, 1.37).
Beizen: Durch und durch Färben von Furnier oder Massivholz.
Bellangé, Pierre-Antoine (1758–1837): Französische Ébenist, Hoflieferant Napoléons, Louis' XVIII. und Charles' X. Er hatte sich auf Möbel mit Porzellanplaketten und Boulle-Arbeiten spezialisiert.
Bellini, Mario (geb. 1935): Italienischer Designer für Industrieprodukte und Büromöbel; Modulbauweise für die Firma »Cassina«. Bekannteste Stücke sind der »Stuhl 932« (1967) und der Tisch »Colonnato« (1977) aus Marmor mit Kristallglasplatte.
Belter, John Henry (1804–63): In Deutschland geboren, lebte er ab 1844 in New York. Sein Name wurde Synonym für das Neurokoko in den USA. Er bevorzugte Rosenholz für seine Schnitzmöbel und erfand eine eigene Methode zur Herstellung von gebogenem Sperrholz sowie eine Sägemaschine.
Belter-Stuhl (1.12).
Beneman, Guillaume (tätig 1784–1811): Deutscher Kunstschreiner, der sich um 1784 in Paris niederließ. Er prägte einen klassizistischen Kommodentypus, dessen Front mit einem großen Porzellanmedaillon, eingeschlossen in einen Halbkreis, dekoriert ist. Die Beneman-Kommode wurde im 19. Jahrhundert viel kopiert.
Berain, Jean (1638–1711): Bühnen- und Innendekorateur des französischen Barock, ab 1674 »Dessinateur du Roi« Louis' XIV. Seine Möbelentwürfe wurden in ganz Europa kopiert. Mit ihren Chinoiserien, Grottesken, Arabesken und markierten Oberflächen wurden sie Vorläufer des Régence und Rokoko.
Bergère (1.05, 1.09): Lesesessel; Back-Windsor-Stuhl (1.14).
Bertoia, Harry (1915–78): Amerikanischer Designer der Klassischen Moderne, der von ca. 1937–55 mit Saarinen, Eames und Knoll zusammenarbeitete. Für letzteren schuf er leichte, gebogene Drahtstühle, die für die Massenproduktion geeignet waren. Der Klassiker »Diamond« von 1952 war in zwei Richtungen verstellbar.
Beschläge (2.13): Metallapplikationen an Möbeln.
Besteckkasten: Behälter oder gefüttertes Etui für Besteck und Zubehör.
Betstuhl (1.40): Prie Dieu.
Bettbeschlag: Verdeckte Schrauben und Muttern, die Kopf- und Fußteil mit den Seitenteilen verbinden.
Betten (1.01–1.04): Möbel zum Schlafen.
Bettgestell: Konstruktionsrahmen des Bettes.
Bettpfosten (2.01): Pfosten an den vier Ecken des Bettes.
Bettstock: Pfosten, der außerhalb des eigentlichen Bettes stand, Elisabethanische Zeit.
Bettstufen (1.40): Zwei oder drei niedrige Stufen, die den Zugang zu einem hohen Bett erleichtern; spätes 17. Jahrhundert. Im 19. Jahrhundert oft als Ensemble mit einem Nachttisch.
Bibeltruhe (1.16): Truhe zur Aufbewahrung der Bibel.
Bidet: Kleiner vierbeiniger Hocker mit einer Pfanne zur Körperhygiene.
Bibliotheksmöbel (1.09, 1.18, 1.35, 1.40): Möbel zum Lesen und Studieren.
Biedermeier-Bett (1.04), Sofa (1.25): Das Biedermeier ist ein deutscher Möbelstil des frühen 19. Jahrhunderts. Die Formen sind einfach und wohnlich, sie leiten sich vom Klassizismus des französischen Empire und des englischen Regency ab. Das Biedermeier war bei der Mittel- und Oberschicht beliebt und breitete sich nach Skandinavien und Rußland aus. Die Möbel waren vorwiegend aus hellem Holz mit kontrastierenden Ebenholzeinlagen, die Polster zumeist aus Roßhaar. Der Stil ist nach einer journalistischen Witzfigur benannt.
Bijouterie (1.31): Schmucktisch.
Billiardtisch (1.31).
Birke: Blaßgelbes Hartholz, zumeist für billigere Möbel verwendet; beliebt in Skandinavien zu Anfang des Jahrhunderts.
Birnbaumholz: Seltenes, rötlich gefärbtes Hartholz, das in Europa und Nordamerika vorkommt. Es wird insbesondere für Intarsien und Marketerien verwendet.
Birnenförmiger Möbelfuß (2.09).
Bisellium (1.25): altrömische Sitzbank.

Blackamoor: Geschnitzte Negerfigur, die während des Barock, Rokoko und den Viktorianischen Stilen als Stütze für Möbel verwendet wurde; auch Nubische Figur genannt. Im 19. Jahrhundert wurde sie mit stark farbiger, exotischer Kleidung versehen und als vollplastische Eingangsfigur verwendet. Zumeist in Venedig oder England hergestellt.
Black Bean: Stark gemasertes australisches Hartholz, hauptsächlich im einheimischen Möbelbau verwendet.
Blatt: oder Tischblatt, zusätzliche Platte an Ausziehtischen.
Blattgold: Dünnes Goldblättchen zum Vergolden.
Blattvolute an Möbelfuß (2.09).
Blattwelle (3.02).
Blattwerk (3.02): Dekor, das Voluten ähnlich ist, aus Akanthus- oder Lanzettblättern. Es kann vollplastisch sein, als Armlehne oder flach geschnitzt.
Bleisteg (2.04): Kleiner Steg aus Blei, der bei bleiverglasten Fenstern zwischen den einzelnen Scheiben eingesetzt wird.
Blockfront (3.05): Zwei flache konvexe Teile flankieren eine konkave Mitte. Findet sich an Kastenmöbeln ab ca. 1700.
Blumentisch (2.03).
Bobbin-Möbelbein (2.10).
Bogen: Entwurfsmotiv an Möbeln.
Bogenfeld-Ziergiebel (2.14).
Bogenförmige Stegverbindung (2.03), Ziergiebel (2.14).
Bogenfries (3.02).
Bois Clair: Französischer Ausdruck für helle Hölzer an Möbeln im Restaurationsstil.
Bois de bout: Französischer Ausdruck für Austernfurnier.
Bois de Rose: Französischer Ausdruck für Rosenholzsorten, s. Palisander, Tulipwood.
Bois de Spa: Lackarbeit mit goldenen Chinoiserien auf schwarzem Grund. Benannt nach dem belgischen Heilbad, wo es in erster Linie hergestellt wurde.
Bombé, Umriß und Form (3.05): Französischer Ausdruck, bedeutet an Möbeln gebauchte Front und Seite.
Bonheur du Jour (1.23): Damenschreibtisch.
Bonne Grace: Bettvorhang des 17. Jahrhunderts.
Bonnetière (1.18): Schmaler, hoher Wäscheschrank.
Bonzanigo, Giuseppe Maria (1745–1820): Italienischer Kunstschnitzer, seit 1773 in Turin tätig. Er arbeitete mit so hauchdünnem Holz und Elfenbein, daß es fast durchsichtig wurde. Er schuf Wandverkleidungen, Konsoltische, Kommoden und Schreibtische, die in den Schlössern um Turin zu besichtigen sind.
Bootjack-Fuß (2.09).
Borte: Textiler Besatz an Decken, Polstern und Vorhängen.
Bosse: Oval oder rund erhabenes ornamentales Motiv.
Boston Chippendale: Amerikanischer Stil von ca. 1755–90; schlanke, geschwungene Tisch-und Stuhlbeine, gebauchte Möbelfronten und -seiten, nüchterne Ornamente.

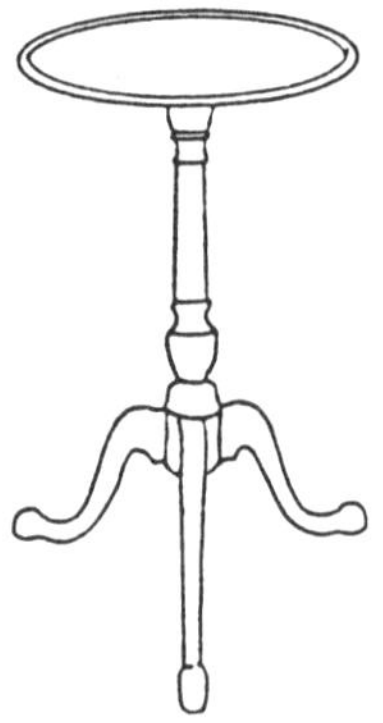

Boston Chippendale: Leuchtertisch aus Mahagoni, 1760–80

Bottich (1.39).
Boulle-Marketerie: Besondere Einlegetechnik mit Messing und Schildpatt, die von André-Charles Boulle (1642–1732), dem Hofebenisten König Louis' XIV., zur Perfektion gebracht wurde.
Bracket-Fuß (2.09).
Braganza-Möbelfuß (2.09): Spanische Form.
Brasilholz: Dunkelrot bis orangefarbenes Hartholz aus Brasilien, im frühen 19. Jahrhundert in Europa beliebt.
Breakfront (3.05): Gebrochene Front, Möbel deren Mittelpartie aus der Flucht hervorsteht.
Brett-Truhe (1.16).

Breuer: Schichtholzverleimte Liege, ca. 1930

Breuer, Marcel Lajos (1902–81): Ungarischer Architekt, der am Bauhaus zeitweise die Möbelklasse leitete. Er entwarf den »Wassily-Stuhl« aus Stahlrohr und Leder und 1928 einen Freischwinger, der bald zu einem Klassiker wurde. Wegen seiner Funktionalität, Eleganz und Materialvielfalt sind seine Ideen heute noch aktuell. Seine Schichtholzentwürfe von 1935–37 wurden von der englischen Isokon Company ausgeführt.
Brewster-Stuhl (1.05): Stuhl aus dem 17. Jahrhundert aus Neu-England mit Steckverbindungen, benannt nach einem hohen Regierungsbeamten der Kolonie Massachusetts. Im allgemeinen aus Esche oder Ahornholz mit aus Binsen geflochtenem Sitz.
Brickard, Servatius (1676–1742): Fränkischer Kunsttischler des Spätbarock, als Nachfolger Plitzners 1735 Hofschreiner in Bamberg.
Broché-Arbeit: Florales Stickmuster.
Brokat: Schwerer Seidenstoff in vielen Farben, für Innenausstattungen viel verwendet.
Bronzethron König Dagoberts (1.07): Merowingisch.
Bubinga-Holz: Westafrikanisches Hartholz, ähnlich dem Rosenholz, hauptsächlich für Furniere und Marketerie verwendet.
Buche: Verbreitetes Hartholz, dicht, hell in der Farbe. Durch sein geringes Gewicht wird es

gern für Schubladen verwendet, vom 17. bis zum 19. Jahrhundert hauptsächlich für Sitzmöbel. Es eignet sich für viele Oberflächenlacke.
Buchsbaumholz: Fein gemasertes, blaßgelbes Hartholz, überwiegend vom 16. bis 18. Jahrhundert verwendet; da es so selten war, nur für Marketerie oder kleine Objekte.
Buckleback-Windsor-Stuhl (1.14), Stuhllehne (2.07).
Büchergestell (1.29).
Bücherleiter (1.40).
Bücherschrank (1.18, 1.20), Schreibschrank (1.18).
Bügelgriff (2.13).
Buffet (1.31): Kastenmöbel zum Anrichten von Mahlzeiten, meistens mit vielen Fächern versehen. Es war im 16. Jahrhundert verbreitet, wurde in England vom Sideboard abgelöst und im Historismus wieder aufgenommen.
Bugatti, Carlo (1856–1940): Italienischer Möbeldesigner, der, beeinflußt von türkischen Elementen, Japonismus und primitiver Kunst einen individuellen Möbelstil schuf. Charakteristisch sind Elfenbein- und Metalleinlagen, verflochtene Kordeln und bemalte Pergamentbespannung.
Bugholz: Die Erfindung Michael Thonet, Holz vermittels Wasserdampf in die gewünschte Form zu biegen. Die Technik wurde ähnlich im 18. Jahrhundert in England zur Anfertigung der Windsor-Stühle angewandt. Breuer und Aalto sind Vertreter dieser Technik im frühen 20. Jahrhundert.
Bugholzstuhl (1.05, 1.13).
Buhl: In England auftretende Schreibweise für Boulle.
Bukranion: Antikes Motiv eines Rinderschädels, das an klassizistischen Möbeln des späten 18. Jahrhunderts wiederverwendet wurde.
Bureau: Französischer Ausdruck für Schreibtisch. In England meint der Ausdruck einen Aufsatzschreibtisch mit Klappe, kleinen Schubladen und innenliegenden Fächern. In Amerika wird solch ein Schreibmöbel »secrétaire« genannt. »Bureau« bedeutet an sich Kommode, besonders wenn sie im Schlafzimmer steht.
Bureau Mazarin (1.24): Kleiner französischer Schreibtisch, benannt nach Kardinal Mazarin (1602–1661).
Bureau plat (1.24, 1.31): flacher Schreibtisch.
Burgomaster (1.11): Drehbarer Sessel.
Burton Scott (1939–89): Amerikanischer Bildhauer und Designer, der, nachdem er sich intensiv mit historischen Repliken beschäftigt hatte, ab 1970 Sitzmöbelskulpturen anfertigte. 1980 entstanden beeindruckende Stühle und Sessel für den Außenbereich öffentlicher Gebäude in Boston, New York und Liverpool.
Butler's tray (1.31): Tablett.
Butterfly table: (1.32): Sonderform des englischen Gate-leg-Klapptisches.
Butternuß: Weißes Walnußholz aus Amerika, dunkelt nach. Seit 1850 kaum noch verwendet.
Byzantinischer Sessel (1.05), byzantinische Möbel: Möbelstil des oströmischen Kaiserreiches in Konstantinopel vom 5.–15. Jahrhundert. Der Stil basiert auf hellenistischen und frühchristlichen Formen und bezieht persische, islamische und sogar chinesische Einflüsse mit ein. Typisch sind: viel Schnitzerei, Scherenstühle aus Metall, Hocker, Pulte, runde und halbrunde Eßtische, Baldachinbetten, offene sowie geschlossene Schränke, in der Spätzeit Bücherschränke und reich verzierte Kommoden.
Cabochon (3.06): Französischer Ausruck für ein oval und gewölbt geschnitztes, glattes Motiv des französischen Rokoko. Es ähnelt einem Edelstein.
Cabriole leg (2.10), Stuhl (1.06), Sofa (1.26): S-förmig geschwungenes Bein.
Camel back (1.25): Höckerlehnsofa.
Canterbury-Tisch (1.32): Englischer Serviertisch für Getränke.
Captain's-back-Windsor-Stuhl (1.14).
Caquetoire (1.06): Kleiner französischer Lehnstuhl der Spätrenaissance, der vor allem von Frauen benutzt wurde, da er Platz für weite Röcke bot.
Card cut: Chinoises Gitterwerk an Entwürfen und Möbeln von Thomas Chippendale.
Cardtable Scharnier (2.12): Charakteristisches Möbelscharnier für englische Klapptische.
Carlton-House-Schreibtisch (1.32): Vermutlich von Thomas Sheraton entworfener Schreibtisch für Carlton House, die Residenz König George IV., um 1790.
Cartonnier/Serre papier: Französischer Ausdruck für ein kleines Gestell mit Fächern. Seit dem 18. Jahrhundert mit zwei Schubladen und Fächern; entweder freistehend oder als Aufsatz auf ein Bureau plat, kann zusätzlich eine Uhr haben.
Carver-Sessel (1.06): benannt nach John Carver (gest. 1621), Gouverneur in den amerikanischen Kolonien. Die Form ist dem Glastonbury ähnlich.
Cassapanca (1.25): Sitzkasten.
Cassone (1.16): italienische Hochzeitstruhe, Renaissance-Stil.
Castle, Wendell (geb. 1932): Amerikanischer Designer, der in den 70er Jahren für die Wiederbelebung handwerklicher Tradition eintrat. Er entwarf Möbelskulpturen aus Schichtholz.
C-Bogen (3.06).
Certosina-Arbeit: Einlegearbeit aus Bein, Elfenbein, Metall und Perlmutt in dunkles Holz.

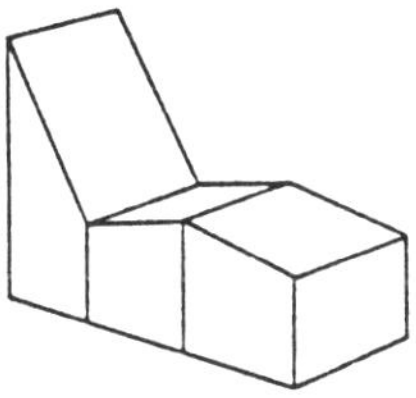

Burton: Liege

Byzantinisch: Elfenbeinthron Bischof Maxinianus' von Ravenna, ca. 550

Castle: Sitzmöbel als Raumskulptur aus Sperrholz

Chinesisches Chippendale: Vitrine für Porzellan

Chippendale-Gotik: Vorlage für einen Musterstuhl, 1754

Chippendale: Bücherschrank mit gebrochener Front von 1762

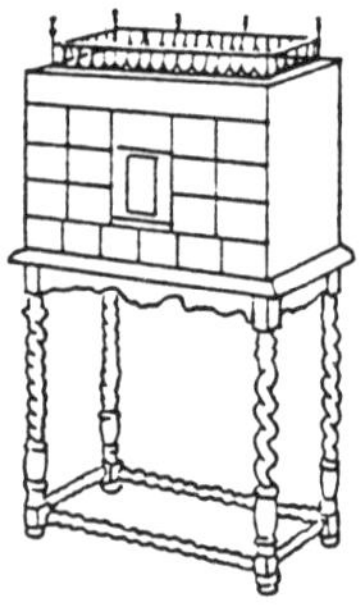
Churriguerrismus: Aufsatzkabinett/Vargueño, spätes 17. Jahrhundert

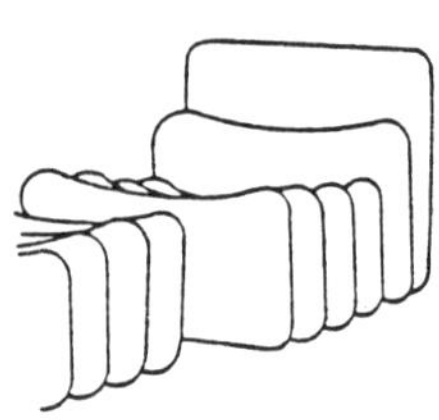
Colombo: Sitzmöbelsystem, 1968

Country Chippendal: Schreibkommode mit gebogener Front aus Walnußholz von J. Shearer, Martinsburg, Virginia, ca. 1800

Diese Technik im spanisch-maurischen Stil wurde im 16.–18. Jahrhundert vor allem in Norditalien gepflegt.

Chagrin-Leder: Getrocknetes, gespanntes Leder, das wie Möbelfurnier verwendet wurde. Besonders im Art Deco war Haifisch- und Rochenhaut beliebt, oft weiß gebleicht, aber auch gefärbt.

Chaise à la Capucine (1.06), **Chaise Courante** (1.06): Meist in großen Stückzahlen für Saaleinrichtungen hergestellt, **Chaise longue** (1.01), **Chaise Meublante** (1.06): Polstersessel,

Chaise à l'Officier (1.06): Schreibtischsessel.

Chamber horse (1.06): Übungsgerät zum Reiten.

Chatol (1.23): s. Dänisches Empire.

Chauffeuse (1.06): Stuhlform.

Cherubim (3.06): Motiv.

Chesterfield-Sofa (1.26): Viktorianisches Sitzmöbel mit Knopfpolsterung, um 1830. Die Herkunft des Namens scheint ungeklärt.

Chevron (3.01): Französische Bezeichnung für Sägezahnmuster.

Chiavari (1.06): Spanischer Renaissance-Sessel.

Chiffonière (1.16): Wäschekommode.

Chimäre (3.06): Mythologisches, feuerspeiendes Ungeheuer, beliebtes Schmuckmotiv des Manierismus sowie des 18. und frühen 19. Jahrhunderts.

Chinesisches Chippendale (vgl. Zeittafel): Moderner Ausdruck für englische Rokoko-Möbel mit chinesischen Schmuckformen, um 1750–60. Der Stil wurde von Thomas Chippendale eingeführt, charakteristisch sind Pagodenmotive und Gitterwerk (Abb. S. 77).

Chinoiserie: Französischer Ausdruck für die Verwendung chinesischer Motive in Europa; ca. 1680–1780.

Chintz: Dünner, glänzend beschichteter Kalikostoff; um die Mitte des 17. Jahrhunderts erstmals aus Indien importiert. Verwendet für Draperien und Sitzbezüge.

Chippendale-Gotik (vgl. Zeittafel): Gotisierender Stil in England um die Mitte des 18. Jahrhunderts, der auf mittelalterliche Architekturmotive zurückgeht.

Chippendale, Thomas (1718–79): Bekanntester englischer Kunsttischler, der 1754 seine Möbelentwürfe unter dem Titel »The Gentleman and Cabinet-maker's Director« in 160 Tafeln herausgab. Chippendales Londoner Werkstatt wurde von seinem Sohn Thomas (1749–1822) weitergeführt und produzierte mehr als 70 Jahre lang Möbel. Der ältere Chippendale trat vor allem als Werkstattleiter hervor und arbeitete in mehreren Stilen, beginnend vom französischen Rokoko bis zum englischen Klassizismus, dem Regency. Es gibt kaum für ihn gesicherte Stücke, da seine Entwürfe sehr dem Zeitgeschmack entsprachen und viele andere Kunsttischler nach seinen Vorlagen arbeiteten.

Chippendale-Tisch (1.32).

Chuglam: Blaßgelbes Holz aus Indien, das eine interessante Maserung hat.

Churriguerrismus (vgl. Zeittafel): Überschwenglicher spanischer Barockstil (ca. 1650–1798), der das strenge Desornamentado ablöste. Er ist nach dem Bildhauer und Architekten José de Churriguerra (1650–1723) benannt. Charakteristisch sind reiche Einlegearbeiten und mit Leder gepolsterte Stühle.

Clothes press (1.20, 1.22): Englischer Wäscheschrank des frühen 18. Jahrhunderts, der bis ins 19. Jahrhundert hinein angefertigt wurde. Ein hoher Aufsatz mit Regalen steht auf einer niedrigen Kommode.

Clubsofa (1.26).

Cock's head (2.12): Typisch englisches Zierscharnier in Form eines Hahnenkopfes.

Cocobolo: Dunkles, schweres und dichtes Holz aus Bengalen und Burma.

Coiffeuse (1.07, 1.32): Frisiersessel.

Colombo, Joe Cesare (1930–71): Italienischer Designer, bekannt für seine multifunktionalen Möbel, die im additiven System verändert werden können. Er stellte den ersten Kunststoffstuhl aus Spritzguß her.

Comb-back-Stuhllehne (2.07), Windsor-Stuhl (1.14).

Confidante (1.26): Sofaform.

Connecticut-Kommode (1.17).

Continous-arm-Windsor-Stuhl (1.14).

Couch (1.02, 1.26).

Country Chippendale (vgl. Zeittafel): Rustikale Version des englischen Chippendale-Stils im späten 18. Jahrhundert. Anstelle von Mahagoni wurden einheimische Hölzer verwendet.

Crapaud (1.07): Niedriger Polstersessel, 19. Jahrhundert.

Credenza (1.20): Halbschrank.

Cressent, Charles (1685–1768): Führender französischer Ébenist während der Régence und des Louis' XV. Seine Möbel haben bewegte Umrisse und fast immer feuervergoldete Bronzebeschläge. Ein Kommodentypus ist nach ihm benannt (1.17). Nach 1750 bevorzugte er florale Holzmarketerien.

Cressent-Kommode (1.17).

Cromwell-Stuhl (1.07).

ucci: Kabinett für Louis XIV., 1681–83

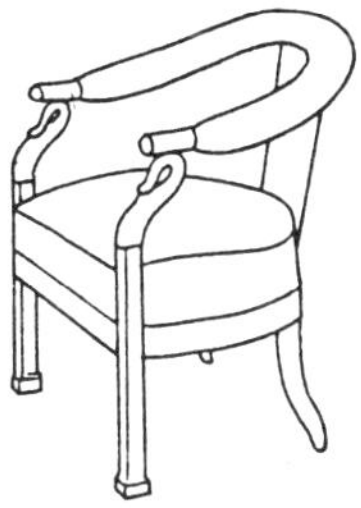

Danhauser: Armsessel aus Wien, 1820–30

Desornamentado-Stil: Lederbespannter Stuhl, ca. 1600

Deutsche Werkstätten: Halbschrank von Hoffmann

Cucci, Domenico (1635–1704/05): Französischer Ebenist italienischer Abstammung, stattete die Paläste Louis' XIV. verschwenderisch mit prunkvollen Möbeln aus. Er ist berühmt für seine Einlegearbeiten aus Goldbronze und Halbedelsteinen in Ebenholz.

Cup-and-cover (2.11): Drechselarbeit.

Curulus (1.07): Hocker der römischen Antike.

Cushion-Fries (2.14): Dekorationsform englischer Möbel des späten 17. und frühen 18. Jahrhunderts, wobei ein konvex wulstartiges Profil unter das Gesims gesetzt wird.

Cuvilliés, François der Ältere (1695–1768): Bayerischer Rokoko-Architekt aus Flandern gebürtig. Er begann als Hofnarr Kurfürst Max Emanuels von Bayern, und entwarf schließlich die phantasievollsten Innenausstattungen für bayerische Rokoko-Palais'. Die Möbel hatten von Louis XV. beeinflußte, stark plastische Formen. Ab 1738 gab er eine Kupferstichserie seiner Entwürfe heraus.

Dagly, Gerhard (1653–1714): Von 1687–1713 »Kammerkünstler« und Hofdekorateur Kurfürst Friedrich Wilhelms von Brandenburg. In seiner Heimatstadt Spa in Flandern stellte er Chinoiserien in Schwarz-Gold und helleren Kombinationen her. Er galt als führender Meister in der Nachahmung japanischer Lackarbeiten.

Damaszieren: Die Kunst, Eisen (besonders Waffen) mit Edelmetallen in Arabeskenmustern einzulegen. Im späten 16. Jahrhundert wurde diese altorientalische Kunst von Goldschmieden in Mailand wieder aufgenommen. Sie verkauften Teilstücke an Kunstschreiner, die sie als Einlagen an ihren Möbeln verwendeten.

Damast: Aus Atlas und Satin gewebter Seidenstoff, dessen Muster in changierendem Licht sichtbar wird. Er kommt ursprünglich aus Damaskus, um 1250, und wird häufig als Möbelbezugsstoff verwendet.

Danhauser, Joseph (1780–1829): Seine Werkstatt, die 1804–1838 bestand, war während der Biedermeier-Zeit die führende Möbelfirma in Wien (1.23).

Dänisches Empire (vgl. Zeittafel): Ein vom französischen Empire abhängiger, später einsetzender Empire-Stil, der helles Mahagoni und Marketerie mit oft bogenförmigen Motiven bevorzugt. Charakteristisches Möbel ist die sog. »Chatol«, ein Zylinderbau (1.23) mit inneliegenden Fächern.

Dante-Sessel (1.13): Ausdruck des 19. Jahrhunderts für Scherensessel des Mittelalters und der Renaissance.

Dasson, Henri (1825–1896): Französischer Kunstschreiner, dessen berühmteste Arbeit die Kopie des »Bureau du Roi« von Oeben und Riesener ist. Der Rollschreibtisch befindet sich in der Wallace Collection, London.

Daumen (3.03): Profil.

Davenport (1.23): Kleiner Schreibtisch mit schrägem Deckel und seitlichen Schubladen im Unterbau. Erstmals gegen Ende des 18. Jahrhunderts waren Davenports sehr beliebte englische Schreibmöbel.

Deception table (1.33): Tisch mit Klappe.

Deckchair (1.12): Schiffsliegestuhl.

Deckplatte (2.04, 2.05): Oberste Platte einer Kastenmöbelkonstruktion.

Delphin (3.06): Motiv; Möbelfuß (2.09).

Demilune: Französisch »Halbmond«, Kommode (1.17), Form (3.05).

Demoiselle: Französischer Ausdruck für einen Frisiertisch, auf dem ein Kopf angebracht ist, um Haarschmuck aufzubewahren.

Desornamentado-Stil (vgl. Zeittafel): Als Reaktion gegen die überschwenglichen Ornamente in Spanien im späten 16. Jahrhundert wurden den wenigen Möbeln nur einfache Schmuckprofile zugestanden, glatt gedrechselte Beine und Brettkonstruktionen. Auf dem Land und in Mexiko dauerte er bis ins 19. Jahrhundert an.

Desserte (1.32): Wandtisch, Anrichte.

De Stijl (vgl. Zeittafel): Holländische Künstlergruppe, die 1917–31 eine Zeitschrift mit diesem Titel herausgab. Vier Mitglieder, darunter Gerrit Rietveld, entwarfen Möbel nach dem strengen Prinzip, nur rechte Winkel und Primärfarben als Gestaltungsmittel zuzulassen.

Deutsche Werkstätten: Von dem Möbelschreiner und Designer Karl Schmidt (1891–1948) gegründete Werkstatt in Dresden. In Abkehr vom Historismus wollte Schmidt funktionsgerechte Möbel in Zusammenarbeit von Kunsthandwerker, Architekt und Künstler herstellen. Anfänglich von der Arts-und-Crafts-Bewegung inspiriert, begann ab 1906 die Produktion von Serienmöbeln, die aus genormten Teilen zusammengesetzt wurden.

Deutscher Werkbund: Eine Gruppe deutscher Designer, die, gegründet 1907 in München, bis 1933 in Dresden tätig war. Van de Velde, Josef Hoffmann, Walter Gropius, Otto Wagner, Bruno Paul und Richard Riemerschmid entwarfen Möbel. Sie verbanden Handwerkstradition mit industrieller Serienfertigung und waren von großer Bedeutung für die Klassische Moderne.

Deutsches Band (3.01): Muster.

Diamantfries (3.01).

Diamantschliff (3.06): Ornament, das im frühen 17. Jahrhundert besonders in Nordeuropa verbreitet war.

Directoire: Armsessel

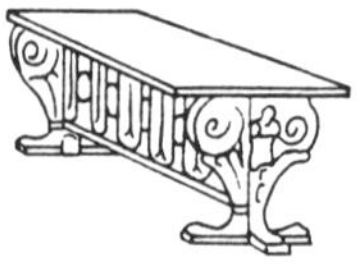

Du Cerceau: Tisch mit Löwenfüßen, ca. 1550

Eames: Drehsessel, 1956

Eastlake: Windsor-Stuhl, 1872.

Diaper: Englischer Ausdruck für damastartigen Stoff mit Würfelmustern aus Rechtecken oder Rauten. Man kann den Begriff auf alle karierten Muster auf allen Materialien anwenden.
Diphros, Diphros Okladios (1.07): Hocker, deren Form auf das attische Griechenland zurückgeht, um 500 v. Chr..
Directoire (vgl. Zeittafel): Französischer Revolutionsstil mit einfacheren und strengeren Formen als das vorhergehende Louis XVI. Führt den »gout étrusque« (etruskischen Geschmack) ein, ebenso wie die Meridienne (1.03) und die Recamière (1.28). Faszien und Jakobinermützen waren wichtige Motive.
Directory oder amerikanischer Regency Stil (vgl. Zeittafel): Übergangsphase zwischen US-Federal- und Empire-Stil um 1800. Der Stil war von Thomas Sheratons Arbeiten beeinflußt. Charakteristisch sind der Klauenfuß, der amerikanische Adler, Kanneluren und der Klismos (1.09).
Diwan (1.02).
Dogtooth (3.01): Englischer Ausdruck für Blütenmuster.
Doppelbogen-Ziergiebel (2.14).
Doppeltes Flechtband (3.02): Muster.
Dorische Ordnung: Die erste der griechischen Säulenordnungen.
Drachen (3.06), **Drachenfuß** (2.09).
Drechselarbeiten (2.11): Holzarbeiten, die an der Dreh- oder Drechselbank hergestellt werden.
Drehbares Tischgestell (2.06): Dreibeiniger Standfuß mit einem Scharnier, um das die Platte zu drehen oder zu klappen ist, 18. Jahrhundert.
Drehregal (1.30), **Drehsessel** (1.11), **Drehstuhl** (1.11).
Dreibeiniger Sessel (1.05, 1.09, 1.13), Tisch (1.33, 1.37).
Dreifacher-Bogen-Ziergiebel (2.14).
Dreigeschossige Anrichte (1.22): In Nordwales Tridarn genannt.
Dreipaß: Dreifache Bogenform, die sich zu einem Kreis schließt; Teil des gotischen Maßwerks.
Dreiviertelstab (3.03): Profil.
Drinking table (1.33): Englischer Konsoltisch zum Anrichten von Getränken.
Drinks cabinett (1.20): Getränkeschränkchen.
Drunkard's (1.08): Windsor-Stuhl.
Du Cerceau, Jacques Androuet der Ältere (ca. 1520–84): Französischer Ornamentist, der um 1550 ein Musterbuch mit manieristischen Dekorationen und stark architektonisch beeinflußten Möbeln herausgab.
Duchesse brisée (1.26): Sonderform der Chaise longue. **Duchesse en bateau** (1.26).
Dübelverbindungen (2.15, 2.16).
Dunand, Jean (1877–1942): Französischer Art-Deco-Designer, der sich 1918 auf Lackmöbel spezialisierte, die mit Edelmetallen und Eierschalen eingelegt waren.
Durchbrochene Arbeit: s. Ajouré, Beschlag (2.13), Konsole (2.05), Kreuzsteg (2.03), Möbelbein (2.10), Muldengriff (2.13), Stuhllehne (2.08).
Eames, Charles (1907–78): Amerikanischer Designer, der 1946 mit seinen Stühlen aus Formlagenholz (1.08) berühmt wurde. 1956 entwarf er einen Sessel aus Palisanderfurnier und Aluminium und eine Serie von stapelbaren Stühlen.
Eastlake, Charles Locke (1836–1906): Englischer Schriftsteller, der sich mit Innenarchitektur beschäftigte. Seine »Hints on Household Taste« (1868) fanden internationale Beachtung.
Ebenholz: Tiefschwarzes, tropisches Hartholz, das schon in der Antike in Ägypten und Mesopotamien verwendet wurde. Im 17. Jahrhundert entdeckte man es in Europa neu. Da es jedoch selten und teuer war, wurden Beiztechniken entwickelt, die einheimische Hölzer (v. a. Birne) so schwarz wie Ebenholz aussehen ließen.
Ébéniste: Französischer Kunstschreiner, der furnierte Möbel herstellte. 1791 wurde der Begriff durch die Zünfte abgeschafft, s. Menuisier.
Eberkopf (3.06): Motiv.
Echinus: Polsterförmiges Kapitellteil unter dem Abakus.
Eckiger Griff (2.13).
Eckmöbel (1.07, 1.19, 1.29): Möbelstück, das in eine Raumecke gestellt werden kann. Bank (1.26), Kanapée (1.27), Schrank (1.20), Vitrine (1.19), Sessel, Stuhl (1.07), Waschtisch (1.29).
Eckverbindungen (2.16), **-verstärkung** (2.02) dreieckiger Klotz, um bei Sitzmöbeln die Verbindung zwischen Zarge und Bein zu verstärken.
Écritoire (1.23): Französischer Ausdruck für Schreibzeugbehälter oder einen Damenschreibtisch.
Égyptienne: Siehe Ägyptenmode.
Egell, Paul (1691–1752): Deutscher Bildhauer, der ab 1721 am Mannheimer Hof beschäftigt war. Egell ist vor allem für seine Konsoltische und andere Möbel im Mannheimer Schloß und im Palais Thurn & Taxis in Frankfurt bekannt.
Eibenholz: Härteres rötliches Weichholz, das seit der Antike für die Möbelherstellung verwendet wird. Es ist gut zu bearbeiten und zu polieren und ist das für Windsor-Stühle typische Holz. Es wird auch für Einlegearbeiten verwendet.

Empire: Thron Napoleon Bonapartes, Fontainebleau, ca. 1805

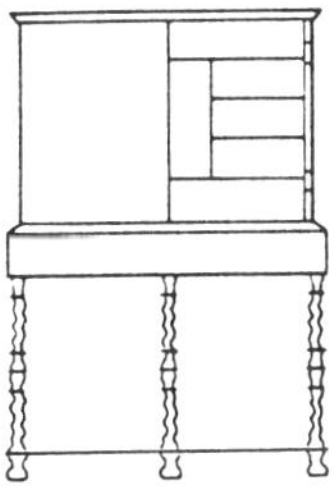

Englischer Restaurationsstil: Aufsatzkabinett, oft mit Austernfurnier, spätes 17. Jahrhundert

Etruskische Möbel: Bronzekandelaber

Etruskischer Geschmack: Piano von Robert Adam für Katharina die Große, vor 1792

Eiche: Blaßgelbes bis braunes Hartholz, das in Europa und Nordamerika vorkommt. Vor der Mitte des 17. Jahrhunderts wurden die meisten Möbel aus Eichenholz gefertigt. Dekorationsmotiv (3.08).
Eichel (3.06), (2.11), (2.13).
Eierstab (2.11, 3.01).
Eingerollte Armlehne (2.02).
Einlegearbeit: Oberbegriff für Intarsien und Marketerie.
Einziehung (3.03).
Eisen: An Möbeln wird es seit der Antike für Zierbeschläge und zur Verstärkung der Konstruktion verwendet, s. Gußeisen.
Eisenholz: Brasilianisches Hartholz, rotorange in der Farbe, mit Brasilholz verwandt. Eignet sich besonders gut als Furnier.
Eisentruhe (1.16).
Eglomisé: Glas, das von der Rückseite blau, weiß und gold bemalt wird. Jean-Baptiste Glomy nahm zur Zeit Louis' XVI. diese altrömische Kunsthandwerkstechnik wieder auf.
Elefantenrüssel-Möbelbein (2.10).
Elfenbein: Stoßzähne des Elefanten (u. a. Tiere), die an Möbeln seit altägyptischer Zeit zu Intarsien und Marketerien verwendet werden. Es läßt sich gut bearbeiten; Möbel aus Indien oder Portugal haben fast immer Elfenbeineinlagen.
Elisabethanischer Stil (vgl. Zeittafel): s. Tudorstil.
Eloxieren: Behandlung von Metalloberflächen zum Schutz vor Korrosion.
Empire-Stil (vgl. Zeittafel): Der Stil war mit dem persönlichen Geschmack Napoleon Bonapartes eng verbunden und überdauerte seine Regierungszeit. Besondere Ausprägung fand er im Bereich der Raumausstattung: Man bevorzugte martialischen Dekor, ägyptische Motive, der Schwan war Josephines Lieblingsmotiv. Die Möbel wurden fast ausschließlich in Mahagoni mit feuervergoldeten Bronzen hergestellt. Charakteristisch sind das Lit en bateau (1.03), das Lit droit und die Psyche (1.40).
Encoignure (1.20): Eckschrank.
Endivien-Marketerie: Moderner Ausdruck für die typisch englische Seetang-Marketerie des 17. und 18. Jahrhunderts: Kleine Arabesken aus Blattmotiven, von Chippendale viel verwendet.
Endvolute (3.02): Ornament.
Englischer »Block«-Möbelfuß (2.09): An englischen Möbeln gebräuchlicher Möbelfuß.
Englischer Restaurationsstil (vgl. Zeittafel): Stilphase nach der Wiedereinsetzung König Charles II. (1660–89), der früheste englische Barockstil. Walnußholz verdrängte das Eichenholz, bevorzugt wurden spiralförmige Drechselarbeiten, Voluten, schwere plastische Schnitzereien, Gesso-Dekorationen und florale Marketerien. Rohrgeflecht, Lackarbeiten und Japanlacke waren neuartige Techniken, und eine Vielzahl neuer Möbeltypen kam auf: der Ohrenbackensessel (1.13), das Tagesbett (1.02), um 1670 die Schreibkommode (1.23), das »Scritorio« (1.21) und Beistelltische (1.31, 1.35, 1.37).
Entasis: Schwellung in der Mitte des Säulenschaftes, um sie optisch kräftiger erscheinen zu lassen.
Entréebank (1.27).
Entwurzelter-Baum (3.08): Motiv.
Erlenholz: Helles Hartholz, das in Europa und Amerika vorkommt, es wird auch für Sperrholz verwendet.
Escabelle (1.08): Spanischer Renaissance-Sessel.
Esche: Hartholz, das in vielen Gegenden vorkommt. Weiß bis hellgelb in der Farbe; durch seine Härte und Biegsamkeit ist es als Konstruktions- und Bugholz geeignet.
Espagnolette (3.06): Ziermotiv in Form einer weiblichen Büste, vor allem im Louis XIV., Louis XV. und Régence.
Espe: Pappelholzsorte.
Eßtisch (1.33).
Eßzimmerstuhl (1.07).
Étagère (1.30): Gestell.
Etruskische Möbel (vgl. Zeittafel): Möbel der Etrusker, dem italischen Volk griechischer Herkunft. Charakteristisch sind der Korbsessel, die »cista«, ein runder Schrank oder Kasten, ein ausladender, wannenähnlicher Sessel aus Bronze, dreibeinige Tische und Leuchter. Sie gaben der griechischen Kline (1.03) Kopf- und Fußteil. S. a. Römische Antike.
Etruskischer Stil: Variante des Klassizismus, der von der griechischen Vasenmalerei beeinflußt ist. In England ist er ab 1760 von Robert Adam eingeführt worden. Die terrakottafarbenen, weißen, roten und schwarzen Motive werden im Directoire wieder aufgenommen.
Falke (3.07): Motiv.
Falsche Feder (2.15, 2.16)): Holzverbindung.
Falscher Mäander (3.01): Muster.
Faltstuhl (1.08).
Faltwerk (1.17, 3.01, 3.05).
Fächer (3.06, 3.07): Vor allem im 18. Jahrhundert in England als Form für Rückenlehnen beliebt.

Fancy-Möbel: Schaukelstuhl von L. Hitchcock, Connecticut, ca. 1830

Federal-Stil: Stuhl mit geschwungener Lehne, New York, ca. 1810–20

Fan-back-Windsor-Stuhl (1.14).
Fancy-Möbel: US-Sonderform heller, meist bemalter Möbel mit Sitzflächen aus Brettern oder Geflecht, angeregt von den Entwürfen Sheratons.
Farthingale (1.08): Begriff des 19. Jahrhunderts für Polsterstühle im Tudor-Stil mit niedriger Rückenlehne und wenig tiefer Sitzfläche.
Fase (3.03): Abschrägung an einer geraden Kante. Profil.
Fassung: Farbige Bemalung von Holzoberflächen. Das Holz wird mit einer von Leinwand unterlegten Kreideschicht bedeckt, auf die Temperafarben mit dem Pinsel aufgetragen, Gold und Silber in hauchdünnen Folien aufgelegt wird. Abschließend wird die Fassung mit Firnis überzogen.
Faszie: Axt und Rutenbündel, das von den Liktoren als Autoritätssymbol im Magistrat der römischen Republik getragen wurde. Verbreitetes Dekorationsmotiv an Möbeln seit dem Louis XIV.
Faun: Figur aus der griechischen Mythologie, an klassizistischen Möbeln als Motiv einer menschlichen Figur mit Ziegenkörper.
Fauteuil (1.08): Französisch für Sessel.
Feder (3.03): Holzstreifen, der gehobelt und gefräst als Vollholz stehen bleibt. Die sog. »falsche« Feder wird in die jeweilige Nut zweier aneinandergesetzter Holzteile eingeleimt. Wird auch als Kantprofil zur Verzierung benutzt. (2.15, 2.16): Holzverbindung.
Federal-Stil (vgl. Zeittafel): Klassizistischer Stil in Amerika während der ersten Generation der neuen Republik (nach 1776). Es wurde Mahagoni oder Obstholz verwendet, bevorzugtes Dekorationsmotiv war der amerikanische Adler (s. Konsole 1.33).
Feldbett (1.01): Zusammenklappbares, tragbares Bett, das vor allem beim Militär verwendet wird. Die ältesten englischen Stücke stammen aus dem späten 18. Jahrhundert.
Fenstersitz (1.26).
Fernandino-Stil (vgl. Zeittafel): Vom Empire beeinflußter spanischer Möbelstil, der nach dem spanischen König Ferdinand VII. (1814–33) benannt ist. Die schwer wirkenden Möbel hatten vielfach Bronzebeschläge, vergoldete Holzschnitzereien und klassizistische Dekorationsmotive u. ä.
Feston (3.02): Ornament in Form einer Girlande aus Früchten oder Blüten, mit Bändern gebunden und an beiden Enden mit Schleifen aufgehängt, an Stuhllehnen (2.07), Dekorationsmotiv.
Feuerhund: Metallauflagen für Feuerholz im Kamin, oft reich dekoriert.
Feuerstelle (1.38).
Fichte: Verbreitete, dauerhafte Weichholzsorte, das viel als Konstruktionsholz und für Schnitzarbeiten verwendet wird.
Fiedelförmiges Mittelbrett (2.07): Stuhllehne.
Filigran: Zierliche durchbrochene Arbeit aus Gold- oder Silberdraht; seit der Antike für Schmuck benutzt, s. Ajouré.
Fingerzinken: Sonderform der Zinkenverbindung, die maschinell hergestellt werden kann. Zinken und Schwalben haben gerade Kanten und werden einfach ineinandergesteckt.
Finial (2.04): Ausdruck aus dem Englischen für einen dekorativen Knauf, häufig in Form einer Eichel oder einer Urne.
Firehouse-Windsor-Stuhl (1.14).
Firnis: Möbelpolitur auf Öl- oder Lackbasis als schützender Oberflächenabschluß oder zur Zierde. Seit altägyptischer Zeit bekannt, kam im 17. Jahrhundert der Firnis auf Ölbasis wieder auf. Um 1670 gelangten aus Fernost glänzende Sorten auf Lackbasis nach Europa. Moderne Firnisse sind Zelluloselacke, die bereits im 19. Jahrhundert erfunden worden sind.
Fisch (3.07): Motiv.
Fischgrat (3.02): Muster.
Flachbett (1.03, 2.01).
Flach gebogene Front (3.05).
Flambeau: Ziermotiv einer brennenden Flamme.
Flammleiste: Gewellte Leiste, die besonders an Ebenholzmöbeln zur Einfassung von Füllungen verwendet wurde. Im 16. Jahrhundert von Johann Schwanhardt erfunden.
Flaschenbehälter (1.16): Kasten oder Truhe auf hohen Beinen, mit verschließbarem Deckel, um Wein- und Likörflaschen kühl zu lagern, s. Weinkühler. Oft innen mit Metall ausgeschlagen, um Eis zu halten. In dieser Form vom späten 16. bis zum späten 19. Jahrhundert verwendet.
Flechtband (3.02): Französisch Guilloche, Muster.
Fleckenmahagoni: Geflecktes Furnierbild auf Mahagonifurnier.
Fleur-de-lis: Wappen und Symbol der Könige von Frankreich, wird auch als Möbelschmuck verwendet.
Fleuron: Ornament in Form einer Blume.
Flug (3.08): Motiv.
Fondeur-ciseleur: Ein der Zunft der Metallgießer (fondeurs) angehörender Kunsthandwerker, der das Vorrecht hatte, Metallbeschläge für Möbelappliken zu gießen und zu ziselieren.
Formica: Handelsname für einen hitzebeständigen, leicht sauber zu haltenden Kunststoff, der

Francois-I.-Stil: Eichentruhe, ca. 1530

als Belag für Arbeitsflächen in Küchen verwendet wird. Es ist ca. 5 mm stark und wird auf Sperrholz geleimt.
Formlagenholz: Kunstharzverleimtes Schichtholz, das mit Wärme unter Druck in Form gepreßt wird.
Fortner, Franz Xaver (1798–1877): Süddeutscher Kunstschreiner, der Boulle-Arbeiten im neugotischen Stil anfertigte.
Fournier-Hocker (1.11): A. M. E. Fournier war ab 1850 in Paris als Polsterer und Möbeldesigner tätig, 1867 stellte er auf der Weltausstellung aus. In Schloß Compiègne befindet sich einer seiner »pouf à cordes«, die von der Firma Baccarat auch mit gläsernem Gestell angefertigt wurden.
Fransen: Beliebter Abschluß von Raumtextilien, zumeist mit Gold- oder Silberfäden.
Freischwinger (1.06): moderne Sesselform.
Fries (2.14): Teil des Gebälks, wird im Möbelbau als Schmuckmotiv eingesetzt.
Frisiersessel (1.07, **Frisierspiegel** (1.29), **Frisiertisch** (1.32).
François-I.-Stil (vgl. Zeittafel): Französischer Stil während der Regierungszeit König François' I. (1515–47). Italienische Einflüsse brachten für Möbel größere Farbigkeit und Schnitzarbeiten. Charakteristisch sind die Verwendung architektonischer Elemente im Möbelbau, Arabeskenornamente und manieristische Motive. Das meistverwendete Holz war Nußholz.
Frühstückstisch (1.31).
Fulcrum (1.03): Kopfteil der römischen Kline. Es diente als Körperstütze, wenn man essend auf der Kline lag.
Füllen: Vor dem Auftragen einer Schellackpolitur werden die Poren grobporiger Holzfurniere mit Holzstaub gefüllt.
Füllhorn: Fruchtbarkeitssymbol, wird seit der Renaissance an vielen Möbeln verwendet.
Füllung (2.05, 3.05): Brett, das in einen Rahmen eingelassen ist. Es kann innen im Rahmen liegen, in einer Fläche abschließen oder aufgesetzt sein. Im Möbelbau beliebte Konstruktionsart in Renaissance und Barock.
Fünfteiliger Kleiderschrank (1.22).
Funktionalismus: Theorie, daß Gegenstände, die gut funktionieren und deren Material rationell und der Verwendung entsprechend eingesetzt ist, notwendigerweise schön sind, und daß diejenigen, die nicht gut funktionieren und die das Material verschwenden, nicht schön sein können. Die Idee war richtungweisend für die Vertreter der Klassischen Moderne, die Architekten des Internationalen Stils und die Mitglieder des Bauhauses.
Furnier: Sehr dünn gesägte Schichten Holz oder anderen Materials (Ebenholz, Elfenbein, Schildpatt), das auf andere Oberflächen zu deren Schutz oder Verzierung aufgebracht wird. Antiken Ursprungs, wurde die Technik für Intarsien wiederentdeckt und fand, ausgehend von den Niederlanden, seit dem 17. Jahrhundert weite Verbreitung.
Fuß: Unterster Teil des Beines, an Möbeln meist verziert.
Fußkissen: Dickes Polster auf Fußschemeln oder Kirchenbänken.
Fußschemel (1.08).
Fußteil (2.01): Teil des Bettes, s. Kopfteil.
Gabun: a) Minderwertige Mahagonisorte aus Gabun (Westafrika), b) das dunkelste Ebenholz aus dieser Region.
Galerie (2.06): Kleine, geländerartige Einfassung an einer Tischplatte oder an einem Kastenmöbel. Sie kann aus Metall oder Holz sein, als Ajouré-Arbeit oder in Form einer Balustrade. Sie verhindert, daß kleine Gegenstände herunterfallen.

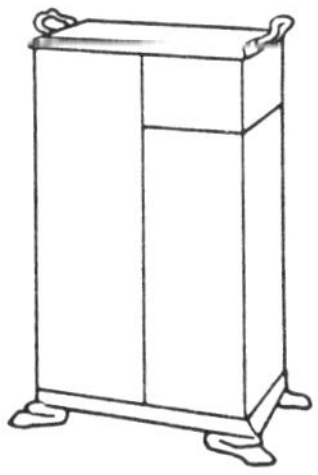
Gallée: Schirmständer, ca. 1900

Gallée, Emile (1846–1904): Französischer Designer und Glasfabrikant während des Jugendstils, Begründer der »Schule von Nancy«. Gemeinsam mit Louis Majorelle (1859–1926) entwarf er nach 1885 ein weites Spektrum an Möbeln. Charakteristisch ist die Verwendung vielfältigster Holzsorten und naturalistisch geschnitzter Dekor.
Garbe (3.07): Ornamentmotiv eines Getreidebündels.
Garbenförmige Stuhllehne (1.12, 2.07, 2.08).
Garderobe (1.29).
Garnspulenförmiges Möbelbein (2.10).
Gate leg (2.06): Englische Tischkonstruktion, wobei eine ausgeklappte Platte von ausschwenkbaren Beinen gestützt wird.
Gebälk (2.14): Bereich über einer Säule.
Gebauchte Kommode (1.16), Umriß und Form (3.05): Möbelfronten oder Seiten sind gebaucht, französisch »bombé«.
Gebogene Sitzfläche (2.03).
Gebrochener Ziergiebel (2.14), mit Mittelbekrönung (2.14).
Gedrechseltes-Tropfen-Möbelbein (2.10).
Gedrehte Drechselarbeit (2.11).
Gefälzte Holzverbindung (2.15).
Gedrückter Kugelfuß (2.09), Drechselarbeit (2.11).
Gefleckt: Spritzer oder Flecken auf Furnier.
Geflochtene Sitzfläche (2.03).

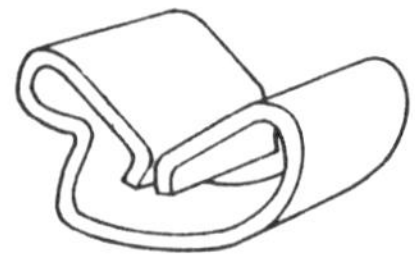

Gehry: Hocker aus Karton

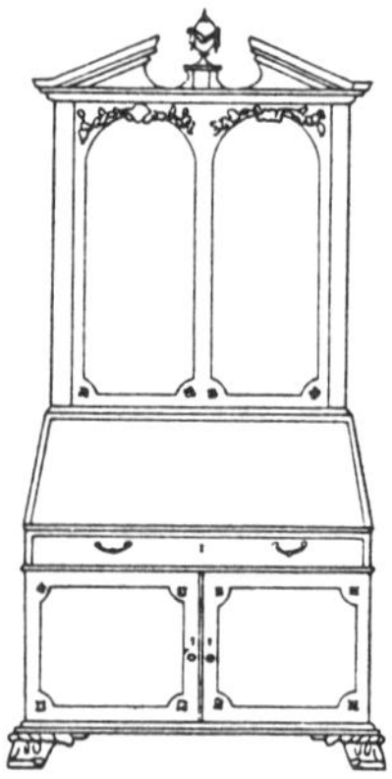

Georgian Stil: Schreibtisch mit Vitrinenaufsatz, ca. 1760

Gillow: Aufsatzpult, ca. 1835

Geflügelter-Drache (3.08): Motiv.
Gefügte Verbindungen (2.16).
Gegratete Holzverbindungen (2.10): Wird für Regalfächer verwendet oder als Unterzug einer Massivholzplatte, um ein Werfen zu verhindern.
Gegurtete Sitzfläche (3.02)).
Geheimschublade (2.04): Verstecktes Fach oder Schublade, erstmals um 1650 verwendet.
Gehrung: Holzverbindung im rechten Winkel mit diagonalem Schnitt.
Gehrungszinken (2.17).
Gehry, Frank: Kanadischer Architekt und Designer, der seit den 1970er Jahren mit Wellpappe als Material für den Möbelbau experimentierte. 1980 entwarf er den sog. Little beaver, einen Hocker aus Doppelwellpappe, die horizontal verarbeitet ist.
Geißblatt: s. Anthemion.
Gekalkte Eiche: Mit Kalk behandeltes Eichenholz, wobei der Kalk in den Poren zurückbleibt und die Maserung des Holzes besonders hervorhebt; wird auch mit Eschenholz praktiziert.
Gekerbter Baluster (2.10), (2.09), (2.11).
Gekonterte Federn (2.16): Holzverbindung.
Gemmen: In Stein geschnittene Profilköpfe, die seit der Renaissance als Möbeldekoration verwendet werden.
Georgian Stil (vgl. Zeittafel): Oberbegriff für Dekorationsstile während der Regierungszeiten George I., II., und III. (1714–1811). Er umfaßt die englischen Versionen des Spätbarock, Rokoko und Klassizismus, einschließlich Gothic Revival. Einflußreiche Kunsttischler waren Chippendale, die Brüder Adam, Hepplewhite und Sheraton.
Gepolsterte Rückenlehne (2.10), **Gepolsterte Sitzfläche** (2.03).
Gerade Front (3.05), Holzverbindungen (2.15), überplattet (2.15).
Geräucherte Eiche: Mit Ammoniakdampf gelbgefärbtes Eichenholz; wurde vor allem zu Anfang des 20. Jahrhunderts verwendet.
Geripptes Möbelbein (2.10), Drechselarbeit (2.11), Wulstprofil (3.04).
Geschiftete Holzverbindung (2.15).
Geschirrkasten (1.20), **Regal** (1.40), **Schrank** (1.22).
Geschnitzte Bekrönung: Beliebtes ornamentales Motiv an Kastenmöbeln oder Spiegelrahmen der Renaissance und des Barock.
Geschnitzte Lehne (2.07).
Geschweifte Stuhllehne und Säbelbeine (1.11), **Sprossenlehne** (2.08).
Gesims (2.14).
Gesprengter Giebel (2.14), **Dreipaßgiebel (2.14).**
Gesso: Mischung aus Gips und Kleister, die man, wenn sie trocken ist, schnitzen, vergolden und bemalen kann. Im 17. und 18. Jahrhundert machte man vor allem in England plastische Möbeldekorationen aus Gesso.
Gestanzte Beschläge (2.13).
Gestopptes Band (2.12).
Gestufte Kehlung (3.05): Umriß.
Geweihmöbel: Rustikale Möbel, die aus Hörnern und Geweihen hergestellt sind (1.09). Der Hamburger Möbelfabrikant M. F. C. Rampendahl brachte sie um die Mitte des 19. Jahrhunderts auf den Markt.
Giebel: Dreieckige Spitze an der Front der Dachkonstruktion.
Gillow, Robert (1703–72): Gründer einer berühmten englischen Kunstschreinerdynastie, die in Lancaster und London (Oxford Street 1761–1906) ansässig war. Die Produktion begann 1731, nach 1760 wurden die meisten Möbel mit Namen gestempelt. Als »Waring & Gillow« bestand die Firma bis 1974. Die Firma hatte Hepplewhite beschäftigt und außerdem den Billiardtisch (1760–70) und den Eßtisch mit Teleskopauszug (ca. 1800) (2.09) erfunden.
Girandole (1.38): Französischer, sehr gebräuchlicher Ausdruck für Kerzenleuchter. In England werden Wandleuchter im Rokoko-Stil so genannt. Es handelt sich um reich verzierte Kandelaber, oft mit geschliffenen Kristall- oder Glasgehängen.
Girlande (3.08): Zierband, das als Stoffdraperie an beiden Seiten mit einer Schleife festgebunden oder in Form von Festons aus Blumen oder Früchten bestehen kann. Beide Motive haben ihren Ursprung in der antiken Tempelausstattung.
Gitterwerk (3.07): Geometrisches Linienmuster, als Relief oder Ajouré-Arbeit in Holz oder Metall ausgeführt (Rokoko und Chippendale).
Giraffenklavier (1.39).
Glasgitter: Verziertes Gitter aus Holz oder Metall (Messing oder vergoldet), die Glastüren an Schränken schützen oder ersetzen sollen.
Glasleiste: Leiste aus Holz, die mit Kitt die Scheibe im Rahmen hält.
Glasgow-Schule (vgl. Zeittafel): Eine Gruppe von Architekten und Designern, die mit der »Glasgow School of Art«, der Kunstschule in Glasgow, verbunden waren. C. R. Mackintosch und seine Frau, Margaret Macdonald, ihre Schwester Frances und deren Ehemann Herbert MacNair waren die führenden Köpfe. Sie entwickelten eine nüchterne Version des Jugendstils mit keltischen Motiven, die ab 1898 in London auf den Markt kam.

Godwin: Vom Japonismus beeinflußter Aufsatzschreibtisch, schwarz gebeizt, 1877

Gragg: Bugholzstuhl, 1808–15

Heal: Schlafzimmerschrank mit Schubladen

Glastonbury (1.08): Klappstuhl, der sich angeblich im Besitz des letzten Abtes von Glastonbury befand. Der Abt wurde von Heinrich VIII. hingerichtet; Tudor-Stil.
Glastüre (2.04).
Globusständer (1.29).
Gobelin: Gewirkter Bildteppich, der als Wandteppich dient. Echte Gobelins stammen aus der »Manufacture royale des Gobelins«, die unter Louis XIV. im Louvre gegründet wurde.
Godronierung (3.01, 3.08): Oberflächendekor in Form von runden oder länglichen, auch leicht verzogenen Buckeln, bevorzugt an Tischkanten und Schrankgesimsen im 17. und 18. Jahrhundert.
Godwin, Edward William (1833–86): Englischer Architekt und Designer, der die Wiederbelebung des Queen-Anne-Stils anregte. Um 1861 interessierte er sich für japanische Designs und erfand den sog. »anglo-japanischen« Stil in der Art-Furniture-Bewegung. Der Schriftsteller Oscar Wilde war einer seiner Auftraggeber.
Goldregen: Gelbliches europäisches Hartholz. Es wurde im späten 17. und 18. Jahrhundert für Einlegearbeiten und Austernfurnier verwendet.
Gothic Revival (vgl. Zeittafel): Englische Version der Neugotik, die etwas früher einsetzt. S. Pugin.
Gothic scroll (1.14, 2.07): Typisch englisches Motiv.
Gotik (vgl. Zeittafel): EuropäischerStil des 12.–16. Jahrhunderts, der ab dem 18. Jahrhundert wiederbelebt wurde. Es entstanden Kastenmöbel aus massivem Eichenholz, die nach der Manier der Steinmetze geschnitzt waren, mit Spitzbogen und lebhafter Bemalung. Der Schrank entstand, der Sessel in Rahmen- und Füllungskonstruktion (1.05), Schemel und Bank mit seitlichen Wangen (1.05) und das Faltwerk (3.01).
Gragg, Samuel (1772–1855): Einer der ersten Hersteller von Bugholzmöbeln in Amerika. 1808–15 ließ er seinen »Elastic«-Stuhl in Boston patentieren.
Grandfather (1.13): Ohrensessel.
Gratverbindungen (2.16).
Greif (3.07): Motiv.
Griechisch-antike Möbel: Nur Bilder geben Auskunft über ihr Aussehen vom 9. Jahrhundert v. Chr. bis zur Römerzeit, da sich fast kein Exemplar erhalten hat. Typisches Möbel war die Kline (1.03), ein Sofa, an Stühlen gab es Diphros (1.08), Diphros Okladios (1.08) und den Klismos (1.09), der eine Erfindung der Griechen ist. Tische konnten drei oder vier Beine haben und waren so niedrig, daß sie unter die Kline geschoben werden konnten. Der Schrank taucht erstmals auf, der sog. Kibotos (Truhe) hatte ägyptische Vorbilder.
Griffe (2.05, 2.13): Form von Möbelbeschlägen.
Griffmulde (2.13).
Grisaille: Malerei in Grautönen, die Reliefs nachahmt; findet sich vielfach an klasszistischen Möbeln und an den Entwürfen Adams und Sheratons.
Groteske: Dekoration aus kleinen Motiven, der Arabeske nicht unähnlich, jedoch enthält sie auch menschliche Figuren, Affen, Sphingen, Vögel, Fische u. ä.
Guadameci: Spanische Bezeichnung für fein gepunztes Schafsleder mit leuchtend gefärbten und vergoldeten Mustern, das im 15. und 16. Jahrhundert als Möbelbezug verwendet wurde. Es ist nach der Stadt Gadames in Libyen benannt.
Guarea: Westafrikanisches Hartholz, das wie Mahagoni aussieht, jedoch härter ist.
Guéridon (1.29, 1.30, 1.36): Französisch für Leuchtertisch, Kleinmöbel, vor allem zum Abstellen von Kerzenleuchtern, z. B. in Form eines hohen runden Tischchens oder eines Balusters mit Dreifuß und Tragplatte.
Guilford-Kommode (1.17): Bemalte Kommode, typisch für die Gegend von Guilford, Connecticut. Der Dekor ist vom Tudor-Stil und von holländischen Traditionen beeinflußt.
Guilloche (3.02): Flechtbandmuster.
Gummihölzer: Im Möbelbau werden das schwarze Holz, Tupelo, und süßriechende Sorten verwendet. Sie sind hart und gut zu beizen, werfen sich jedoch leicht, wenn sie vor der Verarbeitung nicht wärmebehandelt werden.
Gußeisenmöbel: Sie wurden in Europa seit dem Klassizismus hergestellt und fanden vor allem in Eingangshallen und im Freien Verwendung.
Guttae (3.01): Tropfenförmiges Ornament der dorischen Ordnung.
Guttaeförmiger Möbelfuß (2.09).
Hadley-Kommode (1.17): Amerikanisches Schnitzmöbel des späten 17. Jahrhunderts, das aus der Gegend um Hadley, Massachusetts, kommt.
Handkerchief-Tisch (1.34): Amerikanische Tischform mit dreieckigen Platten, die sich beim Aufklappen zu einem Rechteck ergänzen.
Hängende Verzierung (2.04).
Hängeregal (1.40): Um 1750 waren Hängeregale für Bücher oder Porzellan mit chinoisen Motiven besonders beliebt.
Hängeschrank (1.20).
Halbrundstab (3.03, 3.04): Profil.
Halbschrank (1.20).

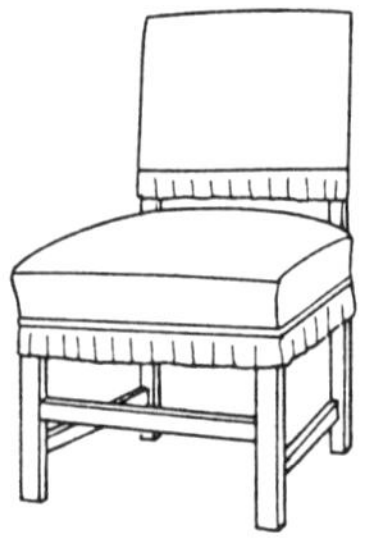

Henri-II.-Stil: Gepolsterter Stuhl

Hepplewhite-Stil: Himmelbett, ca. 1789–94

High-tech-Stil: Hoher Computertisch aus Stahlrohr, mit ausziehbarer Platte für die Tastatur

Hochzeitstruhe: Pennsylvania-Dutch-Truhe, ca. 1800

Hope: Runder Tisch mit Säulenfuß, 1807

Halbverdeckte Zinken (2.17): Stuhllehnen.
Handarbeitstisch (1.31, 1.35).
Harewood: Englischer Ausdruck für gebeiztes oder gefärbtes amerikanisches Sykomorenfurnier (Bergahorn), das in England viel für Marketerien verwendet wird.
Harlequin table (1.34): Englischer Tisch des späten 18. Jahrhunderts, an dem der Schubladenaufsatz vermittels Gewichten unter die Tischplatte versenkt werden kann.
Hartholz: Hartes, dauerhaftes Holz, meist teuer und schwieriger zu bearbeiten als Weichholz.
Haselnußholz: Glattes Hartholz, das hauptsächlich in den USA im Möbelbau Verwendung findet. 1900–50 wurde es viel nach England exportiert.
Haster: Schrank mit offener Rückwand zum Tellerwärmen. Der Ausdruck taucht 1788 in einem Katalog der Firma Gillows erstmals auf.
Haupt, Georg (1741–84): Schwedischer Möbelschreiner des 18. Jahrhunderts, der lange Zeit im Ausland gearbeitet hatte, bevor er 1769 den Louis-XVI.-Stil an den schwedischen Hof brachte.
Heal, Sir Ambrose (1872–1959): Englischer Möbeldesigner. Unter seiner Leitung erlangte die Möbelfirma seines Vaters ab 1893 eine einflußreiche Stellung innerhalb der Arts-und-Crafts-Bewegung. In den 20er Jahren wurde mit Stahlrohr gearbeitet. Heals Sohn Christopher (geb. 1911) gehörte ab 1934 zu den wichtigsten Designern der Klassischen Moderne. (Abb. S. 85.)
Henri-II.-Stil (vgl. Zeittafel): Französische Version des Manierismus im 16. Jahrhundert. Charakteristisch sind Schnitzwerk an Betten, Arabesken und Gitterwerk, Figurenschmuck und hängende Verzierungen an Tischen. Stühle wurden weniger behäbig, der Caquetoire Sessel (1.06) ist ein typisches Beispiel, s. Sambin.
Hepplewhite-Stil (vgl. Zeittafel): Möbel, die nach den Entwürfen des Londoner Geschäftsinhabers George Hepplewhite (tätig um 1760–1786) gefertigt sind. Sein postum veröffentlichter »Cabinetmaker and Upholsterer's Guide« (1788, verbesserte Auflagen 1789, 1794) erhielt nahezu 300 Zeichnungen. Seine einzigen signierten Arbeiten sind 10 Entwürfe in einem Katalog desselben Jahres. Hepplewhite wandelte den Stil Robert Adams ab und paßte die Möbel den technischen Möglichkeiten der durchschnittlichen Schreinerwerkstatt an. Seine Möbel sind einfach und durchdacht, wirken dabei jedoch elegant und vornehm. Charakteristisch sind leicht gebogene Möbelfronten, schildförmige Stuhllehnen (vermutlich erstmals bei Gillow), Fenstersitze und die Prince-of-Wales-Federn.
Hepplewhite-Sofa (1.25), **Hepplewhite-Stuhl** (1.12).
H-förmiges Scharnier (2.12), **Stegverbindung** (2.03).
Hickory: Hartholz der amerikanischen Ostküste von hellroter Färbung; wird für die Sprossen der Windsor-Stühle und an Adirondack-Möbeln verwendet.
Highboy/Tallboy (1.17): Englische Aufsatzkommode mit Schreibklappe und Schublade.
High-tech (vgl. Zeittafel): Internationaler Stil für funktionelles Möbeldesign, der in den 1970er Jahren von Amerika ausgehend neuartige Entwürfe nach ergonomischen Gesichtspunkten brachte.
Himmelbett (1.02, 1.04).
Hirsch (3.08): Motiv.
Hochviktorianischer Stil (vgl. Zeittafel): Entspricht dem Neurokoko.
Hochzeitstruhe (1.16, 1.17): Aufbewahrungsmöbel für die Mitgift einer Braut. Die Formenvielfalt reicht von der Brauttruhe (1.17) über den Cassone (1.16) bis zu Pennsylvanien-deutschen Möbeln.
Hocker (1.05, 1.07–1.13): Niedriges Einzelsitzmöbel ohne Rückenlehne oder Armstützen.
Höckerlehne (2.07), **Sofa** (1.25).
Hohlkehle (2.14), (2.16), (3.03).
Holzverbindungen (2.15–2.17).
Holzsitz (2.03), **-stuhl** (1.13): Typisch für die Gegend um Yorkshire.
Hope, Thomas (1769–1831): Schottischer Schriftsteller, Designer und Kunstmäzen, der sehr eigenwillige Möbelentwürfe im Regency-Stil veröffentlichte. Mit seinem »Household Furniture and Interior Design« (1807), einer Sammlung von Dekorationsvorlagen, führte er den ägyptischen Geschmack in England ein.
Hoppenhaupt, Johann Michael (1709–55) und **Johann Christian** (1719–86): Die Brüder lieferten ab 1740 Entwürfe für die Innendekorationen der Paläste Friedrichs des Großen. Gemeinsam mit Johann August Nahl (1710–85) führten sie das Rokoko in Preußen zur höchsten Blüte. Die Brüder arbeiteten mit einheimischen Hölzern in reichen Marketerien und chinoisen Dekoren. J. M. Hoppenhaupt wurde 1746 als Nachfolger Nahls zum Directeur des ornaments ernannt. 1751–55 veröffentlichte er Entwürfe für Sessel, Holzvertäfelungen, für Kommoden mit gebauchter Vorderfront und phantasievolle Konsolen. S. Spindler.
Horizontale Maserung (3.05).
Hufeisenförmiges Scharnier (2.12): Englisches Zierband, Tisch (1.34).
Hufförmiger Möbelfuß (2.09).
Hundekopf (3.06): Motiv.
Hundszahn (3.01): Muster.
Hunt table (1.34), **Huntboard-Tisch** (1.34): Hoher, langer Konsoltisch, meist aus Nußholz mit Schubladen, der ursprünglich aus dem Süden der USA stammt. Er war von 1770 bis 1830

Ince und Mayhew (zugeschrieben): Halbovale Kommode, ca. 1785

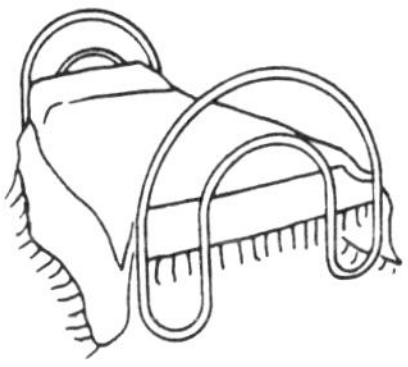

Internationaler Stil: Englisches Bett der Firma Practical Equipment Ltd., 1932–36

Jacobean Stil: Court cupboard, frühes 17. Jahrhundert

Jacob: Wiege für den König von Rom (Napeoleon II.) von François Jacob, 1811

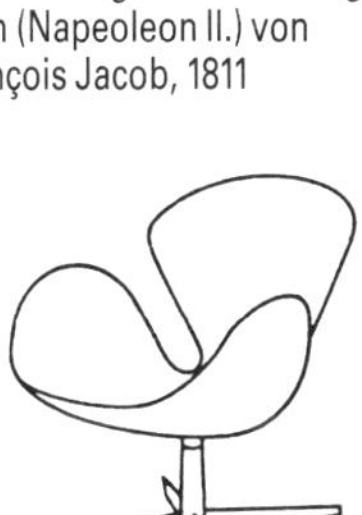

Jacobsen: »Schwan« mit Drehgestell

gebräuchlich und diente zur Bewirtung stehender Gäste, die zumeist Mitglieder einer Jagdgesellschaft waren.

Hunzinger, George (1835–98): Amerikanischer Stuhlmacher und Designer, der 1866 seine eigene Firma in New York gründete. Er ließ über 20 seiner Entwürfe patentieren. Seine Stühle (1.09) sind eigenwillige Kreationen mit üppigen Schnitzereien in Neostilen.

Ince und Mayhew (tätig 1759–1803): Erfoglreiche Londoner Unternehmer, die, als Zeitgenossen von Thomas Chippendale, dessen Entwürfe imitierten. 1762 veröffentlichten sie in 95 Stichen »The Universal System of Household Furniture«.

Indischer Lorbeer: Dunkles Hartholz mit dunkler Maserung, das hauptsächlich in Indien und in den 30er Jahren des 20. Jahrhunderts in England verwendet wurde.

Indiscrèt (1.26, 1.27): Sofa.

Initialen (3.07): An Möbeln die Anfangsbuchstaben des Herstellers oder Auftraggebers.

Intaglio: Das Gegenteil von Reliefschnitzerei, das Muster wird in den Grund geschnitten (Tiefschnitt).

Intarsien: Einlegearbeit mit Holz oder anderen Materialien, die Bilder sind meist illusionistische Architekturdarstellungen, Landschaften oder Ornamente. Die eigentliche Intarsia entstand im 13. Jahrhundert in Siena und verbreitete sich nach 1495 von Italien aus nach Süddeutschland und Frankreich.

Interlaced-bow-Windsor-Stuhl (1.14).

Internationaler Stil: Ein in Amerika, durch das 1932 in New York erschienene Buch »The International Style, Architecture since 1922«, geprägter Begriff, der den Architekturstil des 2. Viertels des 20. Jahrhunderts bezeichnet. Möbel in einfachen kubischen Formen, funktional und stereotyp, werden bis heute hergestellt.

Ionische Ordnung: Die zweite der antiken Säulenordnungen.

Iroko: Dem Teakholz ähnliches, afrikanisches Hartholz von gelber bis bräunlicher Färbung, wird für Gartenmöbel verwendet.

Isabellino-Stil (vgl. Zeittafel): Spanischer Möbelstil, der dem Ferdinandino folgte. Er entspricht dem Viktorianischen Stil und ist der Neugotik und dem Neurokoko verwandt. Benannt nach der spanischen Königin Isabella (1833–1868). Man verwendete kräftig farbige Ornamente, Vergoldungen und Perlmutteinlagen, charakteristisch sind luxuriöse Polstermöbel.

Jacobean Stil (vgl. Zeittafel): Allgemeine Bezeichnung für englische und amerikanische Möbel des 17. Jahrhunderts. In seiner Anfangsphase unterscheidet er sich kaum vom Tudor, bis manieristische Arabesken und Schnitzwerk vom Kontinent her in England Verbreitung fanden. Möbel verloren ihre Schwere, Polsterungen und der Gate-leg-Tisch (1.34) kamen auf. Während des Commonwealth (1649–60) war Schmuck und Verzierung verpönt, Beispiel dafür ist der Cromwell-Stuhl (1.07), wodurch die Periode als eigene Epoche während des Jacobean betrachtet werden kann. Ab 1660 (s. Restaurationsstil) schloß sich England dem auf dem Kontinent herrschenden Barockstil an, das »Zeitalter des Nußholzes« begann.

Jacob, George und seine Familie (tätig ca. 1755–1847): Die Familie umfaßte drei Generationen hervorragender französischer Ebenisten, die vom Louis XV. bis zum Historismus tätig war. George Jacob (1739–1814) wurde 1765 Maitre menuisier (Meister). Mit seinem Rosettenmotiv gab er dem Louis-XVI.-Sessel seine typische Gestalt. Er verwendete als einer der ersten massives Mahagoni, Säbelbeine und lyraförmige Rückenlehnen (ab 1780), was auf englische Einflüsse zurückzuführen ist. Bis 1792 produzierte er Möbel für die Revolutionsregierung. Vater und Söhne (Georges II., 1768–1802, und François, 1771–1841) wurden gemeinsam zu führenden Herstellern von Möbeln des Directoire, der Konsulatszeit und Empire (für die Paläste Napoleons) und waren noch nach der Restauration 1814–15 tätig. George-Alphonse (1799 bis 1870), der Sohn François', übernahm das Geschäft, bis er es 1847 an Jeanselme verkaufte.

Jacobsen, Arne (1902–71): Dänischer Designer und Architekt, der 1952 mit einem Entwurf für Stapelstühle aus verformtem Sperrholz berühmt wurde. Sie sind Prototypen der Klassischen Moderne geworden und werden bis heute hergestellt. Bekannte Arbeiten sind der »Eier«-Sessel aus fiberglasverstärktem Kunststoff und der in seiner Form geschmeidige »Schwan«-Sessel (1958).

Japonismus: Nachdem 1853 der Handel mit Japan wieder aufgenommen worden war, entstand im späten 19. Jahrhundert eine allgemeine Begeisterung für japanische Kunst. Designer wie z. B. Godwin, ließen sich von japanischer Leichtigkeit, Einfachheit und Asymmetrie für Möbelentwürfe inspirieren. Der Japonismus beeinflußte Art Nouveau und Jugendstil, in Amerika entstanden ab 1870 Bambusmöbel in japanischem Geschmack.

Japan-Lackimitat: Japanlack wurde in ganz Europa imitiert, indem schwarze (oder andersfarbige) Lackoberflächen mit Goldmalerei überzogen wurden. Ab 1650 war Lack aus Japan exportiert worden, er war von höchster Qualität, aber selten und teuer. Ein Abkommen von 1688 trug zur Verbreitung der Technik bei, so daß sie 1740 selbst an der amerikanischen Ostküste bekannt war. Im späten 18. Jahrhundert kam es aus der Mode, um die Mitte des 19. Jahrhunderts erfuhr es eine Wiederbelebung. S. Dagly und Vernis Martin.

Jardinière (1.29, 1.40): Großer, verzierter Blumenbehälter auf einem Standfuß; um 1760 in Frankreich erfunden.

Jugendstil (vgl. Zeittafel): Ganz Europa umfassender Dekorationsstil von 1880 bis zum Ersten Weltkrieg, der im Möbeldesign neue Wege einschlug. Unter dem Einfluß japanischer Kunst verwendete der Jugendstil an der Natur inspirierte Linien und Formen und konnte die Neo-Stile des Historismus, die Architektur und Kunsthandwerk beherrscht hatten, verdrängen. Er wird in Frankreich Art Nouveau, in England Modern Style und in Italien Stile Liberty genannt.

Juhl, Finn (geb. 1912): Einer der ersten dänischen Designer der Klassischen Moderne, in den späten 40er Jahren tätig.

Juhl: Stuhl

Jungfernadler (3.08): Motiv.

Juvarra, Filippo (1678–1736): Sizilianischer Architekt und Bühnendekorateur des frühen Rokoko. Seine im Umriß stark bewegten Möbel finden sich in den von ihm entworfenen Palästen in Messina, Turin, Mafra (Portugal) und Madrid. Er bevorzugte stark plastische Bandwerkschnitzerei an Möbelbeinen, figürlichen Stützen und Einlegearbeiten in großen Bildern.

Juwelendekor: Keramischer Dekor auf Porzellanplaketten und Tischplatten aus Porzellan. Aufgeschmolzene Emailtropfen sehen ähnlich aus wie Edelsteine.

Kabinettschrank (1.18): s. Kunstschrank, Aufsatz (1.19).

Kaffeetisch (1.32).

Kalifornischer Berglorbeer: Gelbliches Holz, gut geeignet als Furnier und für Einlegearbeiten.

Kalken: Das Bleichen von Möbeln mit Kalk, um die Farbe des Holzes aufzuhellen, bevor es grundiert und gefaßt wird. Die Technik findet seit dem 16. Jahrhundert Anwendung.

Kamineinfassung: Seitliche Stützen und Sims; seit dem frühen 16. Jahrhundert verwendet. Im 18. Jahrhundert wird es ein besonders kunstvoll bearbeiteter Teil der Innenausstattung.

Kaminschirm: Rahmen aus Metall oder mit Textil, passend zur Sitzmöbelgarnitur bespanntes Holzgestell, das im Sommer vor den Kamin gestellt wird.

Kamm-Muschel (3.05, 3.08): Sie ist wegen eines charakteristischen, stark ausgefransten Muschelrandes Vorbild für Muschelwerk.

Kanapée (1.25): Sofa.

Kandelaber (1.38): Mehrarmiger Kerzenleuchter.

Kanephore: Motiv einer korbtragenden weiblichen Figur, das als Applike aus vergoldeter Bronze an Louis-XVI.-Möbeln verwendet wurde.

Känguruh-Sofa (1.27).

Kannelierter Wulst (3.04): Sonderformen eines Torus.

Kannelur (3.01): Senkrechte, konkave Rillen am Schaft einer Stütze.

Kantenfräsung (3.05): Flache Vertiefung an den Kanten eines Spieltisches für Spielmarken oder Münzen; seit dem 18. Jahrhundert an englischen Kartentischen und Armlehnen.

Kantiges Möbelbein (2.10): An englischen Möbeln des Rokoko und Klassizismus Marlborough genannt.

Kantprofil (3.03).

Kanzel: Romanische Kanzel in Bitonto, Apulien, ca. 1200

Kanzel (1.30): Erhöhter Standort für die Predigt in der Kirche. Sie kann mehrere Etagen haben und einen Schalldeckel oder Baldachin. Kanzeln entstanden im 12. Jahrhundert in Italien.

Kapitell (2.14): Säulenkopf.

Karnies (3.03, 3.04): Profil.

Kartentisch (1.31, 1.32).

Kartusche (3.06): Dekorationsmotiv, das, beeinflußt von römischen Vorlagen, an Renaissancemöbeln des 15. und 16. Jahrhunderts als Giebelbekrönung von Schränken und Kabinetten verwendet wurde. Sie kann auch eine Inschrift tragen.

Kartuschenförmige Stuhllehne (2.07): Form der Rückenlehne, von der Wappenkunst abgeleitet.

Karyatide: Weibliche Figurenstütze, besonders in Renaissance und Klassizismus verwendet.

Kassette: Kleine Truhe, oft reich geschnitzt, Leder bezogen oder markiert, Vertäfelung (3.05): Im Verbund einer Rahmen- und Füllungskonstruktion.

Kast (1.20): Holländischer Renaissanceschrank.

Kastanienholz: Helle, weichere Hartholzsorte, die sich für Furnier- und Marketerie besonders gut eignet; im frühen 18. Jahrhundert beliebt.

Kasten (1.16).

Kastenbett (1.01), Bank (1.25), Hocker (1.09), Klappbett (1.01), Stuhl (1.05).

Katsura-Holz: Japanisches Hartholz, wird hauptsächlich als Furnier verwendet.

Keeftkast (1.20): Holländischer Barockschrank.

Kegelfries (3.01).

Kehlung: Schmale Furche in einem Profil (3.04) oder an Holzverbindungen im rechten Winkel (2.15).

Keilzinken (2.15): Holzverbindung.

Kelchgehänge (3.06): Dekorationsmotiv aus einer Reihe von Blattkelchen in vertikaler Anordnung. Beliebtes Motiv im Klassizismus. In England wird es seit Charles II. (1630–85) verwendet.

Kerben: Einfache Methode, Holz zu verzieren.

Kerbschnitt (3.06, 3.07): Geometrisches, meist plastisch geschnittenes Ornament des Mittelalters bis zum 17. Jahrhundert. Es wurde mit Stichel oder Hohleisen hergestellt. Profil (3.04).

Kerzenbehälter (1.40): Wurde an der Wand befestigt.

Kerzenleuchter (1.38): Kurzer Kerzenständer, meist aus Metall, seit dem 16. Jahrhundert verbreitet.

Kette (3.02): Motiv.

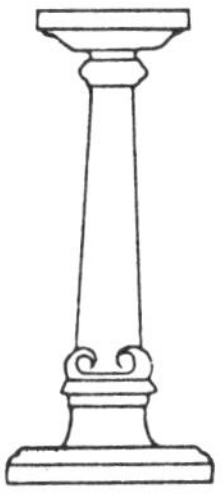

Klassizistische Möbel: Ständer von J. F. Neufforge, 1765–68

Kleiderschrank: Entwurf aus Hepplewhites »Guide...« (3. Auflage, 1794)

Knoll Associates: Ottomane aus Plastik und Schaumstoff von Ero Saarinen, 1948

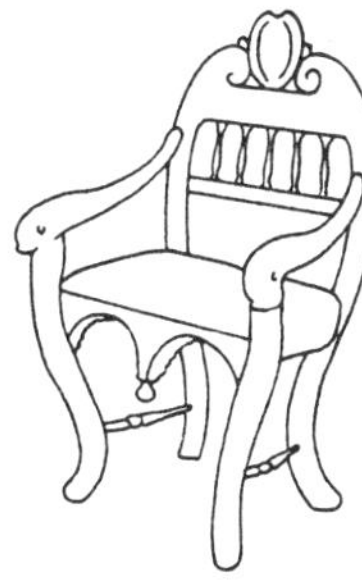

Knorpelstil: Holländischer Sessel aus Eiche, frühes 17. Jahrhundert

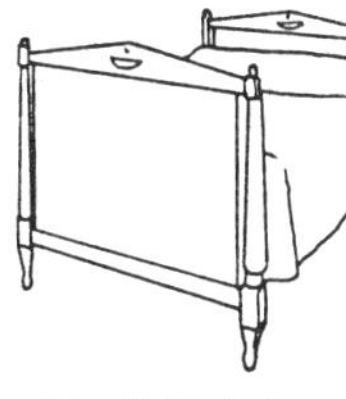

Konsulatsstil: Lit droit

Kielförmiges Profil (3.04).
Kinderbett (1.02), **-stuhl** (1.09, 1.10).
Kirchenbank (1.10).
Kiri: Silberfarbiges japanisches Weichholz, das besonders für Kommoden zur Aufbewahrung von Seidenstoffen verwendet wurde.
Kirschholz: Hartholz hoher Qualität, für den Möbelbau besonders gut geeignet; von hellem rotbraun bis orange in der Farbe, leicht zu polieren.
Kissenschrank (1.21): Besonders in Holland im 17. Jahrhundert hergestellt und wegen seiner kissenförmigen Kassetten so genannt.
Kistenscharnier (2.12).
Klappliege (1.02).
Klappsekretär (1.23, 1.24): Schreibmöbel mit einer Klappe als Schreibfläche.
Klapptisch (1.37).
Klassische Moderne: Es gibt keine allgemein gültige Definition des Begriffs. Ausgehend von den Prinzipien des Bauhauses sind solche Möbel gemeint, die materialgerecht und ohne Verzierungen hergestellt, ergonomisch und massenproduzierbar sind. Streng genommen hat die Verwendung eines Materials in einer Technik nur eine gestalterische Lösung. Viele Modelle der Klassischen Moderne werden in Neuproduktion wiederhergestellt. Die wichtigsten Vertreter sind die Mitglieder des Bauhauses, Aalto, Corbusier, Eames, Klint, Jacobsen, Heal und Russell.
Klassizismus (vgl. Zeittafel): Die Möbelformen entstanden nach Vorbildern der griechischen und römischen Antike, wie sie seit 1740 bei archäologischen Ausgrabungen gefunden wurden. Der Klassizismus dauerte ca. von 1760–1840 und hatte unterschiedliche nationale Prägungen.
Klauenfuß (2.09).
Klavierband (2.12), **-stuhl** (1.10).
Klavier mit Aufsatz (1.39).
Kleiderschrank mit gebrochener Front (1.22).
Kleiner Baldachin (2.01).
Kleiner Schreibsekretär (1.23, 1.38): Kleiner, flacher Sekretär, der, vor den Kamin gestellt, vor Hitze und zu großer Helligkeit schützt, während die Füße gewärmt werden. Dieser Typus wurde um 1788 von Thomas Shearer in England erfunden.
Kline (1.03): Liege, deren Form auf das attische Griechenland zurückgeht, um 500 v. Chr.
Klint, Kaare (1888–1954): Wichtiger dänischer Designer skandinavischer Möbel, er wird der Klassischen Moderne zugerechnet. Ab 1924 leitete er die neu eingerichtete Möbelklasse der Königl. Kunstakademie in Kopenhagen. Seine Idee war, Möbel nach technologischen, wirtschaftlichen und ergonomischen Gesichtspunkten zu entwerfen. Er arbeitete mit unbehandeltem Holz, Naturfarben und verwendete keine Ziermotive.
Klismos (1.09): Die Stuhlform geht auf das attische Griechenland zurück, um 500 v. Chr.
Knauf (2.13): Möbelgriff.
Knettrog (1.39): Behälter zur Herstellung von Brotteig, können reich verziert sein.
Knieförmiges Möbelbein (2.10).
Knoll Associates/International (seit 1939): Möbelfirma in New York, die die Entwürfe der führenden Designer der Klassischen Moderne herstellt und vermarktet.
Knollenförmige Drechselarbeit (2.11).
Knorpelstil (vgl. Zeittafel): In Holland entstandene, geschmeidige Variante des Spätmanierismus im 17. Jahrhundert. Der englische Ausdruck Auricular style bedeutet Ohrmuschelstil.
Knuckle: Bugstück an der Armlehne des Windsor-Stuhles.
Kofferkiste (1.17).
Kohlenkasten (1.38): Mit einem inneren Kasten zum Herausnehmen und einer Halterung für die Kohlenschaufel.
Kommoden (1.16, 1.17).
Kompositordnung: Säulenordnung, die kombiniert ist aus ionischer und korinthischer Ordnung.
Königsholz: Palisanderholzsorte aus Brasilien. Es hat dichte Fasern von dunkel rotbrauner Färbung; im 17. und 18. Jahrhundert häufig verwendet.
Konische Form (2.10, 3.05).
Konsole (1.33, 2.05): Aus der Wand vorkragender Sockel aus Holz oder Stein.
Konsoltisch (1.32, 1.33, 1.35, 1.36).
Konstruktionsholz: Holzteile, die zum Bau des inneren Rahmens, des sog. Korpus, verwendet werden. Meist Holz minderer Qualität.
Konstruktionsrahmen (2.04): Grundgerüst eines Möbels.
Konstruktionsteil: Einzelteil einer Möbelkonstruktion.
Konsulatsstil (vgl. Zeittafel): Kurze Stilperiode in Frankreich, benannt nach Napoleon Bonapartes Stellung als Erster Konsul (1799–1804). Die Formen sind strenger und schmuckloser als im vorangegangenen Directoire, militärische und ägyptische Motive des folgenden Empires fanden bereits Verwendung. Neuartig war das Lit droit und das Lit en bateau (1.03).
Kontern (3.05): Eine Methode der Holzverarbeitung, Negativ- und Positivformen so ineinanderzusetzen, daß die Teile sich nicht verschieben können.
Kopfbrett (2.01): Teil eines Bettes mit Baldachin.

Kopfstütze: Kissen oder Polster zur Stütze des Kopfes.
Kopfteil (2.01): Teil des Bettes.
Korbmöbel: Vor allem geflochtene Sitzmöbel in einer Technik, die aus der antiken Korbherstellung kommt. Im 19. Jahrhundert wurden Weidenruten von Rattan verdrängt. Der Korbsessel (1.05) hat die typische Form und wird seit dem römischen Kaiserreich so angefertigt. Korbmöbel sind leicht und bequem und können daher im Sommer gut im Freien verwendet werden.
Korbsessel (1.05, 1.13), **Korbwiege** (1.01).
Korinthische Ordnung: Die dritte der griechischen Säulenordnung.
Koromandelholz: Schwarz-gelb gestreifte Ebenholzsorte, die sich als Furnier und für Einlegearbeiten eignet. Wird auch Zebraholz genannt.
Koromandel-Lackarbeiten: Geschnitzte, bemalte und farbig mit chinoisen Motiven lackierte Holzgegenstände. Vor allem Wandschirme wurden seit dem späten 17. Jahrhundert aus Vorderindien importiert.
Krabbe (3.06): Motiv.
Krankensessel (1.09).
Kranz (3.08): Motiv.
Kredenz (1.33).
Kreuzblume (3.06): Wird an gotischen Kathedralen als Fassadenschmuck verwendet.
Kreuzsteg (2.03): Stuhlkonstruktion.
Kreuztischgestell: X-förmiges Tischuntergestell, in Gotik und Renaissance verbreitet.
Kreuzüberplattung (2.15).
Kronleuchter (1.38): Mehrarmiger Leuchter oder Kerzenhalter, der von der Decke hängt. In gotischen Kirchen meist aus Holz oder Eisen, seit dem 18. Jahrhundert eher aus Messing, Silber, Glas oder Kristall.
Kürbisförmiger Möbelfuß (2.09).
Kunstschrank (1.20): Schaumöbel des 16.–17. Jahrhunderts mit vielen Schubladen und Fächern für Schreibsachen oder Kunst- und Wertgegenstände. Vorgänger ist das Vargueño.
Kugelfries (3.01): Muster.
Kugelfuß (2.09), **Kugel-und-Klauenfuß** (2.09): Typisch englischer Möbelfuß, **Kugel-und-Zylinder** (2.11).
Kylix (3.07): Klassizistisches Dekorationsmotiv an Möbeln in Form einer antiken Trinkschale (2.13), von Hepplewhite oft verwendet.
Kyma (3.03, 3.04): Blattwelle; Profil.
Lacca contrafatta: Norditalienische, speziell venezianische Methode, um Lackarbeiten billig zu imitieren. Ausgeschnittene Drucke wurden auf bemalte Oberflächen geklebt und mit Klarlack überzogen.
Lack, Lackmalerei: Baumharze orientalischen Ursprungs werden in Alkohol gelöst und in bis zu 20 Schichten auf Oberflächen aus Holz oder Metall aufgetragen oder kleine Objekte daraus gefertigt. Jede Schicht wird poliert, um eine durchscheinende Wirkung zu erzielen. Durch Importe ab 1614 wurden in Europa bald Imitate dieser altorientalischen Kunst hergestellt (s. Lackimitate).
Lack burgauté: Japanische kunsthandwerkliche Technik, bei der Perlmuttstücke auf Lackarbeiten aufgebracht werden. Sie wurde besonders im 18. Jahrhundert und während des Art Deco in Europa kopiert.
L-förmiges Scharnier (2.12).
Lambrequin (2.02): Verzierung an einem Möbel, die Stoffbehang bzw. mit Quasten versehenen Gewandsaum imitiert.

Lannuier: Klapptisch

Lannuier, Charles-Honoré (1779–1819): In Paris ausgebildeter amerikanischer Kunstschreiner. 1803 emigrierte er nach New York, um dort eine zierlichere Version von Empire-Möbel aus importierten Materialien herzustellen. Zusammen mit Duncan Phyfe schuf er einen selbständigen Stil, das New Yorker Empire.
Lärche: Hellrotes Weichholz, das im 18. Jahrhundert als Holz minderer Qualität verwendet wurde.
Laterne (1.38).
Lath-and-baluster-, Lath-back-Windsor-Stuhl (1.14): Variante des Wycombe-Stuhls.
Latte: Leiste an leichten Möbeln wie den Windsor- oder Liegestühlen, auch an Bettgestellen verwendet.
Lattenrost (2.01): Teil des Bettes.
Lattensitz (2.03).
Laub- und Bandelwerk: Spätbarockes Ornament aus Bändern und Blättern, das vor allem 1680–1725 verwendet wurde.
Laufender Hund (3.02): Antikes Muster, das an Gesimsen und Kanten von klassizistischen Kastenmöbeln viel verwendet wurde.
Laufleiste: Hölzerne Schiene entlang einer Schubladenseite als Schub- und Gleithilfe.
Lazy Susan (1.29): Stummer Diener.

Le Corbusier: Liege, 1927

Le Corbusier (Charles-Edouard Jeanneret) (1887–1965): Wohl der einflußreichste moderne Architekt. Mit seinem Cousin Pierre Jeanneret und Charlotte Perriand begann er 1926–29

Möbel zu entwerfen. Er verwendete Leder und Stahlrohr für solche Klassiker wie die verstellbare Liege LC4, die »Machine à repos« und den Sessel »Grand comfort«.

Leder: An Möbeln wird es seit altägyptischer Zeit als Bezug verwendet. Mit gepunzten Mustern oder Ziernägeln aus Messing ist es typisch für alle Renaissance- und Barockstile, an englischen Stuhllehnen ab 1645. In Louis XIV.- und Chippendale-Stil wurde neben Kalbs- und Rindsleder marokkanisches Ziegenleder verarbeitet. Es gibt vielfältige Bearbeitungsweisen und Muster.

Lederbespannte Stuhllehne (2.08).

Legrain, Pierre (1889–1929): Führender französischer Designer des Art Deco, der eine Ausbildung als Buchbinder hatte. In den 20er Jahren entwarf er afrikanisch beeinflußte Hocker und ein Klavier mit gläsernem Gehäuse. Er verwendete vor allem Chromstahl, Pergament und Samt.

Louis-XIII.-Stil: Kabinettschrank

Lehne mit Girlanden (1.11).

Lehnsessel (1.06, 1.10).

Leopardenkopf (3.07): Motiv.

Lesbisches Kyma (3.02): Konvex-konkave Blattwelle mit Herzlaub und Spitzen.

Lesepult (1.30), **Leseliege** (1.27, 1.28), **Lesesessel** (1.11).

Leuchtertisch (1.29): Kleiner drei- oder vierbeiniger Ständer, kleiner als das Guéridon. Seit dem späten 17. Jahrhundert wird es auch Torchère genannt.

L-förmiges Scharnier (2.12).

Liberty Style: siehe Jugendstil.

Lichtschirm (1.38).

Liege (1.28), **Liegestuhl** (1.12).

Lilienfries (3.01): Muster.

Limbaholz: Hartholz aus Westafrika, dunkelbraun bis gelb in der Farbe.

Lindenholz: Helles Weichholz, das sich besonders gut zum Schnitzen eignet. In England wurde es von Grinling Gibbons (tätig 1663–1721), dem berühmtesten barocken Bildhauer Englands, verwendet. Während des Rokoko entstanden so gut wie alle Schnitzmöbel aus Lindenholz.

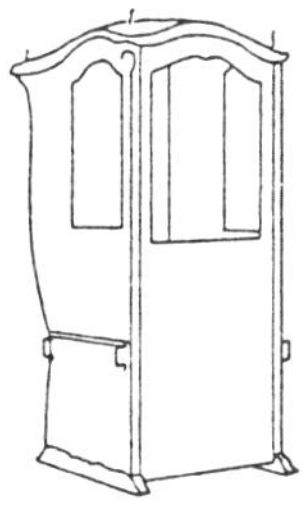

Louis-XIV.-Stil: Sänfte

Lit à la Duchesse (1.01): Lit: französisch für Bett, Lit en bateau, Lit à colonnes, Lit à la Polonaise, Lit de repos (1.03).

Litze: Schmales, gewebtes, gemustertes Band an Polstermöbeln und Vorhängen.

Löffelförmige Lehne (1.12).

Lolling back (1.10): bequemer Sessel.

Lorbeerkranz (3.07): Motiv

Lorbeerstab (3.02): Muster.

Loser Sitz (2.03).

Lotosfries (3.02, 3.07).

Louis-XIII.-Stil (vgl. Zeittafel): Die Möbel des frühen 17. Jahrhunderts in Frankreich sind mit manieristischen Motiven in Ebenholz- und Walnußfurnieren gearbeitet. Typisch sind Einlegearbeiten aus Halbedelsteinen und von flandrischen Möbeln abgeleitete geometrische Füllungen. Das wichtigste Möbelstück, der Kabinettschrank (1.18), wurde auch mit einer Klappe hergestellt, wodurch er Vorläufer des Klappsekretärs (1.24) ist. Charakteristisch sind lange rechteckige Tische, die ersten Ausziehtische kamen auf. Neuerungen waren feste Lederpolsterungen.

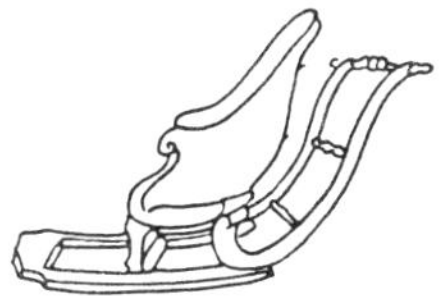

Louis-XV.-Stil: Schlitten aus vergoldetem Holz

Louis-XIV.-Stil (vgl. Zeittafel): Die Barockperiode Frankreichs ist aufs engste mit dem Hof Louis' XIV., des Sonnenkönigs, verknüpft. 1668 bezog er das weitläufige Schloß Versailles, dessen Funktion in der Verherrlichung seiner Person lag. Die Möbel waren Teil des umfassenden Ausstattungsprogrammes, das mit großartigen, aber strengen Dekorationen den 20000 Mitglieder zählenden, hierarchisch gegliederten Hof umgab. Sogar die Größen der Fußschemel waren abgestuft. Neuartige, für lange Zeit gültige Möbeltypen waren das Kanapée (1.25), der Ohrensessel (1.07) und das Fauteuil (1.08) sowie die Konsole (1.32), auf die oft eine Marmorplatte gelegt wurde. Die Kommode (1.16) verdrängte die traditionelle Truhe. Ab ca. 1670 kamen Chinoiserien auf, s. Boulle.

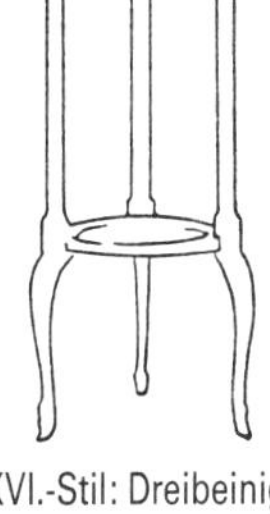

Louis-XVI.-Stil: Dreibeiniger Tisch

Louis-XV.-Stil (vgl. Zeittafel): Der eigentliche Louis-XV.-Stil des Rokoko vollzog sich während der mittleren Periode der Regierungszeit des Königs und stellt einen Höhepunkt in der Möbelkunst dar. Die Häuser des Hochadels hatten Winter- und Sommerausstattungen, elegant geschwungene Möbel, die aus bis zu 50 verschiedenen Holzarten angefertigt waren, Schnitzereien, Bronzeappliken, Chinoiserien, Vergoldungen, Spiegel, Porzellanplaketten und kräftige Farben. Die Qualität aller Arbeiten lag auf höchstem Niveau. Die Bergère (1.05), die um 1725 erstmals auftaucht, wurde weiterentwickelt, ebenso der Stuhl mit Cabriole legs (1.06) und die Duchesse-Chaise-longues (1.26). Es gab vielfältige Schreibmöbeltypen: das Cartonnier kam auf, das erste Zylinderbureau (1.23) wurde von Riesener für den König angefertigt (1760–69), und der einfallsreiche, mechanisch vielseitig verwendbare Secrétaire à Capuzin oder à la Bourgogne entstanden um 1750.

Louis-XVI.-Stil (vgl. Zeittafel): Diese Reaktion auf die Auswüchse des Rokoko stimmt nicht mit der Regierungszeit des Königs überein, sondern beginnt früher und endet später. Möbel hatten klassizistische Dekorationsmotive und gerade Formen und Umrisse. Das Cabriole leg wurde von eckig oder rund gedrechselten Füßen und Säbelbeinen verdrängt. Kastenmöbel mit

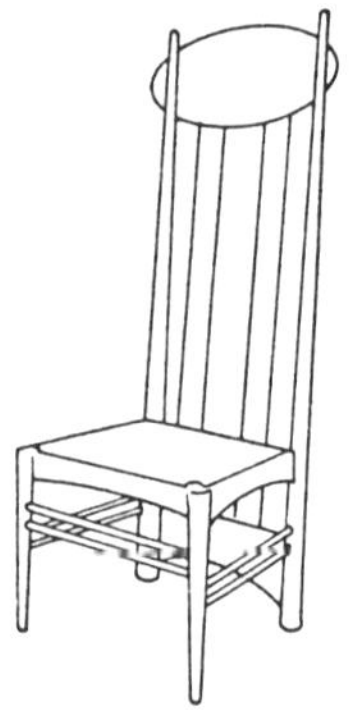

Mackintosh: Stuhl mit hoher Rückenlehne für die Ausstellung der Wiener Sezession, 1900

Marot: Holländischer Stuhl im Stil Marots, nach 1685

gebrochenen Fronten ersetzten die üppigen Schwellungen. Um 1770 entstand die Chiffonière (1.16) und das Bonheur du jour (1.23), typisch sind blasse Unifarben. Ebenisten hatten meist mehrere Spezialgebiete.
Louis-XVI.-Stuhl (1.10).
Lowboy (1.17): Kleine amerikanische Kommode, vgl. dazu High- und Tallboy.
Low post bed (1.03): Bett mit niedrigen Pfosten.
Löwe (3.07), Maskaron (2.13): Motive.
Löwenmonopode (2.09).
Lünette (2.14): Halbkreisförmiges Bogenfeld.
Luther-Sessel (1.13): Ausdruck des 19. Jahrhunderts für einen Scherenstuhl im Renaissancestil.
Lyra (3.07): Motiv.
Lyraförmige Stuhllehne (1.10).
Mäander (3.01): Ornament; so genannt nach dem kleinasiatischen Schlängelfluß.
Mackintosh, Charles Rennie (1868–1928): Schottischer Jugendstil-Designer, der gemeinsam mit seiner Frau Margaret Macdonald Möbel und Innenausstattungen entwarf. Sie arbeiteten für die Glasgow School of Art und richteten um 1897–1912 mehrere Cafés in Glasgow ein. Seit seinen Erfolgen auf den Weltausstellungen in Paris und München in den 1890er Jahren wirkte Mackintosh befruchtend auf das internationale Design.
Magnolienholz: Helles Hartholz, wird in den USA für Rahmen und Furniere an den Innenseiten von Kastenmöbeln verwendet.
Mahagoni: Es ist das in England meist verwendete Holz, seit um 1720 der Nußbaum selten wurde. Es ist poliert tiefrot und lebhaft gemasert.Ursprünglich kam es aus Kuba und Honduras, wenige spanische Renaissancemöbel haben sich aus diesem Holz erhalten. Im »Zeitalter des Mahagoni« wurden so gut wie alle Eßtische in England aus Mahagoni hergestellt. Im frühen 19. Jahrhundert tauchten südamerikanische Sorten auf dem Markt auf, s. Afrikanisches Mahagoni.
Manierismus (vgl. Zeittafel): Europäischer Stil italienischen Ursprungs des späten 16. und frühen 17. Jahrhunderts, der Grotesken- und Arabeskenornamente verwendete. Typische Möbel waren in Frankreich der Table à l'Italienne (1.36), in Deutschland der Kunstschrank (1.20). Der Ohrmuschelstil, der sehr bewegte Linien hat, hielt sich bis zum Barock, s. Du Cerceau und Vredeman de Vries.
Marchand-mercier: Französischer Möbelhändler des 18. und 19. Jahrhunderts, der die Rolle des Kunsthändlers und Innenarchitekten in sich vereingte. Durch seine Kontrolle über Entwerfer, Ebenisten und Bronziers,die ihm unterstanden, übte er großen Einfluß auf Geschmack und Mode aus.
Marguerite: Vier- oder mehrblättrige Blüte, die George Jacob als Teil seiner Stempelmarke an Louis-XVI.-Stühlen verwendete.
Marketerie: Kontrastierende Holzfurniere oder andere Materialien, die in furnierte Oberflächen eingelegt werden. Die Technik ist antiken Ursprungs und wird seit der Renaissance in Italien besonders an Möbeln verwendet.
Marmor: Seit altägyptischer Zeit wurden Möbel aus Marmor gefertigt. In der Renaissance tauchen sie verstärkt wieder auf. Im Louis-XIV. und Louis-XV. gab es vor allem Abdeckplatten auf Tischen, Kommoden und Konsolen. Während des Klassizismus wurde eher Marmorimitat verwendet, seit dem Empire und während des ganzen 19. Jahrhunderts erfreuten sich insbesondere weiße und grau melierte Sorten großer Beliebtheit.
Marmorieren: Nachahmen von Marmor auf Holz, Stein oder Papier. Papiermarmorieren ist eine persische Kunst, die über das Osmanische Reich im 16. Jahrhundert nach Europa kam, s. Scagliola.
Marot, Daniel (1663–1752): Architekt und Ornamentist des Barock, der, in Paris geboren, die meiste Zeit seines Lebens in Holland und England verbrachte. Er veröffentlichte zahlreiche Vorlagenstiche für Möbel und ganze Innenausstattungen (1702) und gilt als der Schöpfer des William-and-Mary-Stiles. In Holland war er für die Inneneinrichtung des Schlosses Het Loo verantwortlich, 1694–98 war er Hofarchitekt in Hampton Court, 1698 kehrte er nach Holland zurück.
Marquise (1.10, 1.27): Synonym für Causeuse: Kleines Kanapée.
Martha-Washington-Sessel (1.10): Sessel des amerikanischen Federal-Stils (1790–1820, vgl. Zeittafel). Erst im späten 19. Jahrhundert wurde er nach der ersten First Lady, der Gattin George Washingtons, benannt.
Maserfurnier: Furnier, das durch den Wuchs des Stammes eine bewegte Maserung und ein interessantes Furnierbild hat.
Maserung: Dekoratives Bild, das durch Holzfasern in ihrem Richtungsverlauf entsteht.
Maskaron: Appliziertes Dekorationsmotiv einer grotesken Menschen- oder Tiermaske.
Massives Schild (2.13).
Massivholz: Natürliches Vollholz, nicht Furnier, Sperrholz, Spanplatte o. ä.
Maßwerk: Dekoration an gotischen Möbeln oder Einrichtungsgegenständen im gotischen Stil.
Matratze: Betteinlage aus unterschiedlich gefülltem Stoff.

Mattierung: Matte Oberfläche oder Herstellung einer solchen mittels kleiner Punkte oder Kreise.
Mattvergoldung: Nicht glänzend polierte Vergoldung an Bronzen.
Matusch, Johann (tätig 1701–33): Ansbacher Kunstschreiner, der in Boulle-Technik arbeiten konnte.
Maureske: s. Arabeske.
Maurischer Stil (vgl. Zeittafel): Lange andauernder Dekorationsstil der in Spanien regierenden Mauren Sie waren aus Nordafrika eingewandert und waren berühmt für ihre Holzschnitzereien und Lederarbeiten. In dieser Zeit wurden wenige Möbel benutzt, oder sie haben sich nicht erhalten. Wichtiger waren reich verzierte Kissen und Polster. Der Maurische Stil inspirierte den exotischen Geschmack des späten 18. Jahrhunderts, s. Mudéjar.
Medaillon: Rundes, ovales oder elliptisches ornamentales Motiv, das figürliche Gegenstände einrahmt. An Möbel kann es appliziert, eingelegt oder gemalt sein.
Medaillon mit Kylix (2.13).
Meerjungfrau (3.08): Melusine; Motiv.
Mehlbeerholz: Europäisches Hartholz, dem Birnbaumholz ähnlich, wird als Furnier verwendet.
Melaminharz: Die ab 1935 entwickelten gehärteten Melaminharze sind hell, licht-, wärme- und wasserbeständig und gehören zu den wichtigsten Produktionsmitteln im modernen Möbelbau. Sie dienen als farbige Beschichtung von Arbeitsplatten, als Kleber für Schicht- und Formlagenhölzer und als Kunstharzleim.
Melkschemel (1.12).
Melusine (3.08): Meerjungfrau; Motiv.
Mendlesham-Windsor-Stuhl (1.15): Entworfen und hergestellt von Daniel Day aus Mendlesham, Suffolk.
Menuisier: Französische Bezeichnung für einen Tischler, der Tische, Stühle und andere Arbeiten aus Massivholz anfertigte, die nicht furniert wurden. Furniermöbel durften bis 1791 ausschließlich von Ebenisten hergestellt werden.
Méridienne (1.03), (1.27).
Merlette (3.07): Verstümmelter Vogel ohne Schnabel und Füße; Motiv.
Messinbett (1.01): Messing ist eine Metallegierung, die im Möbelbau seit dem 17. Jahrhundert verwendet wird.
Messingbeschläge (2.13), **-gestell** (2.01), **-griffe** (2.13).

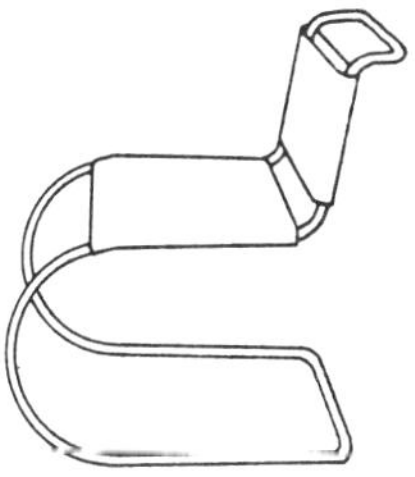

Mies van der Rohe: Stahlrohrfreischwinger, 1927

Mies van der Rohe, Ludwig (1886–1969): In Deutschland geborener Architekt und Designer des Internationalen Stils. Ab 1926 entwarf er Stahlrohrmöbel, bedeutendster Stuhl ist der »Barcelona-Stuhl« von 1929. Er ist zu einem Klassiker geworden und wird heute noch von Knoll International hergestellt.
Miserikordie (1.10): Gesäßstütze für den stehenden Mönch am hochgeklappten Sitz des Chorgestühls.

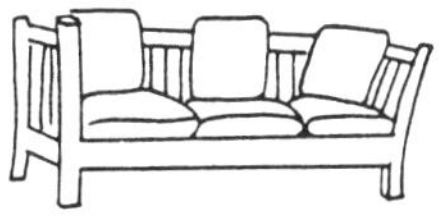

Mission-Möbel: Sofa aus Eichenholz

Mission-Möbel (1.10): Amerikanischer Möbelstil, der auf die englische Arts-und-Crafts-Bewegung zurückgeht. Gustav Stickley (1874–1942) gründete seine Firma in New York (1898–1915) und stellte einfache, massive Möbel her, die mit Baumwolle, Leinen oder Leder gepolstert waren. Ähnliche Stücke fertigte die Royston Community (1895–1938) an. Stickleys Magazin »The Craftsman« (1901–15) verbreitete die Idee des Gebrauchsdesigns bis an die amerikanische Westküste.
Mitragyna-Holz: Hartholz aus Nigeria, hellbraune Farbe, da leicht zu beizen, gern für Profile an Möbeln verwendet.
Mittelbrett (2.02, 2.08): Teil der Stuhllehne.
Möbelbeine (2.01, 2.02, 2.05, 2.06, 2.10), **Möbelfüße** (2.09).
Mohnknospe-Dekorationsmotiv (3.08).
Monopode: Von der Antike inspirierter Möbelfuß an Tischen oder Stühlen. Es ist eine einzelne Stütze in Form eines Tierfußes, der vor allem im Empire und Regency verwendet wurde.
Moore, James (um 1670–1726): Kunstschreiner des englischen Barock, ab 1708 am Königshof beschäftigt. Er war berühmt für geschnitzte und vergoldete Holzarbeiten. Nach den Entwürfen des Architekten William Kent fertigte er Möbel für Kensington und Blenheim an. Ein versilberter Tisch, Wandleuchter und Spiegel von ihm haben sich in Ething, Nordwales, erhalten.
Mooreiche: Eichenholz, das durch luftdichtes Liegen in Wasser eine schwarze Färbung angenommen hat. Teilweise wird es als Ersatz für Ebenholz verwendet.

Morris and Company: Anrichte aus Eiche

Morris and Company (1861–1940): Kunsthandwerklicher Betrieb, der von dem Schriftsteller und Designer William Morris als Zentrum der Arts-and-Crafts-Bewegung gegründet wurde. Es wurden einfache, stromlinienförmige Möbel produziert, die mit mittelalterlichen Szenen bemalt wurden. Die Bilder gingen auf Arbeiten der Präraffaeliten zurück, s. Webb.
Morris-Sessel (1.10).
Mudéjar-Stil (vgl. Zeittafel): Dekorativer Stil innerhalb der spanischen Kunst, der von Muslimen im christlichen Spanien in spanisch-maurischer Tradition entwickelt wurde. Charakteristisch sind komplizierte, farbig geometrische Muster.
Münzkabinett (1.19).

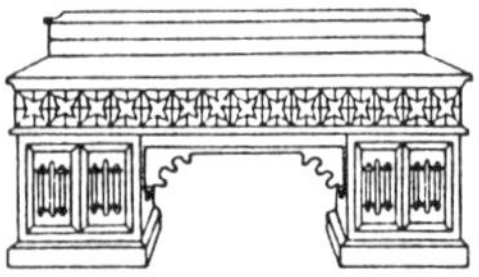
Neugotischer Stil: Anrichte, entworfen von Loudon, 1833

Neurokoko: Sofa, Bayern, um 1870

Newport-Chippendale: Schreibkommode mit Blockfront und Kniemulde, John Townsend zugeschrieben, 1770

New-York-Chippendale: Stuhl mit durchbrochenem Mittelbrett aus Mahagoni, 1760–80

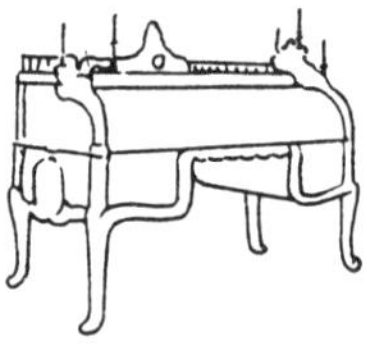
Oeben: Zylinderbureau für Louis XV., 1760–69

Muninga: Ostafrikanische Padouk-Holzart, die unterschiedliche Färbungen haben kann. Es wird als Konstruktionsholz sowie als Furnier verwendet.
Muschelförmiger Möbelfuß (2.09), Umriss und Form (3.05).
Muschelwerk: Muscheln gleichende Ornamentmotive, vor allem im Rokoko verwendet.
Musikmöbel (1.21, 1.29, 1.30, 1.39): Möbel, die der Produktion, Reproduktion oder Aufbewahrung von Musik dienen.
Muster (3.01, 3.02): Gebräuchliche Verzierungen, die endlos im Rapport geführt werden können.
Musterbuch: Gebundene Vorlagen für Möbelentwürfe, das früheste erschien 1530 anonym. Durch Musterbücher konnten sich Stilrichtungen schnell verbreiten.
Nachtstuhl (1.06): Seit dem 15. Jahrhundert gebräuchliche transportable Toilette. Im 18. Jahrhundert wurde er durch den Nachttisch mit dazugehörigem Nachttopf ersetzt.
Nachttisch (1.37).
Nagelkopffries (3.01, 3.04).
Nähmaschinentisch (1.36), **Nähtisch** (1.36).
Nase (3.04): Profil.
Neigungswinkel: Abweichung von der lotrechten Vertikale.
Nelson/Trafalgar-Windsor-Stuhl (1.15).
Neßtfell, Johann Georg (1694–1762): Deutscher Kunstschreiner des Spätbarock, tätig für die Grafen Schönborn, ab 1724 Hofschreiner. Charakteristisch sind phantasievolle Marketerien in Ebenholz, Elfenbein, Horn, Perlmutt, Silber und Zinn.
Neugotik/Gothic Revival (vgl. Zeittafel): Historisierende, romantisch religiöse Stilrichtung, die die mittelalterliche Kunst der Gotik wiederbeleben wollte (um 1780–1900). Die frühesten Möbelentwürfe wurden 1742 publiziert. Thomas Chippendale verwendete neugotische Motive, es entstand der Gothic-Windsor-Stuhl (1.14), der 20 Jahre lang sehr beliebt war. Zwischen 1830 und 1850 war die Neugotik in einer weitaus stärkeren Welle in ganz Europa bis nach Amerika gelangt.
Neurenaissance (vgl. Zeittafel): Ursprünglich aus Italien stammender Stil um die Mitte bis Ende des 19. Jahrhunderts. Charakteristisch sind schwere, kantige Möbel mit einer Fülle von patriotischen Dekorationsmotiven. Obwohl der Stil von Jugendstil und Art Deco abgelöst wurde, werden Reproduktionen von Möbeln, Keramik und Metallarbeiten zum Teil heute noch als Massenware hergestellt.
Neurokoko (vgl. Zeittafel): In England zeitgleich mit dem Viktorianischen Stil. Nur 60 Jahre nach dem Originalstil begann um 1830 das Neurokoko mit symmetrisch angeordneten Dekoren. Neuartig waren Sprungfedern und Knopfpolsterungen, die Indiscrèt (1.27), das Crapaud (1.07), die Ottomane (1.25) und der Puff (1.11). Das Neurokoko war in Amerika zwischen 1840 und 1870 der dominierende Stil. Sonderformen entstanden unter König Ludwig II. von Bayern, dessen Hofschreiner Joseph Pössenbacher (1797–1873) mit seinem Sohn Anton Schloß Linderhof und Herrenchiemsee ausstattete.
Newport-Chippendale-Möbel (USA): Amerikanische Möbel im Stil Thomas Chippendales, die von 1755–90 in Newport, Rhode Island, produziert wurden. Führende Kunstschreiner waren die Mitglieder der Familie Goddard-Townsend. Die Möbel sind weniger reich verziert als die im Stil ähnlichen Möbel aus Philadelphia, s. Philadelphia-Chippendale.
New-York-Chippendale: Charakteristisch für diese Sonderformen der Chippendale-Möbel sind eckige Kugel-und-Klauenfüße (2.09) und Godronierung (3.01, 3.08). Es gibt kaum Kastenmöbel.
Nierenförmiger Schreibtisch (1.34).
Nische: Flache Vertiefung.
Nonsuch-Truhe (1.17): Benannt nach dem Schloß Heinrichs VIII., das bereits im 17. Jahrhundert geschleift wurde; Tudor-Stil.
Nußbaumholz: Das weit verbreitete Hartholz des Walnußbaumes wird seit der Antike im Möbelbau verwendet. Es ist gut bearbeitbar, läß sich schnitzen und polieren. Von 1660–1730 war es das in England meist verwendete Holz, bis es von Mahagoni abgelöst wurde. In Frankreich und Deutschland erfreute es sich ungebrochener Beliebtheit, bis im Klassizismus hellere Raumausstattungen bevorzugt wurden.
Nut (3.03): Rechteckige Vertiefung in Form einer Rinne für Holzverbindungen oder als Zierelement.
Nut-und-Federverbindungen (2.16).
Oberflächenabschluß: Schützender, schmückender Überzug von Oberflächen mit Kaseinfarben, als Vergoldung oder Wachspolitur (16. und 17. Jahrhundert), Schellackpolitur oder Lakkierung.
Oeben, Jean François (1721–63): Französischer Ébénist des Louis-XV.-Stils. Er lernte bei Charles Boulle und erhielt ab ca. 1745 Aufträge von Madame de Pompadour. 1753 wurde er Nachfolger Boulles als Hofébénist und spezialisierte sich auf mechanische Möbel. Sein berühmtestes Stück ist das sog. Bureaus du Roi, ein Zylinderbureau für Louis XV. (1760–69), s. Riesener.
Ohr: Erweiterung der Rückenlehne eines Sessels (Windsor-Stühle und Chippendalemodelle).
Ohrensessel (1.07, 1.08, 1.13).

Olivenholz: Gelb bis grünlich-braunes Hartholz aus dem Mittelmeerraum. Es ist leicht zu polieren und eignet sich als Furnier.
Öllampe (1.38).
Ormolu: Vergoldung an gegossener Bronze, wörtlich: »gemahlenes Gold«. Die schönsten Stücke wurden in Frankreich im 18. Jahrhundert bis zum Ende des Empire hergestellt.
Ornament: An Möbeln applizierte, eingelegte oder gemalte Verzierung.
Ösen (2.12).
Ottomane (1.25, 1.27).
Ovale Lehnen, Stühle und Sessel (1.10).
Ovaler Ringgriff (2.13), **Medaillonbeschlag** (2.13).
Ovangkol: Westafrikanisches Hartholz, das wie Walnußholz aussieht; wird als Furnier und für Parkett verwendet.
Padouk: Tropische Hartholzsorte, die seit dem 17. Jahrhundert im Möbelbau weit verbreitet war. S. Amboina.
Paldao: Hartholz aus Neuguinea und den Philippinen, graubraun in der Färbung mit dunklen Streifen, wird als Furnier verwendet.
Palisander: Sammelbegriff für tropische Hölzer gleicher Eigenschaften: hart, stark arbeitend, dunkel bis schwarzbraun mit lebhafter Maserung. Wegen ihres Geruchs wird eine dunkle Sorte aus Brasilien in England Rosewood genannt, Rio-Palisander zeichnet sich durch seine kräftigen hellen und dunklen Streifen aus. Es wird seit dem 17. Jahrhundert als Massivholz und für Furniere verwendet und läßt sich gut polieren. Andere Namen sind: Rosenholz, Bois de Rose, Königsholz, Kingwood, Tulipwood, wobei Färbungen von orange bis dunkelbraun gemeint sind.

Palladio-Stil: Geschnitzter und vergoldeter Sessel von Kent, ca. 1731

Palladio-Stil, Palladianismus (vgl. Zeittafel): In England war die Übernahme des Stils des italienischen Architekten Andrea Palladios (1508–80) der erste der Georgian Stile. Die Möbelentwürfe des Architekten William Kent, die 1744 veröffentlicht wurden, gehen auf reich geschnitzte Vorbilder des italienischen Barock zurück. Die symmetrischen Ornamente passen sich der Raumdekoration an.
Palmetten-Stuhl (1.05, **-Stuhllehne** (2.07), **-Muster** (3.02), **-Motiv** (3.06): fächerförmiges, vom Palmblatt abgeleitetes Ornament der griechischen Antike.
Panga panga: Dunkelgestreiftes Hartholz aus Ostafrika, das in Europa für Rahmenleisten und Furnier verwendet wird.
Pappelholz: Helles Hartholz, das auf der nördlichen Erdhalbkugel wächst. Es wird als Konstruktionsholz verwendet, seltenter für Furnier.
Papiermaché-Settee (1.27).
Papierrollengestell (1.30).
Papyros (3.02): Muster.
Parana-Fichte: Brasilianisches Weichholz mit heller Maserung, das für Schubladen und als Holz minderer Qualität benutzt wird.
Parkett: Mosaikartig zusammengesetzter Holzfußboden. Geometrische Marketerie wird manchmal Parkettarbeit oder Parketerie genannt.
Partner's desk (1.24): Schreibtisch.
Partridge-Holz: Brasilianisches Hartholz, dunkelrot in der Färbung, mit Flecken, die den Federn des Rebhuhns ähnlich sind. Das Holz wurde besonders in Frankreich und England im 17. und 18. Jahrhundert verwendet.
Paspel: Kordel oder Besatzschnur für Polsterungen.
Pastiglia: Dem Gesso ähnliche Formmasse für Reliefs an Kästchen und Schatullen der italienischen Renaissance. Sie wurde nachträglich bemalt oder vergoldet.
Patentmöbel: Amerikanische Möbelneuheiten, in der Regel Vielzweckmöbel mit beweglichen Teilen. Sie wurden patentiert, wie z. B. der sog. Platform-Schaukelstuhl von 1860 (1.10).
Patera (3.08): Rundes oder ovales Ornament, in das stilisierte Akanthusblätter eingearbeitet sind.
Patina: Oberfächenglanz natürlich gealterter Kunstwerke.
Peitschenhieb (3.08): Jugendstilmotiv, das August Endell (1871–1925) für das Fotoatelier Elvira in München entwarf.
Pelikan (3.08): Motiv.
Pembroke-Tisch (1.35): Kleiner, eleganter, englischer Klapptisch, um 1750, benannt nach der Countess of Pembroke. Er ist dem Sofa-Tisch verwandt.

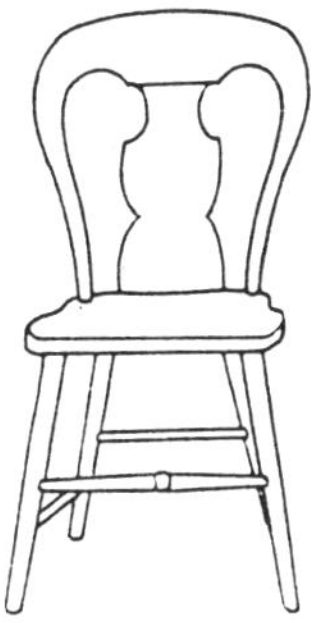

Pennsylvania-Dutch: Gefaßter Stuhl, ca. 1810

Pennsylvania-Dutch-Stil (USA): Auf Pennsylvania beschränkter Möbelstil des 18. und 19. Jahrhunderts, der europäische Barockmotive aufnahm. Charakteristisch sind Schrank und Kommode aus Weichholz, auch bäuerlich bemalt.
Perlmutt: Glänzende, polierte, innere Schicht einer Muschel, wird als Einlage an Möbeln verwendet. Die Technik stammt aus dem Orient.
Perlstab (3.04): Profil.
Petit-Point-Stickerei: Stickerei auf Leinwand in kleinen Kreuzstichen.
Pfosten (2.02): Vertikale Rahmenleiste, besonders an Betten und Sitzmöbeln so genannt.
Pfostenbett (1.01, 1.03, 1.04, 2.01).

Philadelphia-Chippendale: Aufsatzkommode aus Mahagoni (Highboy), 1760–80

Philadelphia-Chippendale (USA): Auf Philadelphia, die Hauptstadt Pennsylvanias, beschränkter Möbelstil, ca. 1755–90. Er verwendete Rokoko-Motive und kannelierte Ziersäulen an Schränken.
Phyfe, Duncan (1768–1854): Bekanntester amerikanischer Kunstschreiner, ab 1792 in New York tätig. Er arbeitete in amerikanischem Directoire- und Empirestil, vereinfachte Entwürfe Sheratons und bevorzugte Furnier gegenüber Schnitzereien. Er entwarf einen Curulus-Hocker (1.07), der an antiken Vorbildern orientiert ist. Nach 1830 begann er in seiner Werkstatt, die 100 Mitarbeiter hatte, wuchtige Schnitzmöbel aus Palisander im Neurokokostil anzufertigen. 1847 zog er sich mit einem Vermögen von 500.00 $ aus dem Geschäftsleben zurück.
Piedestal desk (1.24).
Pietra Dura: Einlegetechnik seit der Renaissance, wobei Marmor und Halbedelsteine mosaikartig zu einem Bild zusammengesetzt werden.
Piffetti, Pietro (1700–77): Italienischer Kunsttischler des Rokoko, der ab 1731 bis zu seinem Lebensende am piemonteser Königshof in Turin arbeitete. Charakteristisch für seine Möbel sind phantasievoll gestaltete Intarsien aus seltenen Hölzern, Perlmutt und Elfenbein. Größere Arbeiten sind mit Goldbronzebeschlägen und vergoldeten Holzappliken geschmückt. Sein bekanntestes Werk ist der Kabinettschrank im Palazzo Reale in Turin. Einige seiner Arbeiten finden sich in Rom, Palazzo Quirinale, wo seine Laufbahn begann.
Pilgrim-Möbel: s. Amerikanische Jacobean Möbel.
Piranesi, Giovanni Battista (1720–78): Italienischer Architekt und Entwerfer des Klassizismus. 1769 veröffentlichte er Vorlagen für Möbel, die mit antikisierenden Motiven wie Palmetten, Löwenmonopoden, Sphingen und Bukranionfriesen geschmückt waren. Für die Ausstattung des Englischen Cafés in Rom verwendete er erstmals ägyptische Motive und Ornamente, die an den Fundstücken der Ausgrabungen in Pompeij orientiert waren. Piranesi gilt als der Initiator des Empire-Stils.

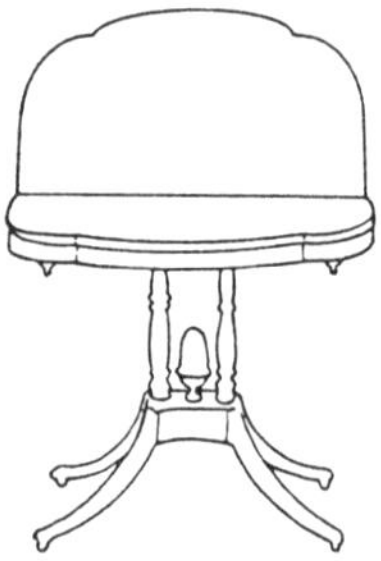

Phyfe: Kartentisch

Piretti, Giancarlo (geb. 1940): Italienischer Designer, der 1969 den Klappstuhl »Plia« entwarf. Er ist aus Metall und Chrom, Sitz und Lehne aus durchsichtigem Kunststoff.
Plakette: An Möbeln Medaillon aus Metall oder Porzellan, hauptsächlich an klassizistischen Möbeln.
Platanenholz: Europäisches Hartholz, hellbraun in der Farbe, das für Einlegearbeiten und Vertäfelungen verwendet wird.
Planschrank (1.21).
Plastik: Vielseitig verwendbares Material, das seit 1945 vor allem für Büro- und Saalmöbel verwendet wird. Eames und Saarinen gelten als Pioniere der Gestaltung von Plastikmöbeln.
Platero-Stil (vgl. Zeittafel): Ein von Goldschmiedearbeiten geprägter spanischer Renaissancestil des frühen 16. Jahrhunderts. Möbel haben zumeist einfache Formen und sind reich mit kleinteilig geometrischen Mustern verziert.
Plinthe: Schmucklose Fußplatte unter der Basis einer Säule.
Plitzner, Ferdinand (1678–1724): Fränkischer Kunstschreiner, der von Matusch ausgebildet wurde. 1709 trat er in die Dienste Kurfürst Franz von Schönborns und wirkte an der Ausstattung von Schloß Pommersfelden mit, die zu den Höhepunkten des deutschen Barock zählt.
Pockholz: Lignun vitae, grünlich-braunes Hartholz aus Zentralamerika und Indien. Soweit bekannt, ist es das älteste und dauerhafteste Holz. Es wurde besonders in England in der späten Stuart-Periode (16. Jahrhundert) als Furnier verwendet.
Point-gros-Stickerei: Kreuzstichstickerei an Möbelbezügen aus Wolle auf Stramin.
Polster: Festes, bezogenes Kissen in unterschiedlichen Formen.
Polsterliege (1.27, **-sessel** (1.07, 1.11).

Piffetti: Kabinettschrank, Palazzo Reale, Turin, ca. 1732

Polsterung: Das Überziehen und Füllen mit weichem Material an Sitzflächen, Arm- und Rückenlehnen von Sitzmöbeln. Im späten 16. Jahrhundert wurden in Frankreich Kissen und Bezug kombiniert und auf den Rahmen montiert. Roßhaar war lange Zeit das gebräuchlichste Füllmaterial. Moderne synthetische Materialien lassen Polsterungen ein strafferes Aussehen geben.
Pop-Art-Möbel: Mit lebhaften Farben und Motiven aus der Werbung phantasievoll gestaltete Möbel. Sie entstanden in Reaktion auf die Nüchternheit der Klassischen Moderne.
Porzellan: Weiße, hart gebrannte Keramik. An Möbeln taucht es als Plaketten ab ca. 1740 auf. Die Mode wurde von den Pariser Marchand-merciers geprägt. Porzellanplaketten sind im Klassizismus und dann wieder um die Mitte des 19. Jahrhunderts verbreitet.
Portière (1.40): Türvorhänge mit Schabracken haben sich seit dem 17. Jahrhundert entwickelt.
Porzellanvitrine (1.19).
Pössenbacher, Joseph (1799–1873) und Anton (1842–1920): Deutsche Kunstschreiner, die für den Münchner Hof arbeiteten. Bekannteste Arbeiten sind die Ausstattungen für König Ludwig II. in Schloß Linderhof und Herrenchiemsee in historisierenden Stilen.
Poudreuse (1.33): Schminktisch.
Prie-Dieu (1.11): Französischer Betstuhl.
Prince-of-Wales-Federn (3.08): Dreifache Straußenfedern, Stuhllehne (2.08).
Profile (3.03, 3.04): Dekorationselemente, die ihren Ursprung in der Architektur haben.
Profiliertes Möbelbein (2.10).

Pugin: Sessel für Scarisbrick Hall, Lancashire, 1835

Queen-Anne-Stil: Aufsatzkommode aus Walnußholz, nach 1700

Psyche (1.40): Sonderform des Standspiegels, oft auf Rollen. Entwickelt sich im Klassizismus und erfreut sich vor allem in Empire und Biedermeier großer Beliebtheit.
Prunkbett (1.04).
Pugin, Augustus Welby Northmore (1812–52): Richtungweisender englischer Architekt, der mit seinem Vater neugotische Möbel entwarf. 1835 publizierte er sein Musterbuch »Gothic Furniture in the Style of the 15th Century«. Er versuchte, seinen Möbeln das Aussehen mittelalterlicher Möbel zu geben, während seine Vorgänger zeitgenössische Modelle mit gotischen Motiven verziert hatten. Ab 1840 fertigte er 1200 Möbelstücke für die Houses of Parliament.
Pultaufsatz (1.24).
Putto: Dekorationsmotiv, das seit der italienischen Renaissance in Italien verwendet wird.
Quäkerstuhl (1.11).
Quartetto (1.35): Vier gestapelte Beistelltische.
Quasten: Dekorative Troddeln aus Seide, die mit einer stoffbezogenen hölzernen Kugel hergestellt werden. Sie kommen einzeln oder an einer Bordüre an Baldachinen oder Sesselbezügen vor. Quasten sind vor allem im 19. Jahrhundert weit verbreitet.
Quastenförmige Stuhllehne (1.13).
Quecksilbervergoldung: Technik der Feuervergoldung mittels Quecksilber, die in der Französischen Revolution verboten wurde, da sie hochgiftig ist.
Queen-Anne-Stil (vgl. Zeittafel): Englische Barockperiode, um 1700–30. Charakteristisch sind das Cabriole leg (2.10), fiedelförmige Stuhllehnen (2.07), Tropfengriffe (2.13), Nußholzfurniere mit lebhafter Maserung und kaum Schnitzwerk. Die Stegverbindungen an Stuhlgestellen wurden zu Gunsten der Zargenkonstruktion verdrängt. Neuartige Möbel waren die Porzellanvitrine (1.19), die bequeme löffelförmige Rückenlehne (1.12), der Kartentisch (1.39), der Teetisch (1.37) und der Schreibtisch, der Kniefreiheit gewährt (1.23). S. Amerikanischer Queen-Anne-Stil.
Queensland-Ahorn: Australisches Hartholz von grauer bis bräunlicher Färbung; wurde als Walnußersatz für Parkettböden und Kastenmöbel verwendet. Beliebt in England um 1930.
Quersteg (2.02), Sitzmöbelkonstruktion (2.03).
Raab, Johann Philipp (1736–1802): In Mainz tätiger Kunsttischler. Seine bekannteste Arbeit ist ein Rokokoschreibschrank mit geometrischer Marketerie und geschnitzten Kapitellen (Badisches Landesmuseum, Karlsruhe).
Raab, Johann Valentin (1777–1839): In Würzburg tätiger Kunstschreiner des Empire, der nach den Vorlagen des Architekten Nikolaus Salins für den Hof arbeitete. Später schloß er sich dem Biedermeierstil an.
Race, Ernest (1913–63): Englischer Designer, der 1945 an seinem »BA-Stuhl« erstmals gegossenes Aluminium verwendet hat. 1950 entwarf er den ebenfalls neuartigen »Antelope chair«. Seine Firma »Race Furniture« besteht heute noch und ist bekannt für die Verwendung neuartiger Materialien.
Radförmige Stuhllehne (2.08).
Rahmen mit Bekrönung (1.40).
Rahmenleiste (2.01, 2.02, 2.04, 2.05, 2.06): Teil einer Holzkonstruktion.
Rahmenteile (2.01).
Ramin: Nahezu weißes, indonesisches Hartholz, fest und leicht, wird seit 1950 in der Möbelherstellung verwendet.
Rankenwerk (3.02): Muster.
Rattenschwanz-Scharnier (2.12).
Rasiersessel (1.12), **-tisch** (1.30, 1.36).
Rattan: Südasiatisches Palmenholz, das seit dem frühem 19. Jahrh. in Europa verwendet wird.
Rauten (3.20): Sie haben ihren Ursprung in der Heraldik, werden an Diaper-Stoffen verwendet.
Recamière (1.28): Nach Madame Julie Recamier benanntes französisches Ruhebett mit am Kopfteil hochgezogenem Seitenpolster; typisches Salonmöbel des Empire.
Réchampi: Französisches Ornament, das sich durch Vergoldung oder durch kontrastierende Farbgebung von der Grundfläche abhebt.
Rechteckige Lehne (1.12, 2.08).
Recktwinklig auf Stoß (2.15): Holzverbindung.
Redwood: Kalifornisches Weichholz, das wegen seiner Beständigkeit besonders für Möbel im Freien geeignet ist. Das Wurzelholz wird zu Tischplatten oder Furnier verarbeitet.
Refektoriumstisch (1.35).
Régence-Kommode (1.16).
Régence-Stil (vgl. Zeittafel): Wichtiger französischer Übergangsstil zwischen Louis XIV. und Louis XV., benannt nach der Regentschaft Philipps von Orléans (1715–23). Der Stil bezeichnet die erste Phase des französischen Rokoko und setzte um 1710 ein. Der Hof siedelte von Versailles nach Paris um. Die kleineren Räume der Stadtpalais brauchten kleinere Möbel, deren Formen immer leichter und bewegter wurden. Neuartiger Möbeltyp war die Cressent-Kommode (1.17), die Commode à la Régence und die Bergère (1.05). Die Ornamentik bevorzugte das lanzettförmige Blatt, Blattwerk, Espagnolettes (3.06) und andere Bronzebeschläge. Schonbezüge für Möbel wurden eingeführt.

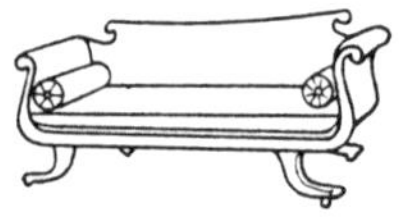

Regency-Stil: Gefaßtes und vergoldetes Sofa, ca. 1810

Renaissancestil: Venezianischer Wangentisch, 16. Jahrhundert

Riesener: Kommode mit Marmorplatte, 1780

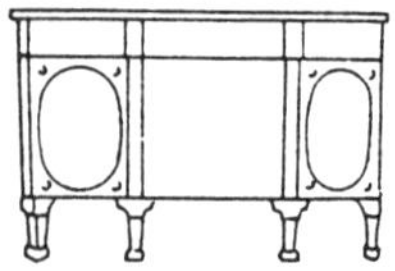

Roentgen: Marketierte Kommode, 1785–95

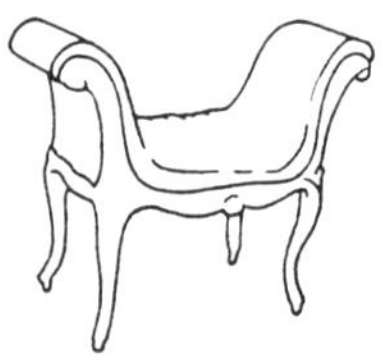

Rokoko-Stil: Geschnitztes, vergoldetes Tabouret

Regency Gothic (vgl. Zeittafel): Kurzer Modestil, der, von A. Pugins Vater angeregt, für Kirchenausstattungen verwendet wurde. Der Stil mündet in die Neugotik.
Regency-Stil (vgl. Zeittafel): Englischer Dekorationsstil de frühen 19. Jahrhunderts, der antike, ägyptische, chinoise und französische Empiremotive verwendete. Er wird auch als englisches Empire bezeichnet. Er ist nach der Regentschaft und Regierung Georges IV. (1811–30) benannt, begann jedoch früher und dauerte länger an. Durch die Vorlagenstiche Sheratons, Hopes und George Smiths (tätig 1804–28) wurde er verbreitet. Charakteristisch sind antikisierende Stühle, die vom Klismos (1.09) beeinflußt sind, mit eingerollten Armlehnen und Säbelbeinen (1.09), und der neuartige Sofa-Table (1.36). Dekorationsmotive sind der Akanthus (3.02, 3.06), Guilloche (3.02) und Flechtband, Delphin (3.06) und Messingeinlagen.
Regency-Stuhl (1.09), **-Sofa** (1.27).
Regiestuhl (1.07).
Rehfuß (2.09).
Reisesekretär (1.23).
Relief: Halbplastische Schnitzerei.
Renaissancestil (vgl. Zeittafel): Die Möbel dieser Stilphase, die vom 15.–17. Jahrhundert in den verschiedensten Versionen anzutreffen ist, sind von Architekturvorlagen angeregt. Eichenholz wurde von Nußholz verdrängt. Neuartige Möbeltypen waren der Cassone (1.16), die kassettierte Truhe (1.17) und der Schrank mit Schubladen sowie der Aufsatz- und der Kabinettschrank (1.18).
Resopal: Handelsname für auf Span- oder Sperrholz aufgeleimten dekorativen Kunststoffbeschichtung, deren Abdeckung aus glasklar härtendem Melaminharz besteht. Andere Namen sind Duropal, Formica, Ultrapas und Perstorp.
Restaurationsstil (vgl. Zeittafel): Stilphase während der Wiederherstellung der Monarchie in Frankreich (1815–20). Die Motive des Empire wurden weiterverwendet, jedoch ohne die napoleonischen Elemente. Anstelle des dunklen Mahagoni bevorzugte man hellere Hölzer.
Restaurationsstuhl, englisch (1.07).
Riesener, Jean-Henri (1734–1806): Französischer Ebenist des Louis-XVI., ab 1763 Nachfolger Oebens, seines Lehrers, als Hofebenist. Er vollendete das Bureau du Roi, das Zylinderbureau für Stanislas Lescinski und produzierte die wohl vollkommensten Möbelstücke mit Marketerien und gegossenen Bronzebeschlägen nach seinen Entwürfen. In den Jahren 1774–84 erhielt er Aufträge im Wert von 900.000 Livres. Er ist einer der wenigen Ebenisten, die mit Sicherheit sowohl für die Entwürfe als auch die Ausführungen ihrer Arbeiten verantwortlich sind.
Rietveld, Gerrit Thomas (1888–1964): Mitglied der de-Stijl-Bewegung in Holland. Er entwarf 1918 den rot-blauen Sessel, der zum Erkennungszeichen der Bewegung werden sollte. Vom Kubismus angeregt, entstanden Möbel in Primärfarben und rechten Winkeln, die den ideellen Forderungen der Gruppe entsprachen. Keines seiner Möbel ging in Serienproduktion.
Rinceau: Französischer Ausdruck für ein endloses Musterband aus Blättern.
Ringbeschlag: Metallring an Möbelbeinen, oft bei Rollenfüßen.
Rippen (3.01): Muster aus aneinandergesetzten Hohlformen, besonders an klassizistischen Tisch- und Stuhlbeinen.
Ritzzeichnung (3.08): Einfache Methode der Oberflächendekoration. Sie wird mit einem Stichel ausgeführt und findet sich häufig an bäuerlichen Stücken.
Roentgen, Abraham (1711–92) **und David** (1743–1807): Kunstschreiner aus Neuwied bei Koblenz, die seit 1750 eine Werkstatt führten. A. Roentgen zog sich 1772 aus dem Geschäft zurück, 1774 konnte D. Roentgen die erste Niederlassung in Paris eröffnen, es folgten Neapel und Berlin (1791). Die Roentgen-Werksttt war die erfolgreichste Möbelmanufaktur des 18. Jahrhunderts, die für Marie-Antoinette und Katharina die Große lieferte. Marketerien mit chinoisen Szenen und später klassizistische Motive waren ihre Spezialität. 1795 beschlagnahmten französische Revolutionstruppen das Unternehmen.
Rhode, Heinrich Ludwig (1683–1755): Mainzer Kunstschreiner des Spätbarock, der besonders qualitätvolle Marketerien schuf. Eines der wenigen signierten deutschen Möbel ist ein Schreibschrank von ihm für den Hofkammerrat Nitschke (Slg. Liechtenstein,Wien).
Rokoko (vgl. Zeittafel): Von Frankreich ausgehender asymmetrischer Möbelstil um die Mitte des 18. Jahrhunderts. Typisch sind die S-förmige Linie (3.06), die Rocaille und die Bequemlichkeit der Möbel. Verbesserte Polstertechniken, Chinoiserien, Farbenpracht, zierlich-elegante Schnitzereien und ausgefallene Marketerien kennzeichnen die Louis-XV.-Periode, deren Erzeugnisse in alle Welt exportiert wurden.
Rokoko-Schrank (1.18).
Rollbett (1.04).
Rolle, Stuhlkonstruktion (2.02).
Rollenfries (3.01): Muster.
Rollenfuß: Seit dem 16. Jahrhundert gebräuchliche kleine Räder für Möbel aus Holz, Messing oder Porzellan.
Rollschreibtisch (1.23), **-sessel** (1.12), **-stuhl** (1.13).
Rollverschluß (2.04): Schreibtischkonstruktion, s. Oeben.
Romanischer Stil (vgl. Zeittafel): Es haben sich kaum Möbel dieses frühmittelalterlichen Stils

Romanischer Stil: Truhe, Brompton-Kirche, Northants, England, 12. Jahrhundert

erhalten, eine Ausnahme bildet der Bronzethron König Dagoberts (1.07) aus dem 8. Jahrhundert. Er ist eine monumentale fränkische Version des römischen Faltstuhls. Farbig gefaßte Reliefschnitzereien auf mit der Axt bearbeitetem Eichenholz prägen den Möbelstil. Die Formen sind stark architektonisch beeinflußt.

Römisch-antiker Stil (vgl. Zeittafel): Meist verwendete Materialien waren Marmor, Eisen, Bronze, Silber, Holz und Rohrgeflecht. Die Möbelformen gehen auf etruskische, griechische und ägyptische Vorbilder zurück. Der Curulus (1.07) war der gängigste Sitzmöbeltypus, der vom griechischen Diphros Okladios (1.08) abgeleitet ist. Das Bisellium (1.25) ist eine zweisitzige Bank, thronähnlicher Sessel war das Solium, für Frauen gab es eine Kathedra zum Sitzen. Unter einer Vielzahl von Faltstühlen gab es die Sella (1.11) zum Gebrauch im Freien und in öffentlichen Gebäuden. Das Lectus diente als Liege zum Essen, wobei an die griechische Kline (1.03) ein Fußteil (Fulcrum, 1.03) angesetzt wurde. Im 1. Jahrhundert n. Chr. kamen noch Seiten- und Fußteil dazu. In der späten Kaiserzeit gab es das Sigma, eine halbrunde Couch, auf der bis zu sechs Personen zum Essen liegen konnten. Die ersten Wandkonsolen und vierbeinigen Zargentische (2.04, 2.06) tauchen auf. Der Schrank, Armaria, war für die Verwahrung von Waffen da. Es gab eine Anrichte mit Regalen für das Eßgeschirr. Die Badewanne aus Bronze (1.39) war im 19. Jahrhundert wieder weit verbreitet.

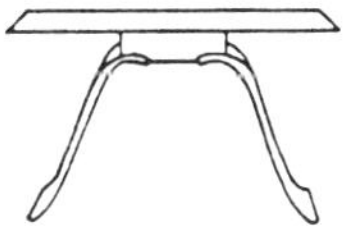

Ruhlman: Tisch aus Makassarholz, 1830–32

Römische Badewanne (1.39).

Rose (3.08): Motiv.

Rosette (3.02): Muster.

Rückenlehne (2.02): Teil des Stuhles, der den Rücken des Sitzenden stützt.

Rückwand (2.04): Teil eines Kastenmöbels.

Ruhlmann, Jacques Emile (1879–1933): Führender Designer und Möbelhersteller des französischen Art Deco. Nach 1918 produzierte seine Werkstatt mondäne und bequeme Möbel, Tische haben unmerklich geschwungene, sich verjüngende Beine, die ihnen Eleganz und Leichtigkeit verleihen. Die hervorragende handwerkliche Verarbeitung und die Vielfalt der von ihm verwendeten Materialien, wie Amboina-Holz, Makassar, Rochen- und Walfischhaut, Elfenbein und Perlmutt, machen seinen Stil aus.

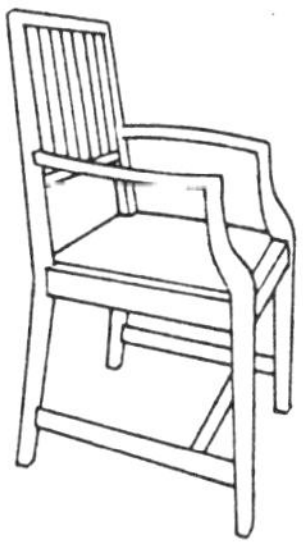

Russell: Armlehnenstuhl, 1920–30

Runde kannelierte Drechselarbeit (2.11).

Runde Stuhllehne (2.07).

Runder Griffbeschlag (2.13).

Runder Tisch (1.35, 1.36).

Rundes Arbeitstischchen mit Schubladen (1.33).

Rundschrank (1.30).

Russell, Sir Gordon (1892–1980): Englischer Architekt des Internationalen Stils. Er stammte aus einer Handwerkerfamilie und arbeitete anfangs im Stil der Arts-and-Crafts-Bewegung. Um 1930 fing er an, Radioapparate zu entwerfen. Bevor er ab 1942 das englische Utility Programm leitete, hatte er in London und Worcester Möbel hergestellt. Nach dem Krieg wurde er Direktor des Industrial Design Council und eröffnete 1956 das Design Centre in London.

Rüster, s. Ulme.

Rustic-Sessel (1.11): In England so genannte Möbel gegen Ende des 18. Jahrhunderts, die für die Möblierung von Gartenpavillons hergestellt wurden. Das Holz wurde so geschnitzt, daß rauhe, unbearbeitete Klötze oder Wurzeln vorgetäuscht wurden. Es gab zahlreiche Vorlagenbücher.

Saarinen: Tisch mit Diabolofuß

Saarinen, Eero (1910–61): Sohn des finnischen Architekten Eliel Saarinen (1873–1950), der 1922 in die USA auswanderte. Er war als Möbeldesigner ebenso bedeutend wie als Architekt und beschritt mit Charles Eames mit Entwürfen für Kunststoffstühle völlig neue Wege im Möbeldesign. Experimente mit Formlagenholz führen zu Saarinens Fiberglasmodell »Womb« (1946) und »Tulip« (1.13), die von der Firma Knoll International produziert werden. Seine Arbeiten werden der Klassischen Moderne zugerechnet.

Säbelbein (1.11, 2.10): Möbelbein.

Sabot (2.09, 3.08): Dekorativer Möbelfuß aus Messing oder Bronze, um das Holz zu schützen; wird seit dem Louis-XIV. verwendet.

Sackback-Windsor-Stuhl (1.15).

Sägezahn (3.01): Muster, auch Chevron genannt.

Sambin, Hugues (um 1515–1600): Französischer Bildhauer und Ornamentist, der 1572 sein manieristisches Vorlagenbuch für Innendekorationen herausgab. Er wird als der erste französische Menuisier bezeichnet, jedoch gibt es keine für ihn gesicherten Arbeiten.

Sandelholz: Aromatisches Hartholz aus Indien, das sich leicht schnitzen läßt. Aus Sandelholz gibt es Schachteln und kleine Kommoden.

Sansibar (1.13): Amerikanische Bergère mit geflochtenem Sitz und Lehne und Voluten an den Armlehnen. Wohl benannt nach dem Prototyp, der damals aus der britischen Kolonie importiert wurde.

Sänfte (1.1).

Sapele: Westafrikanisches Hartholz, das dem Mahagoni ähnlich ist. Es wird vor allem für Sperrholz verwendet.

Satinholz: Hartholz meist aus Sri Lanka oder Indien, gelb bis goldfarben, die Maserung ist dem

Ahorn ähnlich. Es wird auch Zitronenholz, Bois de citron, genannt, läßt sich gut polieren und ist seit etwa 1800 das in England meist verwendete Möbelholz. S. Westindisches Satinholz.
Säule (2.14), Möbelbein (2.10), Drechselarbeit (2.11), Tischfuß (2.06).
Säulenbündel (2.10).
Säulenschaft (2.14).
Savonarola-Sessel (1.13): Ausdruck des 19. Jahrhunderts für einen Scherenstuhl der Renaissance.
Scagliola: Material, mit dem Marmorimitat hergestellt wird. Die Technik ist seit dem antiken Rom bekannt und wurde im 16. Jahrhundert wiederentdeckt. Sie wurde für Architekturglieder, Tischplatten und andere Innendekorationen verwendet.
Schachbrett-Muster (3.01), **Schachtisch** (1.32).
Schalensessel (1.10).
Scharnierband (2.12).
Scharniere (2.12): Sorte von Möbelbeschlägen.
Schatulle: Kleiner Kasten für Wertsachen.
Schaukasten (1.36).
Schaukelstuhl (1.05, 1.10, 1.11).
Schellack: Alkohollösliches Naturharz, das u. a. für Handpolituren an Möbeln verwendet wird.
Schellackpolitur: Glänzender Oberflächenabschluß, bei dem Naturharz bzw. Schellack in mehreren Schichten aufgetragen und mit einem Stoffballen in die Holzporen einpoliert wird. In Frankreich ist die Technik wohl im späten 18. Jahrhundert aufgekommen, vor allem im Biedermeier ist sie verbreitet. Sie kann auch von Maschinen ausgeführt werden.
Schenkschieve (1.21): Bäuerliches Möbel von der Nordseeküste.
Scherensessel (1.13), **Scherenstuhl** (1.13).
Schichtholz: Verleimte Schichten von Holzfurnier.
Schild (2.13).
Schildförmige Stuhllehne (2.08): Häufig an Modellen von Hepplewhite; Griff (2.13).
Schildpatt: Panzer der Meeresschildkröte. Im Möbelbau seit der Antike verwendetes Material, das unter Wärmebehandlung geformt werden kann. Es wird vor allem für Boulle-Marketerie verwendet, wobei an englischen Arbeiten der Panzer der Suppenschildkröte zu Furnier verarbeitet wird.
Schirme (1.38): Bewegliche Rahmen, um Personen vor Sicht, Licht, Hitze oder Kälte zu schützen.
Schirmständer (1.30).
Schlafsessel (1.12).
Schlange (3.08): Motiv.
Schlank gedrechseltes Möbelbein (2.10): Englisch: cupped.
Schließfach: Verschließbare Einheit einer Reihe von Kästen zur Aufbewahrung unterschiedlicher Gegenstände.
Schlitz: Hohlform in Holz, passend zum Einsetzen eines Gegenstücks.
Schlitz-und-Zapfen-Verbindungen (2.17): Eine der Grundverbindungen im Möbelbau.
Schlußstück (2.02).
Schmetterlingsscharnier (2.12).
Schminkkonsole (1.37).
Schminktisch (1.33, 1.35).
Schnabelkopffries (3.02): Muster.
Schnell, Martin (tätig um 1703–40): In Dresden geborener Lackmaler, der in Berlin unter Gerhard Dagly lernte. Er kehrte als Hoflackmaler an den Hof August des Starken nach Dresden zurück. Berühmtestes Stück ist ein weißgrundiger Kabinettschrank, der heute in Berlin zu besichtigen ist.
Schragen: Holzleisten mit Beinen als Untergestell, wird seit dem Mittelalter mit unterschiedlichen Platten als Tischgestell verwendet, Tisch (1.36, 1.37).
Schräg gestellte Form (3.05): Nach innen oder außen weisende Form von Möbelbeinen oder Kanten eines Möbels, s. Fase.
Schrank (1.18–1.22): Kastenmöbel zur Aufbewahrung von Gegenständen. Der früheste Schrank mit zwei Flügeltüren geht auf das 6. Jahrhundert zurück und findet sich im sakralen Bereich. Schränke werden ihrer Verwendung entsprechend in Kategorien eingeteilt, Form und Dekor wurden von Architekturstilen geprägt. Typisch deutsche Formen sind der Überbauschrank (1.22) und der Kabinettschrank (1.18) in Renaissanceformen und der Süddeutsche Barockschrank.
Schrankband (2.12), **Schrankbett** (1.02).
Schreibauflage (2.02), **-klappe** (2.04): Sonderform der Tischplatte, Kommode (1.23): Die Schreibplatte meist zum Herausziehen oder -klappen, Schrank (1.22), Stuhl (1.13).
Schreibtische (1.23, 1.24): Bezeichnung für verschiedene Ausführungen von Arbeitstischen mit Schubladen. Die Form mit zwei Schubladensockeln kam in England ab 1690 auf und ist seit der Mitte des 18. Jahrhunderts populär (Piedestal desk) (1.24). Ist die Schreibplatte so groß, daß sich zwei Personen gegenübersitzen können, wird er in England Partner's desk (1.24) genannt.

Sekretäre (1.23, 1.24, 1.38) und Aufsatzschreibtische (1.16) haben eine aufklappbare Schreibplatte, sie waren im 18. und frühen 19. Jahrhundert in Deutschland verbreitet. Französische Schreibmöbel sind vor allem im 18. Jahrhundert sehr vielfältig.
Schreibtischfächer (2.04).
Schreibtischscharnier (2.04): Halterung zum Festhalten der Schreibklappe. Die Segmentform ist typisch für klassizistische englische Möbel.
Schreiner: Ausgebildeter Möbelhersteller, der auch mit Furnieren umgehen kann (s. Menuisier, Ébéniste).
Schublade (2.05): Gleitender, oben offener Kasten an Kastenmöbeln oder unter Tischen; in Europa seit dem 15. Jahrhundert wieder gebräuchlich.
Schubladenkästchen: Kleines Möbel, das nur aus Schubladen besteht.
Schubladenlaufleiste (2.05): Führungsleiste für eine Schublade, erhöht die Gleitfähigkeit.
Schumacher, Martin (1695–1781): Deutscher Kunsttischler, der ab 1737 als Nachfolger Matuschs Ansbacher Hofschreiner wurde. Charakteristisch sind Boulle-Arbeiten und kleinteilige Marketerien.
Schuppen (3.07): Motiv.
Schuster, Franz- (1892–1976): Österreichischer Designer, der sich ab 1927 mit den Problemen der Massenproduzierbarkeit von Möbeln auseinandersetzte. Seine Arbeiten nahmen Einfluß auf das Möbeldesign in Skandinavien.
Schwalben und Zinken (2.17): Schwalben werden die schwalbenschwanzförmigen Gegenstücke genannt, die mit den Zinken gekontert werden. Durch die schrägen Kanten wird ein Auseinandergehen der Verbindung bei Belastung auf Zug verhindert.
Schwan (3.08): Motiv.
Schwanenhalsförmiger Griff (2.13), **Ziergiebel** (2.14), **mit Mittelbekrönung** (2.14).
Scroll-back-Windsor-Stuhl (1.15).
Secrétaire à abbatant (1.24): Französisch für Klappsekretär.
Seetangmarketerie: Muster aus Ranken und Spiralen, das besonders an englischen Möbeln im William-und-Mary-Stil verwendet wird.
Segmentbogen (3.05): Form.
Seitenbrett (2.04).
Sekretär: Französisch Secrétaire à abbatant, (1.23, 1.24, 1.38).
Sekretärschublade: Schublade, deren Vorderstück man herunterklappt, um darauf zu schreiben.
Sella Curulis (1.11). Römischer Hocker aus Eisen, ursprünglich für den Konsul bzw. den Kaiser.
Semainier (1.16): Kommode mit sieben Schubladen.
Seraph (3.06): Motiv.
Serienmöbel: Möbel, die aus einzeln maschinell hergestellten Teilen zusammengesetzt sind; seit um 1930.
Serviertisch (1.30), **für Getränke** (1.37).
Sessel in etruskischem Geschmack (1.09).
Settee (1.28): Englischer Ausdruck für eine Sitzbank mit Rückenlehne, die wie eine Aneinanderreihung von Stühlen aussieht; kann gepolstert oder ungepolstert sein.
S-förmige Linie (3.06), **Möbelfuß** (2.09).
Sgabello (1.11): Spanischer Kastenstuhl mit schräg eingezapfter Rückenlehne.
Shaker-Möbel (1.11, vgl. Zeittafel): Die Shaker waren eine religiöse Gemeinschaft im Osten der USA, 1784 gegründet, die ihr gesamtes Mobiliar von Hand herstellte. Der Stil ist einfach und nüchtern, die Möbel jedoch sind höchst durchdacht und funktionstüchtig. Sie verwendeten meist Fichte und andere einheimische Hölzer. Die Shaker begannen um 1800 mit kommerzieller Produktion, seit Ende des 19. Jahrhunderts wurden ihre Arbeiten kopiert.
Shawlback-Windsor-Stuhl (1.15), **-Stuhllehne** (2.08).

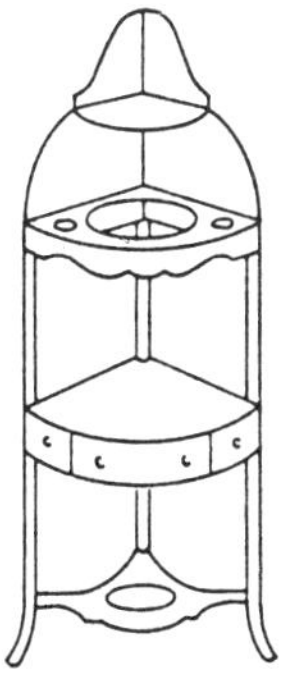
Sheraton: Eckwaschtisch, 1791

Sheraton, Thomas (1751–1806): Englischer Designer des Klassizismus. 1791–94 gab er in verschiedenen Lieferungen 111 Vorlagenstiche, »The Cabinet-Maker and Upholster's Drawing Book«, heraus. Seine Zeichnungen basieren auf den Entwürfen Adams und Hepplewhites, sind jedoch einfacher und zierlicher. Sein »Cabinet Dictionary« (1803) mit 88 Stichen führte den Ägyptischen Geschmack in England ein, der Regency-Stil entstand. Sheraton verfaßte eine unvollendete Enzyklopädie in 125 Bänden (1805), die nur bis zum Buchstaben C gelangte. Nur ein Bücherschrank mit Glastüren kann ihm sicher zugeschrieben werden.
Sheraton-Settee (1.26): Kann bis zu fünf stuhlartige Rückenlehnen haben.
Sheveret (1.23): Typisch englisches Schreibmöbel, um 1790.
Sideboard: Englischer Ausdruck für Anrichten in Speisezimmergarnituren, der sich seit den 1950er Jahren in Deutschland anstelle von Wandtischen oder -kommoden als Teil von Wohnzimmereinrichtungen eingebürgert hat.
Silbermöbel: Im Kirchenschatz von Hildesheim ist ein massiver Silberhocker aus dem 1. Jahrhundert n. Chr. erhalten, Einlegearbeiten aus Silber sind seit dem alten Ägypten bekannt. Unter Louis XIV. trat kurz eine Vorliebe für massive Silbermöbel auf, ein ehemals aus Versailles stammender Silbertisch steht heute in Schloß Windsor. In Augsburg, der traditionellen

Silberschmiedestadt, fertigte Abraham Drentwett (1647–1729) Silbermöbel in üppigen Barockformen mit viel figürlichem Ornament.

Sillón de cadera (1.13), **de fraileros** (1.12): Spanischer Armsessel mit Ledersitz, 17. Jahrhundert.

Silver-grey-Holz: Indisches Hartholz, das im 19. Jahrhundert in England als Furnier verwendet wurde.

Singerie: Französischer Ausdruck für dekorative Affenfiguren mit menschlichen Zügen und Gewändern. Singerien gelten als Erfindung Bérains, ab 1700 kamen sie mit Chinoiserien zusammen groß in Mode.

Sitzbank (1.05, 1.25, 1.28): Lange Bank ohne Rückenlehne.

Sitze (2.03): Sitzflächenkonstruktion.

Sitzkasten (1.25).

Sitzpolster: Gepolsterte Sitzfläche, fest oder lose.

Sitzrahmen (2.02): Teil des Stuhles.

Sitzwanne (1.39): Seit dem frühen 19. Jahrhundert gebräuchlich, oft bemalt.

Skai: Modernes Kunstleder, das aus zellulosebeschichtetem Gewebe besteht.

Skandinavische Möbel (vgl. Zeittafel): Bezeichnung für einen Möbelstil, der, geprägt von den Arbeiten Aaltos und Klints, in ganz Skandinavien verbreitet war. Nach 1945 erfreute er sich internationaler Anerkennung und wurde weltweit exportiert.

Skotie (3.03): Profil.

Slipperwanne (1.39): Blechwanne aus dem 19. Jahrhundert.

Smoker's-bow-Windsor-Stuhl (1.15).

Sockel (2.14), **Sockelschrank** (1.21).

Sofa (1.25–1.28): Bequemes, gepolstertes Sitzmöbel mit Armstützen und Rückenlehne für mehrere Personen.

Sofa Table (1.36): Entwickelte sich aus dem Pembroke-Tisch.

Sofabett (1.04).

Soffitte: An die Decke drapierte Stoffbahn, die illusionistisch bemalt werden kann.

Sonnenbanner (3.08): Dekorationsmotiv an Möbeln des 18. und 19. Jahrhunderts; kam im Wappen der makedonischen Könige vor.

Sonnenblume (3.08): Motiv.

Spangenscharnier (2.12).

Spanischer Kolonialstil (vgl. Zeittafel): Dekorationsstil der spanischen Kolonien in Übersee im 17.–18. Jahrhundert. Er fand vor allem in Mexiko, Lima, Bogota und Quito Anwendung, weniger auf Kuba und den Philippinen. Die Formen sind europäisch, Schnitzereien sind indianisch beeinflußt, Silber- und Perlmutteinlagen wurden an die einheimische Ornamentik adaptiert. In Mexiko folgte der Desornamentado-Stil, wohingegen Peru bei barocken Formen blieb.

Spanisch-maurischer Stil (vgl. Zeittafel): Möbelstil während der Spätgotik und der Renaissance in Spanien. Er entwickelte die geometrischen Marketerien des Mudéjarstils.

Spanplatte: Holzwerkstoff, der aus Holzspänen mit Kunstharz (Melamin) als Bindemittel hergestellt ist. Sie wird furniert oder beschichtet, kaum roh verwendet.

Spatenförmiger Möbelfuß (2.09).

Sperrholz: Schichtholz, das aus mehreren Lagen ca. 5 mm starken Furniers verleimt ist. Es ist härter und biegefester als natürliches Holz. Schichtverleimtes Sperrholz wird in der Möbelherstellung seit dem 18. Jahrhundert verwendet. Ein frühes Beispiel sind die Eßzimmerstühle aus Mahagoni, die Robert Adam 1773 für Osterley Park anfertigte. Im Biedermeier wurden die gebogenen Rückenlehnen von Sitzmöbeln aus Sperrholz gemacht. Belter benutzte Sperrholztafeln für kunstvolle Schnitzereien. Im 20. Jahrhundert sind es Aalto, Breuer und Eames, die mit Sperrholz neue Wege in der Möbelgestaltung gehen.

Sphinx (3.07): Motiv.

Spiegel (1.40): Ursprünglich wurden polierte Metallplatten als Spiegel verwendet. Im 15. Jahrhundert entwickelten venezianische Glasmacher größere Glaspiegel, die im 18. Jahrhundert ein Hauptbestandteil von Raumdekorationen wurden.

Spieltisch (1.31, 1.32, 1.34, 1.37): Unter der Platte können sich eine filzbespannte Fläche oder Brettspiele wie Mühle, Dame, Tric-trac oder Schach befinden; für Troumadam (1.37): Troumadam ist ein Tischspiel, wobei Kugeln mit Stöcken oder mit der Hand in Löcher (trou) befördert werden müssen.

Spindelförmige Drechselarbeit (2.11).

Spindellehne (1.12, 2.02, 2.08).

Spindleback-Windsor-Stuhl (1.15).

Spindler, Johann Friedrich (1726–nach 1799) **und Heinrich Wilhelm** (1738–nach 1799): Deutsche Möbelkünstler aus Bayreuth. 1764 gingen sie nach Potsdam an den Hof Friedrichs des Großen, wo sie für Schloß Sansouci die Marketerien der Wandverkleidungen und Möbel nach den Entwürfen Hoppenhaupts anfertigten.

Spinett (1.39): Kleines Tasteninstrument, das im 16. Jahrhundert in Italien aufkam. Nach 1800 wurde es in England teils zu Schreibtischen umgearbeitet.

Spiralförmige Drechselarbeit (2.11), **gedrehtes Möbelbein** (2.10), **Mäander** (3.02).
Spitzbogen-, Spitzzahnfries (3.01): Muster.
Spitzkehle (3.04): Profil.
Sprosse (2.02): Querverbindende Leiste oder Stab einer Stuhllehne in einem Rahmen.
Sprossenlehne (1.07, 2.07, 2.08).
Sprungfeder-Polsterung: Aufgewickelte Eisen- oder Stahlfedern werden als Polsterung für Kissen und Matratzen verwendet. An Louis-XV.-Möbeln tauchen Sprungfedern erstmals auf, jedoch wurden sie erst nach der Erfindung der Spiralfeder aus Metall von Georg Junigl in Wien 1822 in großen Mengen angefertigt. Samuel Pratt ließ sie 1828 in London patentieren. Die Form von Sitzmöbeln änderte sich: Sitzflächen und Polsterungen wurden tiefer, und Knopfpolsterungen kamen auf, um ein seitliches Verrutschen der Federn zu verhindern.
Stablehne (1.05).
Stäbe an Stuhllehnen (2.07).
Stahlmöbel: Vor dem 20. Jahrhundert wurden sie kaum angefertigt, es sind jedoch aus der Renaissancezeit Exemplare aus Süddeutschland bekannt. Um 1787 stellte Riesener für Marie-Antoinette einen Schreibtisch und mehrere Beistelltische aus Stahl her. Erst mit Erfindung des Stahlrohrs in den 1920er Jahren fanden Stahlmöbel weite Verbreitung.
Ständer (1.29): Rahmenartiges Gestell für den unterschiedlichen Gebrauch, wie z. B. für Zeitungen, Musik oder Bücher, Hüte, Briefe oder Löffel.
Stam, Mart (geb. 1899): Holländischer Architekt und Designer der Klassischen Moderne. Er fertigte den ersten Stahlrohrfreischwinger 1926. Mies van der Rohe und Breuer (1928) orientierten sich an Stams Entwicklungen.
Standfuß (2.06).
Stanzen: Methode, Dekore aus Papier oder Metall zu übertragen. Seit der Gotik bekannt, wird sie erst seit der Zeit der Massenproduktionen in den USA (um 1820) wichtig.
Stechpalme: Weiß geflecktes Hartholz, das im 18. Jahrhundert für Marketerien als Ebenholzimitat schwarz gebeizt wird.
Steckverbindungen: Konstruktionsmethode für Sitzmöbel und Tischgestelle. Stuhlbeine aus runden oder polygonalen Stäben werden in dafür vorgesehene Fächer des dicken Sitzbretts gesteckt. Stuhllehnen werden mit einem Zapfen in das Sitzbrett gesteckt, von unten mit einem Keil gesichert. An Kreuztischgestellen wird der Verbindungssteg in das Kreuz gesteckt und mit einem durchgesteckten Keil befestigt (2.17).
Steg (2.02), **in Lyraform** (2.03).
Stegverbindungen (2.03, 2.06): Stuhlkonstruktion aus sich diagonal kreuzenden oder die Beine einzeln verbindenden Leisten, die auch als Fußstütze dienen. Erstklassige Kunstschreiner des 18. Jahrhunderts kamen ohne sie aus.
Steigbügelförmiger Griff (2.13).
Steigender Eber (3.06), **Hund** (3.06), **Pferd** (3.07): Motive.
Stickerei: Sammelbegriff für mit der Nadel gefertigte textile Verzierungen.
Stickley, Gustav (1857–1924): Amerikanischer Möbeldesigner, -fabrikant und -theoretiker. Ab 1898 entwarf er Mission-Möbel (1.10): Anrichten, Tische und eine Variante des Morris-Sessels (1.10), die er sehr gut verkaufte. 1910 verließen seine Brüder das gemeinsame Geschäft und wurden zu Konkurrenten. 1915 mußte Stickley Konkurs anmelden, jedoch hatten seine Ideen Designer von Chicago bis zur Westküste beeinflußt.
Stirnziegel: Eckbekrönung eines Daches in Form eines Akroterions (3.06) oder Tiermaske, an klassizistischen Kastenmöbeln.
Stocklaterne (1.38): Offenes Licht in einem Eisenkorb an einem Stab oder an der Wand. Die Kerze wird von einem Spieß gehalten.
Stollen (2.06): Eine der frühesten Konstruktionstechniken für Tische, Betten und Kastenmöbel. Baumstämme wurden vertikal entlang des Faserverlaufs mit einem Keil gespalten. Die so entstandenen Stollen wurden mit dem Beil, später mit dem Hobel geglättet.
Stollenbett (1.02), **-tisch** (1.34).
Strahlen: Radiale Linien einer Holzmarketerie oder Schnitzarbeit an fächer- oder muschelförmigen Motiven.
Strawberry-Hill-Windsor-Stuhl (1.14): Typ des 18. Jahrhunderts mit durchbrochener Rückenlehne.
Strebe (2.01): Teil des Bettes.
Streifenscharnier (2.12).
Strohmarketerie oder Stroharbeit: In Frankreich im 18. und frühen 19. Jahrhundert beliebte Technik, Schatullen und Spiegelrahmen mit bunt gefärbtem Stroh zu verzieren. Bevorzugt wurden geometrische Muster und Landschaftsbilder.
Strohsessel (1.12).
Stuhl (1.05–1.15): Sitzmöbel ohne Armstütze.
Stuhl im neugotischen Stil (1.09).
Stuhllehne (2.07–2.08): Aufrechte Rückenstütze.
Stummer Diener (1.29).
Stumpfe Fuge (2.16): Holzverbindung.

Sumpfkiefer: Härteres amerikanisches Weichholz (Pitch pine), gelblich in der Farbe. Es wurde im 19. Jahrhundert vor allem für Schul- und Kirchenmöbel verwendet.
Sumpfzypresse: Biegefestes amerikanisches Weichholz von unterschiedlicher Färbung. Es ist charakteristisch für Möbel aus dem 18. Jahrhundert aus Charleston, South Carolina.
Swiss-Windsor-Stuhl (1.15).
Sykomorenholz: Amerikanischer Bergahorn, dichtes, helles Holz, das masiv, als Furnier und für Marketerien verwendet wird, s. Harewood.
Table à rognon (1.36), **en chiffonière** (1.36): Tische.
Table-rule-Scharnier (2.12): Englisches Tischscharnier.
Tablett (1.31).
Tabouret (1.13): Französisch für Hocker.
Tagesliege (1.02, 1.26).
Tallboy (1.17): Im amerikanischen Highboy genannt, typisch englische Schreibkommode mit Schubladenaufsatz.
Tanne: Koniferenart; harziges Weichholz, das vor allem als Konstruktionsholz verwendet wird.
Tapissier: Französischer Ausdruck für Polsterer und Tapezierer, die bis 1791 in einer strengen Zunft organisiert waren.
Tatlin, Wladimir (1885–1953): Russischer Konstruktivist, der 1917 die Ausstattung des Moskauer »Cafè Pittoresque« entwarf. 1927 folgte ein gebogener Stahlrohrsessel, der in Italien in Serienproduktion ging.
Taufries (3.02).
Teakholz: Schweres, dauerhaftes Hartholz aus Asien, das in verschiedenen Arten vorkommt.
Teekannenständer (1.30), **-tisch** (1.37).
Teekiste (1.17): Das Zeremoniell des Teetrinkens wurde in Europa im 18. Jahrhundert und besonders in England gepflegt. Kunstvolle Teedosen (Teacaddy) aus Rosenholz, eckig, oval oder rund wurden hergestellt, die innen einzelne Fächer für Teesorten hatten. Besondere Beistelltische als Behälter, sog. Teapoys (1.37) waren eigentlich auf ein Gestell gesetzte Teedosen. Ein runder Teekannenständer (1.30) diente dem Abstellen der Teekanne mit einem Rechaud (Stövchen). Der Teetisch (1.37) hatte einen Rand, er kam während der Queen-Anne-Zeit auf.
Telamon: Figürlicher Gebälkträger.
Terme: Figürlicher Pilaster an Möbeln, auch Herme genannt, s. auch Karyatide.
Teilvergoldung: Nur bestimmte Stellen sind vergoldet.
Teleskopauszug (2.06).
Tête-à-tête-Sofa (1.28): Plaudersofa.
Thonet, Michael (1796–1871): Deutscher Möbelhersteller und Designer, der 1841 seine Bugholztechnik patentierte. Er war Wegbereiter der Serienproduktion von Standardmöbeln, einige seiner Stühle sind zu Klassikern geworden. 1859 entwarf er den zerlegbaren Thonet »Nr. 14« (1.04), der bis heute produziert wird. Kleiderständer, Schaukelstühle, Kaffeehausstühle und -tische gehörten zu seinem Repertoire. Um 1871 konnte Thonet 400.000 Stücke im Jahr herstellen und weltweit verkaufen. Die Firma Thonet, die viele Entwürfe von Designern des 20. Jahrhunderts produzierte, besteht heute noch.
Threeback-Stuhllehne (2.08), **-Windsor-Stuhl** (1.15).
Thron (1.13): Sessel mit starkem Symbolcharakter für profane und sakrale Zeremonien. Der älteste bekannte Thron stammt aus einem minoischen Palast in Knossos (um 1800 v. Chr.). Der päpstliche Thron St. Peters, aus Eiche mit Elfenbeinschnitzerei, stammt aus dem 4. Jahrhundert n. Chr.
Thujaholz: Afrikanisches Weichholz mit feiner, dichter Maserung, geeignet für Furnier und Einlegearbeiten.
Tichitola: Afrikanisches Hartholz, dem Nußbaum sehr ähnlich, wird als Furnier verwendet.
Tisch mit Klappe (1.33), **mit Cabriole legs** (1.35).
Tisch-Sessel (1.06): Verwandlungsmöbel.
Tische (1.31–1.37): Abstellmöbel mit horizontaler Platte auf einer Unterkonstruktion.
Tischhocker (1.05).
Tischklavier (1.39).
Tischkommode (1.17, 1.32).
Tischler: s. Schreiner.
Tischplatte (2.06): Teil der Tischkonstruktion, wird auch Blatt genannt, zum Ausklappen (2.06).
Tischteppich: Bis in die Spätbarockzeit wurden einfache Tischgestelle mit kostbaren Teppichen bedeckt. Sie reichten bis zum Boden und waren wertvoller als die Gestelle. Die Teppiche sollten die Gestelle verdecken und dienten gleichzeitig zur Dekoration.
Toilette en papillon (1.37): Kleiner Schminktisch, dessen Umriß einem Schmetterling ähnlich ist.
Toilettenspiegel (1.29, 1.40).
Tombeau-Kommode (1.17).
Torchère: Französischer Ausdruck für Kerzenhalter.

Torus: S. Wulst.
Toskanische Ordnung: Einfache Säulenordnung, die von der römisch-antiken Architektur abgeleitet ist.
Transition-Stile (vgl. Zeittafel): Im französischen sogenannte Übergangsstile. Es sind einerseits die ersten Jahre des Louis-XIV. gemeint, die den Barock einleiteten. Andererseits wird die Periode zwischen Louis-XV. und Louis-XVI. darunter verstanden, das Ende des Rokoko und der Beginn des Klassizismus.
Trauben (3.01): Muster.
Treppenleiter (1.12).
Tricoteuse (1.37): Französischer Ausdruck für Nähtischchen.
Trio (1.35): Drei gestapelte Beistelltische.
Trique(s)tra (3.06): Dreischenkel; Motiv.
Trompetenförmiges Möbelbein (2.10), **Drechselarbeit** (2.11).
Tropfenförmiger Ringgriff (2.13).
Tropfengriffe (2.13).
Trophäe: Dekorationsmotiv, das aus Waffen und Kriegsgerät gestaltet sein kann oder aus Musikinstrumenten oder anderen Gegenständen, die die Kunst symbolisieren. Wird besonders im 18. Jahrhundert und im Empire (Kriegstrophäen) verwendet.
Truhe (1.16, 1.17).
Truhe mit Aufsatz (1.16).
Trumeau (1.40): Hohe, schmale Wandverkleidung, die zwischen zwei Fenster gehängt wurde. Im 18. Jahrhundert oft über einem Konsoltisch.

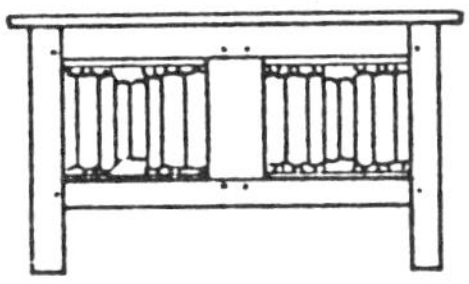
Tudor-Stil: Kommode mit Faltwerk, ca. 1500

Tudorstil (vgl. Zeittafel): Englische Möbel, die während der Regierungszeit der Tudors (1485–1603) entworfen wurden. Sie sind von Renaissance und Manierismus beeinflußt. Um 1550 entstand der Ausziehtisch (1.33), die Nonsuch-Kommode (1.17) und der Farthingale-Sessel (1.08). Stechpalmen- und Ebenholz wurden in den Möbelbau eingeführt. Die Regierungszeit Elizabeth' I. wird vom früheren Tudorstil abgesetzt, italienische Stilelemente wurden in die Raumausstattungen aufgenommen.
»Tulip-Sessel« (1.13): Siehe Saarinen.
Tulipwood: Brasilianische Palisanderart, etwas heller als das Rosewood. Obwohl es mühsam zu bearbeiten ist, wurde es an Louis-XV.-Möbeln vielfach verwendet. S. Palisander.
Tupelo: Gummibaumart aus dem Südosten der USA, Hartholz, das sich als Bau- und Sperrholz eignet. Es wird gebeizt, um wie Mahagoni oder Nußholz auszusehen.
Türband (2.12).
Überbauschrank (1.22).
Überplattung (2.15): Holzverbindung.
Überseekoffer (1.17).
Untere Rahmenleiste (2.04, 2.05): Konstruktionsteile eines Möbel.
Ulme: Hellbraunes Hartholz, auch Rüster genannt, das seit dem antiken Rom im Möbelbau verwendet wird. Das Holz ist charakteristisch für Windsor-Stühle des 18. und 19. Jahrhunderts, heute wird es vorwiegend als Furnier verwendet.

Utility-Möbel: Frisiertisch mit Hocker, 1946

Urne: Vasenähnliches Dekorationsmotiv der Antike, das in der Renaissance wieder verwendet wurde. An klassizistischen Möbeln findet sich die Urne häufig als Giebelbekrönung und an Kreuzstegen.
Utility-Möbel (vgl. Zeittafel): Offizielles englisches Möbeldesign während des 2. Weltkriegs, das den Ideen des Funktionalismus nahesteht. Die Produktion wurde rationalisiert und auf einige wenige Typen beschränkt. Die preiswerten Stücke fanden rasch Verbreitung.
Vaisselier (1.22): Französischer Ausdruck für Geschirrschrank.

Van de Velde: Armsessel, 1894–95

Van de Velde, Henri (1863–1957): Belgischer Architekt und Entwerfer des Jugendstils, Wegbereiter des modernen Möbeldesigns. 1895–1905 entwarf er für sein eigenes Haus in Uccle bei Brüssel und für die Pariser Galerie »L'Art Nouveau« geometrische, geradlinige Möbel ohne Ornamente. 1899–1924 lebte er in Deutschland und in der Schweiz und wendete sich den Ideen des Bauhauses zu.
Vargueño (1.23): Spanischer Klappschrank der Renaissance auf einem Untergestell.
Vasensockel (1.30).
Verbindungssteg (2.06): Tischkonstruktion.
Verbundverleimte Holzverbindung (2.15).
Verchromen: Elektrolytischer Vorgang, bei dem Metall mit Chrom überzogen wird, um eine glänzende, dauerhafte Oberfläche zu erzielen; wird an Stahlrohrmöbeln angewandt.
Verdeckte Verbindungen (2.16, 2.17).
Verflochtene Säule (2.11): Drechselarbeit.
Vergoldung: Dekorationstechnik aus Goldstaub oder Blattgold, die in England unter Charles II. (1660–85) populär wurde. Es gibt Öl- und Wasservergoldung.
Verkeilter Zapfen (2.17): Holzverbindung.
Vernis Martin: Lacktechnik, die von den Brüdern Martin in Frankreich vollendet wurde. Sie benutzten Kopallack, der die besonders glänzenden Oberflächen ergab.
Verschlungene Sprossenlehne (2.08), **Schnur, Wulst** (3.04).

Versenkte und verdeckte Schraube (3.05).
Vertäfelungen (3.05): Wandverkleidung aus Holz in Rahmen und Füllungskonstruktion, s. Füllung.
Vertiefte Oberfläche (3.05), **Kassette** (3.05).
Vertikale Maserung (3.05).
Verzierung: An Möbeln dekorative Einlegearbeiten oder Schnitzereien.
Vierblattblume (3.01): Muster.
Vierpaß: Gotisches Ornament, das im Historismus viel verwendet wurde.
Viertelschub (2.05): Schubladenkonstruktion.
Viertelstab (3.03): Profil.
Vignette (3.02): Weinlaub; Muster.
Viktorianischer Stil (vgl. Zeittafel): Der unter der Herrschaft Königin Viktorias (1837–1901) in England verbreitete Stil. Er geht parallel zu den Neostilen auf dem Kontinent. Die Weltausstellungen, die erste fand 1851 in London statt, wurden entscheidend für die Entwicklung des Kunsthandwerks.

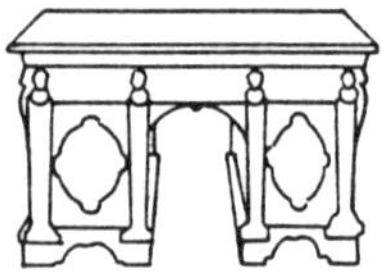
Vile und Cobb: Bibliothekstisch aus Mahagoni von Vile, ca. 1745

Vile und Cobb (tätig 1750–78): Londoner Möbelschreiner luxuriöser Rokokomöbel aus Mahagoni. Sie fertigte Schränke und Kommoden für König George III. an.
Vitrine (1.31, 1.37).
Vogelaugen: Holzmaserung an Ahorn oder anderen Wurzelfurnieren, in Nordamerika besonders beliebt.
Volant (2.10): Kurzer Behang an Baldachinen, Vorhängen oder Sitzmöbeln.
Volute (2.09, 2.10, 2.14).
Vorderer Steg (2.02).
Voyeuse (1.13): Leichter Konversationsstuhl.
Vredeman de Vries, Hans (um 1527–nach 1604): Belgischer Maler und Ornamentist, der 1560–88 vielbeachtete manieristische Vorlagenstiche für Möbel (Sitzbänke, Schemel, Tische, Buffets, Feldbetten u. ä.) herausgab. Die Entwürfe sind ohne viele Verzierungen, so daß jeder gute Kunstschreiner nach ihnen arbeiten konnte. 1630 gab sein Sohn Paul ähnliche Entwürfe heraus, jedoch üppiger und mit figürlichem Schnitzwerk. Vredeman de Vries übte maßgeblichen Einfluß auf die Entwicklung des Ohrmuschelstils aus.
Wachslampe (1.38): Amerikanische Lampe des 18. Jahrhunderts, auch Betty lamp genannt; Hänge- oder Stehlampe.
Walisischer Wäscheschrank (1.22).
Wandapplike (1.38): Ein- oder mehrarmiger Wandleuchter.
Wandbehang: Wandbehänge können aus Textilien, Leder oder Papier sein und wurden seit dem Mittelalter vor Fenster, an Betten oder an die Wand gehängt. Im 16. und 17. Jahrhundert waren spanische Ledertapeten beliebt, sie wurden im 18. Jahrhundert von den Papiertapeten verdrängt.
Wandbett mit Volant (1.03).
Wandblaker (1.38): Wandleuchter mit Rückenplatte, Tropfenfänger und Tülle. Die Rückenplatten waren aus poliertem Metall, bevor sie um 1700 durch Spiegel ersetzt wurden, s. Girandole.
Wandschirm (1.38): Meist mit Textil bespanntes Holzgestell, das als Raumteiler diente.
Wandtisch (1.36).
Wangenförmiger Tischfuß (2.06).
Wangensitzbank (1.12).
Wangentisch (1.36).
Wanne (1.39).
Wäschekommode (1.16).
Wäschemangel (1.40): Brett mit großen Schraubzwingen, um Bett- und Tischwäsche glatt zu pressen. Sie wurde ab dem 16. Jahrhundert in Italien verwendet; es sind Stücke aus der Zeit Charles I. erhalten, im 18. Jahrhundert wurden sie oft auf eine Kommode montiert.
Wäscheschrank (1.19, 1.20).
Waschkommode (1.17), **Waschtisch** (1.29, 1.30).
Wasserbett (1.04).
Wasserlaub (3.02): Kyma; Muster.

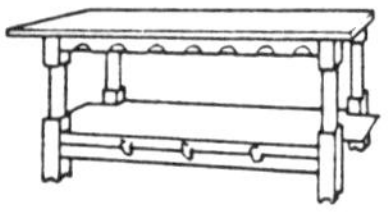
Webb: Tisch aus Eiche

Webb, Philipp (1831–1915): Englischer Architekt und Designer, Leiter der Werkstätten der Arts-and-Crafts-Bewegung. 1865 entwarf er den Morris-Sessel (1.10).
Wegner, Hans (geb. 1914): Dänischer Designer skandinavischer Möbel und Wegbereiter der Klassischen Moderne. Seine Entwürfe für handgefertigte und funktionelle Möbel, wie z. B. den »China-Stuhl« von 1944–50, vereinten traditionelle Handwerkstechniken mit modernem Design.
Weichholz: Holz, zumeist von Nadelbäumen wie Tanne, Fichte, Lärche, Kiefer u. a. In der Regel billiger als Hartholz, eignet sich als Konstruktionsholz, selten für Einlegearbeiten.
Weinkühler (1.30): Kübelartiges Gefäß, in das Weinflaschen zwischen Eisstücke gestellt werden können. Der Weinkühler mit Deckel wird vor allem in den Georgianischen Stilen 1755 bis 1830 verwendet, mit Messingeinfassungen und Urnenmotiven (Adam) oder in Sarkophagform.

Weizengarbe (3.08): Motiv.
Wellenband (3.01, 3.02): Muster.
Wenge: Lebhaft gestreiftes afrikanisches Hartholz, das zunehmend für Furnier verwendet wird.
Westindisches Satinholz: Gelbes bis cremefarbiges Hartholz aus der Karibik, das während des Klassizismus in England viel verwendet wurde. Heute wird es von Satinholz aus Sri Lanka ersetzt.
Whatnot (1.30): Étagère, Gestell.
Wheelback (1.15): Windsor-Stuhl.
Wiege (1.01).
Wiener Sezession: Eine Gruppe von Wiener Künstlern, die 1897 aus der Kunstakademie austrat. Sie stellten die Möbel Charles Mackintoshs aus und entwickelten den Wiener Jugendstil. Führender Designer war Josef Hoffmann (1870–1956), der Innenausstattungen entwarf und für Thonet arbeitete.
William-and-Mary-Stil (vgl. Zeittafel): Barocker englischer Möbelstil Ende des 17. Jahrhunderts, der stark von dem am Hof beschäftigten holländischen Architekten beeinflußt wurde. Er löste den englischen Restaurationsstil ab, verwendete viel Nußholz mit holländischen Marketerien und Austernfurnier. Neuartige Möbel waren das Scritorio (1.24), der Schreibschrank mit Vitrine (1.24), der Butterfly-Tisch (1.32) und der Gate-leg-Tisch (1.34). Geschnitzte Volutenfüße (2.09) und Baluster (2.10, 2.11) waren gern verwendete Elemente.

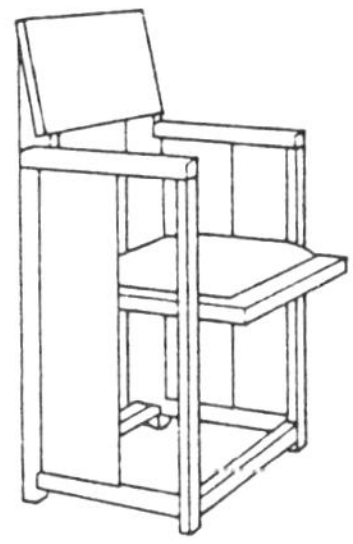
Wright: Armsessel, 1904

Windsor-Stühle (1.08, 1.14–1.15), **-Settee** (1.28): Traditionelle englische Stühle und Sessel, die ihre heute noch gültige Formen schon um 1680 bekamen. Sie wurden in High Wycombe, Buckinghamshire, hergestellt, da sich dort im 18. Jahrhundert ausgedehnte Buchenwälder befanden. Die sattelförmigen Sitzflächen sind aus Ulmenholz (Rüster), die bogenförmige Lehne aus Esche oder Eibe und die Beine aus Buche gefertigt.
Winkeleisen (2.04): Konstruktionsteil.
Wirtel (3.08): Aus der Spinnerei kommender Ausdruck für auf Spindeln oder Stangen befestigte Rollen.
Wohnzimmersessel (1.08).
Wright, Frank Lloyd (1867–1959): Amerikanischer Architekt und Designer, der seine ersten Möbel um 1895 in besonders geradlinigen Formen entwarf. Das von ihm errichtete Larkin Administration Building (Buffalo, N. Y., 1904) erhielt die ersten modernen Büromöbel aus farbigem Metall. Im selben Jahr entstanden sein geometrischer Holzstuhl, dessen Grundform auf einen Kubus zurückgeht. Vom Japonismus beeinflußt, beherrschten seit 1915 plastische und architektonische Elemente seine Möbel, Bequemlichkeit stellte er zurück.
Wrighting-arm (1.15): Windsor-Stuhl.
Würfel (3.01, 3.04, 3.16): Schachbrettartiges Muster.
Wulstfries (2.14), **Ziergiebel** (2.14).
Wulst (3.03, 3.04): Profil.
Wurzelholz: Holz aus der Wurzel oder dem Stammansatz eines Baumes, sehr geschätzt wegen seiner dekorativen Maserung. Verwendet werden hauptsächlich Walnuß, Eibe, Rüster, Ahorn und Esche.
Wycomb-style (1.15): Windsor-Stuhl.
X-förmige Stullehne (2.08).
Zackenfries (3.01): Muster.
Zahnschnitt (2.14, 3.04): Klassisches Ornament, das einer Zahnreihe ähnelt; im 18. Jahrhundert an Gesimsen und Kastenmöbeln verwendet.
Zapfen: siehe Schlitz und Zapfen.
Zapfenband (2.12).
Zapfen und Zapfenloch (2.17): Holzverbindung.
Zarge (2.04, 2.06): Rahmen, der die Unterkonstruktion eines Möbels verbindet. Oft geschnitzt und mit Profilen versehen.
Zebraholz: Afrikanisches Hartholz, das für farbenprächtige Marketerien verwendet wird.
Zeder: stark duftendes, rotbraunes Weichholz; oft für Möbel verwendet, in denen Kleider aufbewahrt werden. Während der Regierung Charles II. wurde die Libanon-Zeder in Großbritannien eingeführt.
Zeitungsständer (1.29).
Zeichentisch (1.37).
Zeltbett (1.04).
Zickzackfries (3.01): Muster.
Ziergiebel (2.14): Bekrönung von Möbeln, die auf antiken Architekturvorbildern basiert. Von ca. 1675–1760 gibt es geschlossene, ab ca. 1715–1800 finden sich offene, gebrochene (gesprengte) Formen.
Ziernagel: Zur Befestigung und Verzierung von Polsterungen.
Zinkenverbindungen (2.17): Eine der Grundverbindungen im Möbelbau, kann nur von Hand gefertigt werden. S. Fingerzinken, Schwalben.
Zinnenfries (3.01): Muster.
Ziselieren: Gravieren oder Punzen einer Metalloberfläche mit rundem Hammer oder Stichel.

Zweifaches Gate leg (2.06): Siehe Gate leg.
Zwei gebogene Streben (2.03): Stuhlkonstruktion.
Zweisitzer (1.28): Sofa.
Zweites Louis-XVI. (vgl. Zeittafel): Möbelstil aus der Mitte des 19. Jahrhunderts, der vom Hof Napoleon III. und seiner Gattin Eugénie ausging. Er war auffälliger und betont prunkvoller als der Originalstil, charakteristisch sind Knopfpolsterungen mit Sprungfederkern. Der Stil hat sich vor allem für Hotelausstattungen lange gehalten, so daß im englische Sprachraum die Bezeichnung Louis the Hotel entstand.
Zweigeschossiger Schrank (1.18).
Zweiteilige Holzlehne (2.07).
Zwetschgenholz: Dunkles, streifiges Hartholz, das vom Mittelalter bis zum 17. Jahrhundert im Möbelbau viel verwendet wurde; später vor allem für Furnier.
Zylinderbureau (1.23): Schreibtisch.

ZEITTAFEL BIS 1400

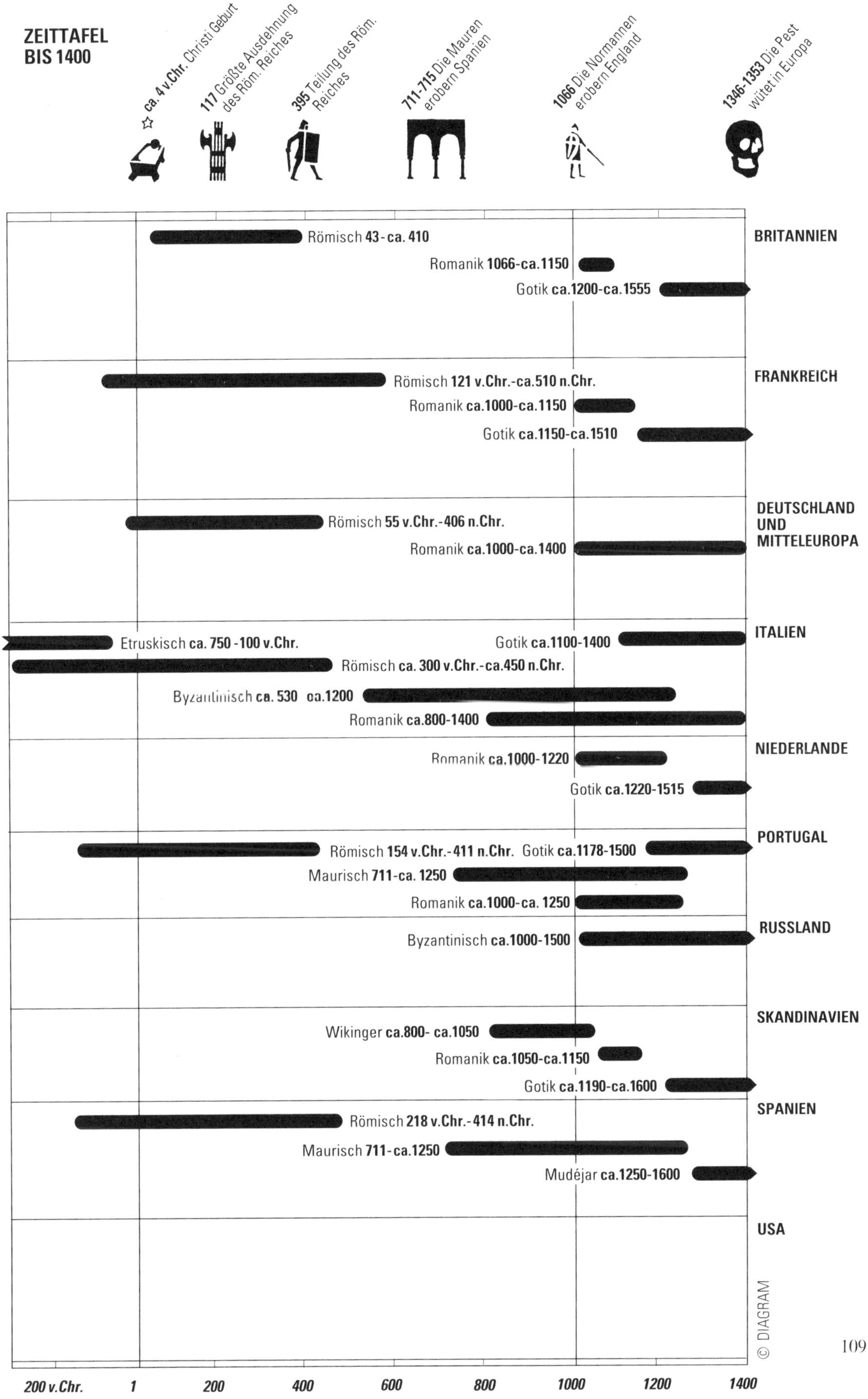

ZEITTAFEL 1800-1990

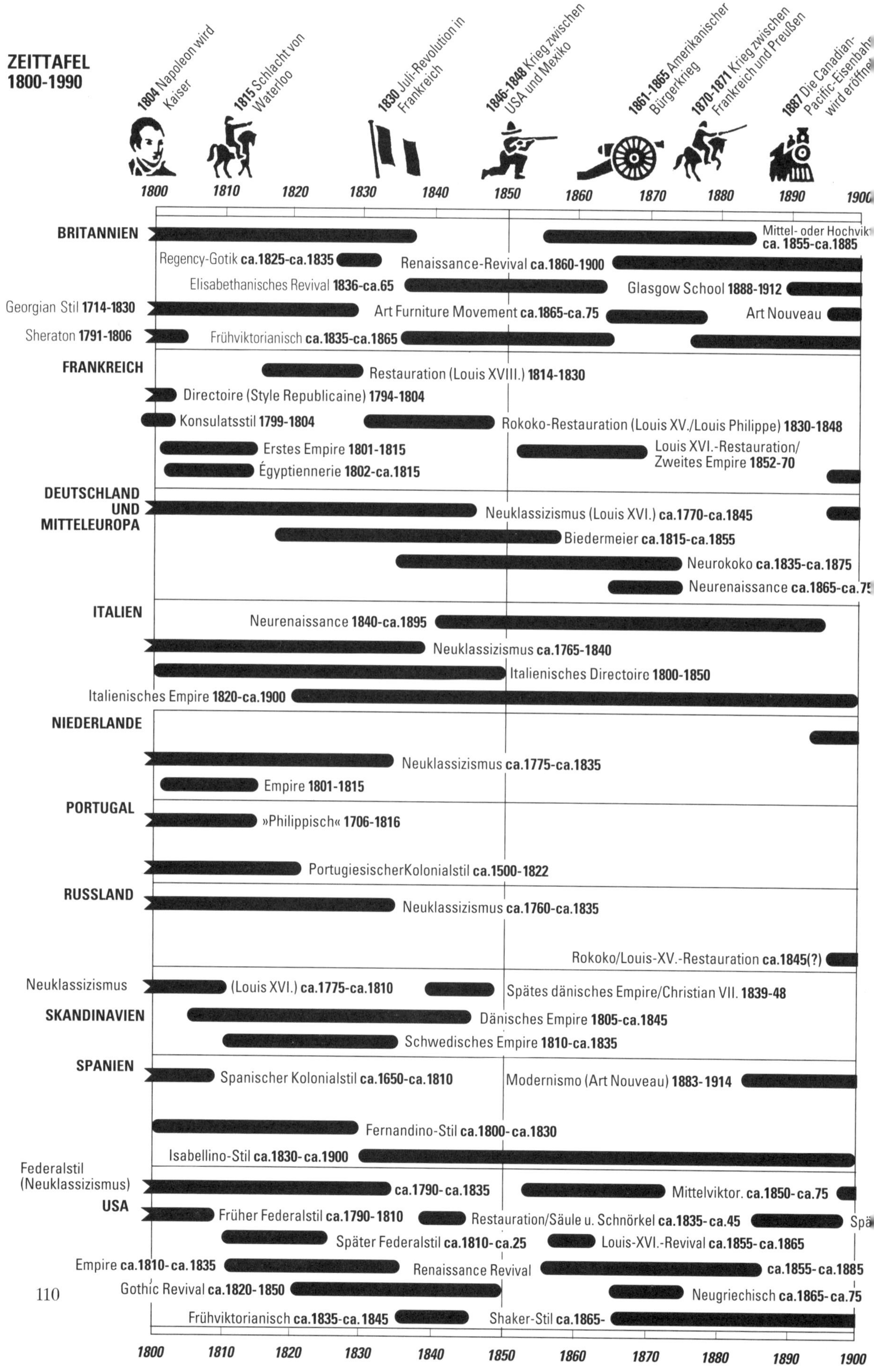

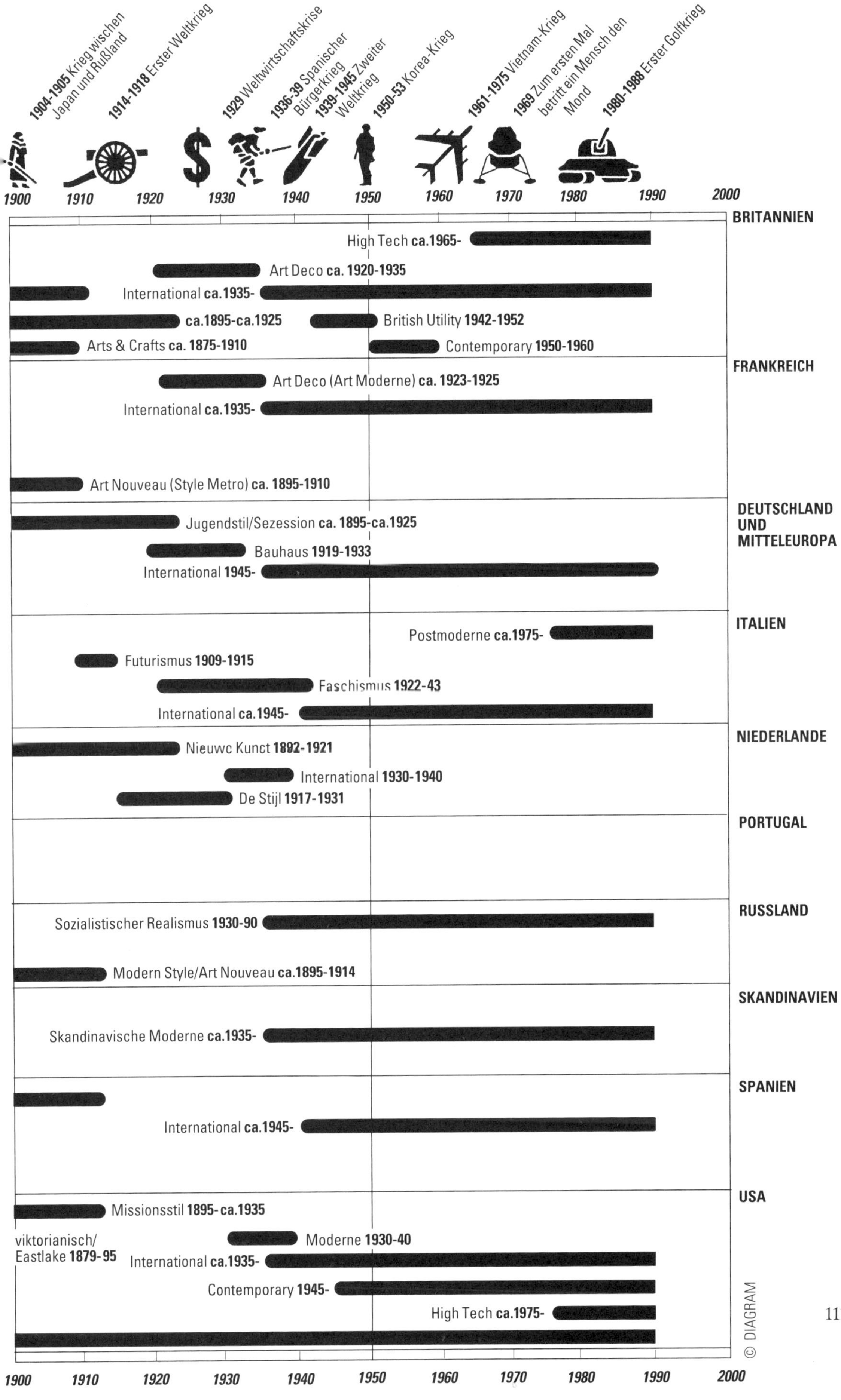
1904-1905 Krieg wischen Japan und Rußland
1914-1918 Erster Weltkrieg
1929 Weltwirtschaftskrise
1936-39 Spanischer Bürgerkrieg
1939-1945 Zweiter Weltkrieg
1950-53 Korea-Krieg
1961-1975 Vietnam-Krieg
1969 Zum ersten Mal betritt ein Mensch den Mond
1980-1988 Erster Golfkrieg
$
1900
1910
1920
1930
1940
1950
1960
1970
1980
1990
2000
BRITANNIEN
High Tech ca.1965-
Art Deco ca. 1920-1935
International ca.1935-
ca.1895-ca.1925
British Utility 1942-1952
Arts & Crafts ca. 1875-1910
Contemporary 1950-1960
FRANKREICH
Art Deco (Art Moderne) ca. 1923-1925
International ca.1935-
Art Nouveau (Style Metro) ca. 1895-1910
DEUTSCHLAND UND MITTELEUROPA
Jugendstil/Sezession ca. 1895-ca.1925
Bauhaus 1919-1933
International 1945-
ITALIEN
Postmoderne ca.1975-
Futurismus 1909-1915
Faschismus 1922-43
International ca.1945-
NIEDERLANDE
Nieuwc Kunct 1892-1921
International 1930-1940
De Stijl 1917-1931
PORTUGAL
RUSSLAND
Sozialistischer Realismus 1930-90
Modern Style/Art Nouveau ca.1895-1914
SKANDINAVIEN
Skandinavische Moderne ca.1935-
SPANIEN
International ca.1945-
USA
Missionsstil 1895-ca.1935
viktorianisch/
Eastlake 1879-95
Moderne 1930-40
International ca.1935-
Contemporary 1945-
High Tech ca.1975-
1900
1910
1920
1930
1940
1950
1960
1970
1980
1990
2000
© DIAGRAM

ZEITTAFEL 1400-1800

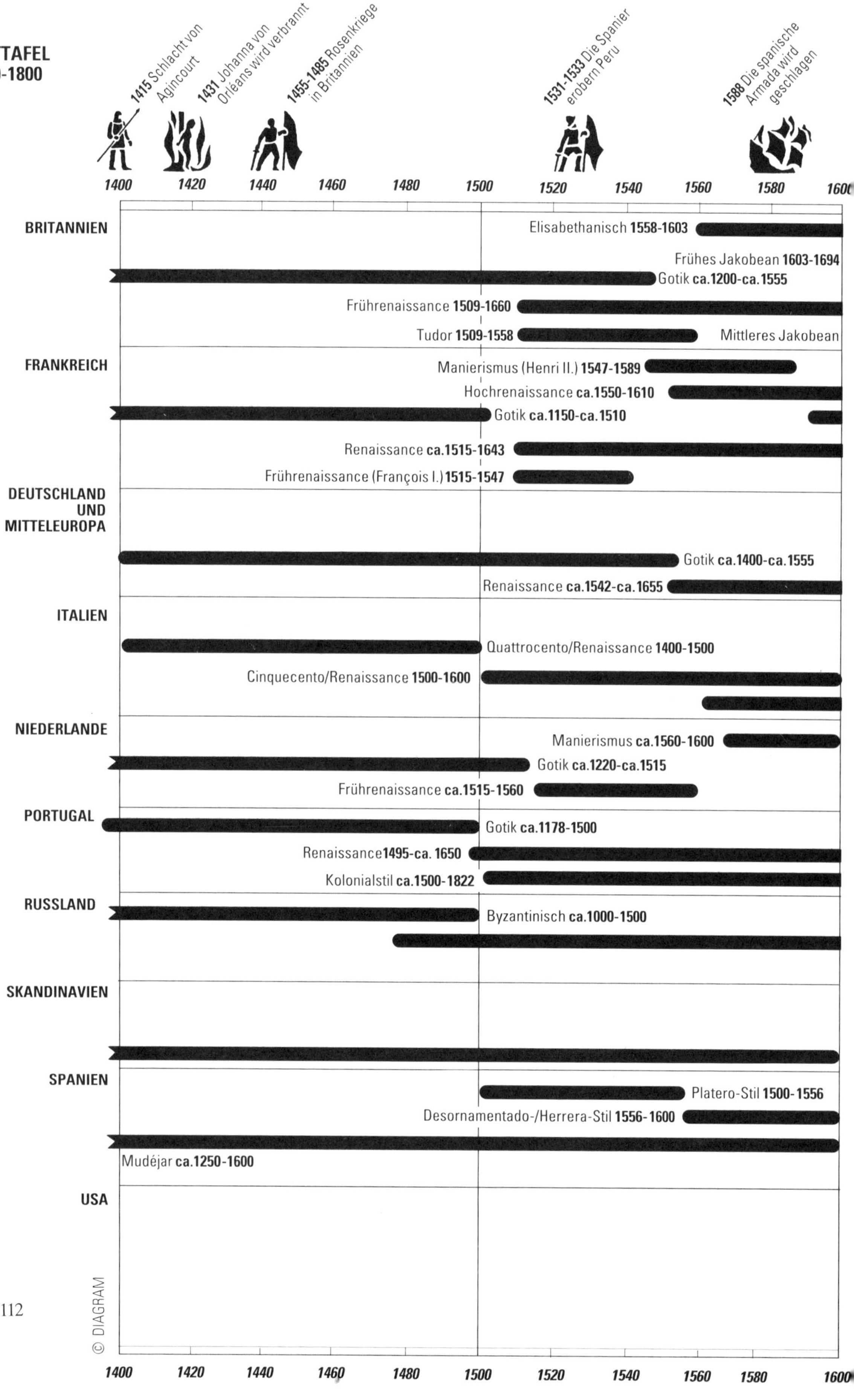

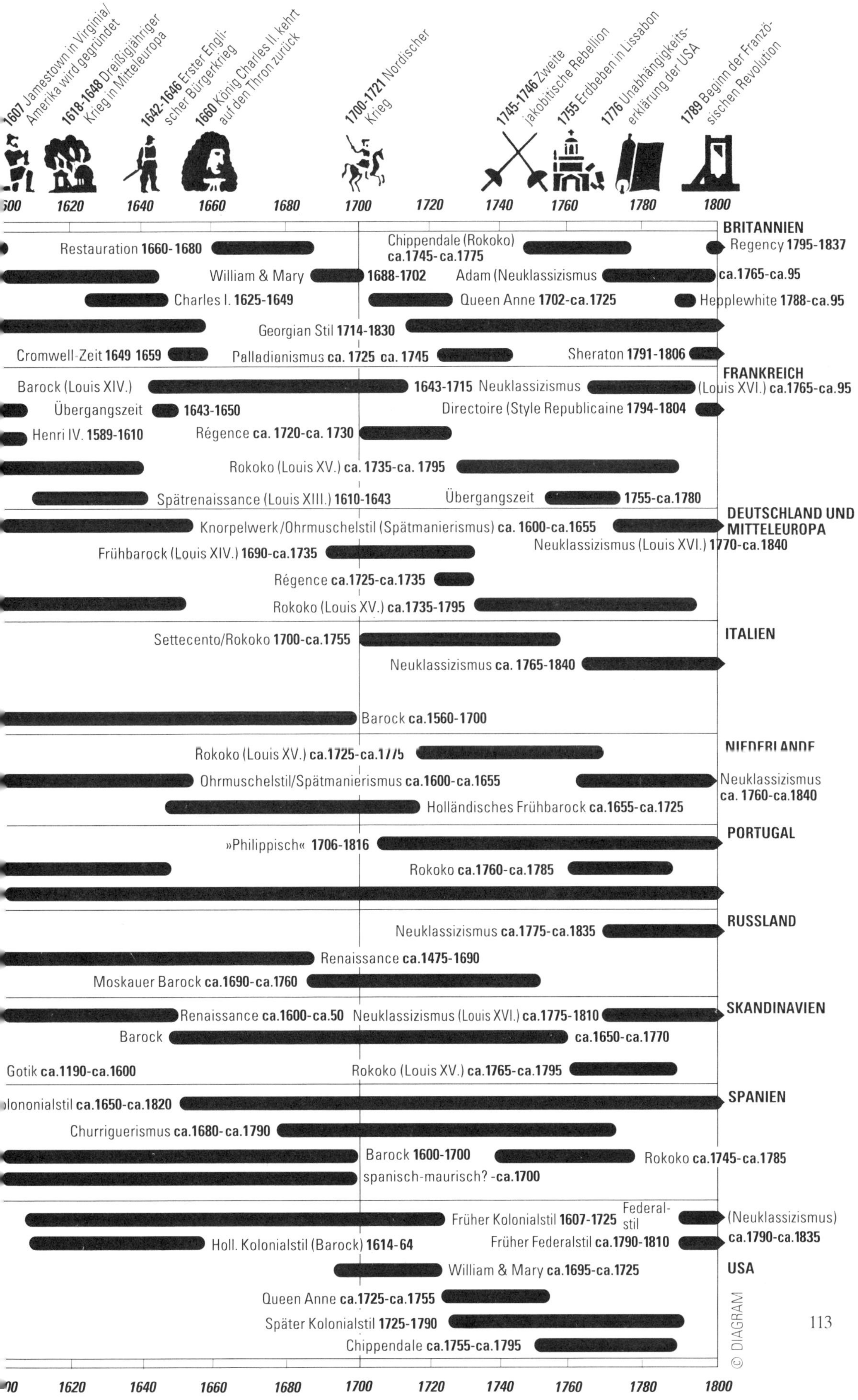
1607 Jamestown in Virginia/ Amerika wird gegründet
1618-1648 Dreißigjähriger Krieg in Mitteleuropa
1642-1646 Erster Englischer Bürgerkrieg
1660 König Charles II. kehrt auf den Thron zurück
1700-1721 Nordischer Krieg
1745-1746 Zweite jakobitische Rebellion
1755 Erdbeben in Lissabon
1776 Unabhängigkeitserklärung der USA
1789 Beginn der Französischen Revolution
600 1620 1640 1660 1680 1700 1720 1740 1760 1780 1800
BRITANNIEN
Restauration 1660-1680
Chippendale (Rokoko) ca.1745-ca.1775
Regency 1795-1837
William & Mary 1688-1702
Adam (Neuklassizismus ca.1765-ca.95
Charles I. 1625-1649
Queen Anne 1702-ca.1725
Hepplewhite 1788-ca.95
Georgian Stil 1714-1830
Cromwell-Zeit 1649 1659
Palladianismus ca. 1725 ca. 1745
Sheraton 1791-1806
FRANKREICH
Barock (Louis XIV.) 1643-1715
Neuklassizismus (Louis XVI.) ca.1765-ca.95
Übergangszeit 1643-1650
Directoire (Style Republicaine 1794-1804
Henri IV. 1589-1610
Régence ca. 1720-ca. 1730
Rokoko (Louis XV.) ca. 1735-ca. 1795
Spätrenaissance (Louis XIII.) 1610-1643
Übergangszeit 1755-ca.1780
DEUTSCHLAND UND MITTELEUROPA
Knorpelwerk/Ohrmuschelstil (Spätmanierismus) ca. 1600-ca.1655
Neuklassizismus (Louis XVI.) 1770-ca.1840
Frühbarock (Louis XIV.) 1690-ca.1735
Régence ca.1725-ca.1735
Rokoko (Louis XV.) ca.1735-1795
ITALIEN
Settecento/Rokoko 1700-ca.1755
Neuklassizismus ca. 1765-1840
Barock ca.1560-1700
NIEDERLANDE
Rokoko (Louis XV.) ca.1725-ca.1775
Ohrmuschelstil/Spätmanierismus ca.1600-ca.1655
Neuklassizismus ca. 1760-ca.1840
Holländisches Frühbarock ca.1655-ca.1725
PORTUGAL
»Philippisch« 1706-1816
Rokoko ca.1760-ca.1785
RUSSLAND
Neuklassizismus ca.1775-ca.1835
Renaissance ca.1475-1690
Moskauer Barock ca.1690-ca.1760
SKANDINAVIEN
Renaissance ca.1600-ca.50
Neuklassizismus (Louis XVI.) ca.1775-1810
Barock ca.1650-ca.1770
Gotik ca.1190-ca.1600
Rokoko (Louis XV.) ca.1765-ca.1795
SPANIEN
olonialstil ca.1650-ca.1820
Churriguerismus ca.1680-ca.1790
Barock 1600-1700
Rokoko ca.1745-ca.1785
spanisch-maurisch? -ca.1700
Früher Kolonialstil 1607-1725
Federal-stil
(Neuklassizismus) ca.1790-ca.1835
Holl. Kolonialstil (Barock) 1614-64
Früher Federalstil ca.1790-1810
USA
William & Mary ca.1695-ca.1725
Queen Anne ca.1725-ca.1755
Später Kolonialstil 1725-1790
Chippendale ca.1755-ca.1795
00 1620 1640 1660 1680 1700 1720 1740 1760 1780 1800